# 人民检察院
立案侦查

职务犯罪案件疑难解析

徐伟勇　赵学申　刘子墨 ——— 著

中国法制出版社
CHINA LEGAL PUBLISHING HOUSE

序　言

"平而后清，清而后明"，平之如水，是司法活动共同的价值追求，而"一次不公正的审判比十次犯罪为祸更甚，因为犯罪只是弄脏了水流，不公正的审判则是污染了水源"。笔者曾经于"反贪污贿赂和反渎职侵权"战线工作十余年，历经监察体制改革、刑事诉讼法修改，仍奋斗在检察侦查岗位，为正本清源尽微薄之力，常引以为幸事。

目前，司法工作人员相关职务犯罪占据了职务犯罪总量相当的比重，出现这两种情况：一方面，各级检察机关围绕人民群众反映强烈的司法不公、司法腐败问题，加大办案力度，集中查处一批司法工作人员职务犯罪顽疾。另一方面，腐败的土壤仍未彻底清除，司法工作人员不认真履行职责、滥用权力的现象仍然存在，利益腐蚀、权钱交易的情况时有发生，反腐败斗争依然任重道远。司法工作人员相关渎职犯罪新类型、新样态层出不穷，由于缺少充分的裁判样本积淀，导致很多法律适用问题难以达成统一认识，同案不同处理的问题时有出现，司法工作人员实施渎职行为，往往依附于诉讼"原案"，案中案的特点突出，以上因素使得司法实践越发呈现纷繁复杂的态势。笔者多年从事侦查对下指导工作，目前反映争议较多的包括因果关系、结果归属、罪与非罪界限等。笔者在为基层同志答疑解惑的过程中，也发现基层办案人员存在重经验而轻理性、只见现象不究本质、只讲事实不讲价值的问题。例如，曾有多位同志问我"刑警违规解除羁押措施，与杀人犯逃跑后再犯罪，能不能成立刑法上的因果关系"。得到结论后，有的将之类推至社区矫正工作人员，认为罪犯脱漏管后再犯罪的，也一定与社区矫正工作人员的渎职行为成立因果关系。实际上，刑警与社区矫正工作人员职务的保护目的不同、羁押与社区矫正对人身的约束力不同，对结果避免可能性也不同，是不能相提并论的。规范保护目的解读，就是贯通法律条文与法律价值的过程，只有在更高站位，才能妥当地理解和适用法律。

为此，经常有基层声音反映司法解释不健全，呼吁出台一部百科全书式的追诉标准，涵盖种种实践情形。诚然，我们目前适用的2006年《最高人民检察院关于渎职侵权犯罪案件立案标准的规定》（以下简称《立案标准》），随着实践深入已显疲态，但寄希望以穷举法预先解决可能发生的争议，则是司法惰性的问题。缺少理性精神、释法说理能力薄弱，已成为制约检察侦查工作专业化发展的主要问题。

可惜的是，目前理论界对司法工作人员相关职务犯罪的系统研究相对冷淡，专题著作寥寥无几，少量散落在刑法教材的，也仅仅作简要表述；侦查实务的教材虽然不少，但大多局限于个案经验、侦查策略，鲜有刑法层面的探究，读者往往知其然却不知其所以然。亟须一部从案例出发，为实务工作者定分止争，研究裁判逻辑的工具书。

为此，笔者收集了近十年的裁判案例，在广泛征集基层实践困惑的基础上，突出问题导向，结合刑法理论，就犯罪构成、取证重点、法律适用等具体问题进行体系化解答。回应实践争议的同时，注重引导办案人员如何释法说理，有效地与捕诉部门、审判机关沟通，从而以更加理性的精神和专业的态度履行法律监督职能。

一是注重刑法学知识的引介。打破理论研究与司法实践的壁垒，构建规范化侦查方略。没有理论的实践是盲目的，对侦查实务的规范化指导，离不开刑法理论的支持。具体表现为研究方法的理性化，针对职务犯罪侦查实务的难点、重点问题，以侦查学、刑法学前沿知识为基础，探索检察机关侦查业务的规律性、共性特点。同时，将刑法理论转化为实务工作者习惯的语言，不仅说明应然，而且更为注重所以然的解释，从而发挥理论应有的指导作用。

二是将解决实践问题作为最终目的。理论研究对于现行法律的描述和体系化构建只是开端，而作为实践理性的产物，成为司法实践的根据，才是本书的目的。本书收录的疑难问题全数来源于一线工作，从实务向理论求索，最终结合案例回归实践。本书价值还在于，借助刑法理论为一线办案人员提供共同的"语言"，在办案人员之间、侦查部门与捕诉部门之间、上下级之间搭建沟通的平台，以便明确案件争议焦点之所在，找到达成共识的途径。

三是始终坚持正确的价值导向，通过一体化的思维指引侦查活动。正如卢曼所说，规范与事件的关系是"双重可变"的。[①] 侦查活动中发现犯罪、证明犯罪的过程充满了价值评价的内容。因此，规范化的侦查活动必定是一种开放的体系。本书并非空洞地研究理论，也不是一味地经验之谈，而是根植于严查司法腐败的大背景中，将高压反腐的政策导向融入侦查规范化构建之中。检察侦查业务不是封闭的系统，而是一个面向社会、面向公众的开放系统，是党和国家反腐败系统工程中的关键一环，本书始终将"保证公正司法，提高司法公信力"作为最高的价值追求。

四是充分运用体系思维。体系思考不仅能够为整体概览和实际操作提供便利，还能产出关于那些只有借助体系才能厘清的既有关系的新知识，从而成为法律获得进一步发展的基础。每个具体的罪名都存在于刑法犯罪体系中，对个罪的理解不能脱离我国刑法犯罪规定的宏观视角。因此，本书在研究具体罪名时，不拘泥于具体问题和个案的妥当，而是同时借助并贯彻体系化的思维，将具体问题及处理结果放置于犯罪体系中，实现刑罚整体的融贯合理。

---

① ［德］卡尔·拉伦茨：《法学方法论》，黄家镇译，商务印书馆2020年版，第110页。

笔者深感，撰写一部工具书，很难在严谨与易懂之间实现平衡，兼有能力、篇幅等因素的限制，一些问题未能张本继末，还有一部分存在争议的内容，笔者虽提出了倾向性的意见，仍有待于实践的检验。因此，笔者只将本书作为检察侦查工作规范化的起点，而非规范化的成果。希望以此为契机，为更好发挥检察监督职能，促进检察侦查工作政治性、理论性、实践性相融合，积跬步以致远。

徐伟勇

2023 年 4 月

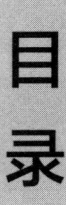

CONTENT

第一章　综合问题

1	户籍民警是否属于司法工作人员	1
2	集体研究决定实施渎职犯罪的，如何确定责任人	3
3	按照上级违法命令实施渎职行为，执行者是否构成相关职务犯罪	5
4	如何判断渎职行为与重大损失之间是否存在"刑法上的因果关系"	9
5	如何正确理解、适用刑法第八十八条第二款延长追诉期限的规定	14
6	对犯罪嫌疑人立案后，是否还受追诉时效的限制	17
7	"重大损失"长期存在的，如何计算追诉时效	19
8	有案不立、压案不查涉嫌相关渎职犯罪的，追诉时效如何计算	21
9	辅警是否可以单独构成司法工作人员相关职务犯罪	25
10	对于职责中"可以"的规定如何理解	27
11	相关规定只对职责内容进行了原则性规定时，如何在具体案件中确定司法工作人员职责内容	28

12	如何理解判断渎职犯罪因果关系的"原因力"和"相当性"标准	30
13	司法工作人员正确履行职责，重大损失不发生的可能性达到多大程度时，渎职行为与重大损失间存在刑法的因果关系	37
14	缺少结果避免可能性时，否定成立渎职犯罪的示例	40
15	无法证明结果回避可能性，否定成立渎职犯罪的示例	42
16	立案前挽回的损失，立案时是否应该扣减	43
17	被法院划扣但尚未支付给申请执行人的款项是否属于实际发生的损失	46
18	如何理解《司法解释（一）》的债权损失	48
19	执行案件尚未结案，是否可以认为重大损失已经实际发生	51

第二章　滥用职权罪与玩忽职守罪

20	如何区分玩忽职守罪与工作失误	54
21	《司法解释（一）》中的"恶劣社会影响"的内涵与表现	56
22	哪些情形可以作为"恶劣社会影响"	58
23	《司法解释（一）》中的"其他致使公共财产、国家和人民利益遭受重大损失的情形"的内涵与表现形式	60
24	公安民警忘记查办案件，导致刑事案件长期搁置，是否构成玩忽职守罪	64
25	管教民警为在押人员捎带上网工具，在押人员使用上网工具实施诈骗活动，被害人的损失能否视为渎职犯罪结果	66

26	公安民警没有履行职责，引发再犯罪的，能否将再犯罪的结果视为渎职行为造成的"重大损失"	67
27	社区矫正工作人员未认真履行职责，导致罪犯在社区矫正阶段又犯罪的，是否构成渎职犯罪	69
28	管教民警为在押人员捎带违禁物品是否构成滥用职权罪，如何界定重大损失	70
29	非司法工作人员可否与司法工作人员构成滥用职权罪的共犯	73
30	如何区分玩忽职守罪与滥用职权罪	76
31	玩忽职守罪都包括哪几种类型	78
32	是否只要存在违反职责的行为，并且出现重大损失结果就构成玩忽职守罪或者滥用职权罪	82
33	犯罪嫌疑人以工作繁忙无法完全履行职责为辩解理由，是否影响相关渎职犯罪的认定	84
34	滥用职权行为同时又构成其他犯罪的，如何定罪处罚	85
35	在同一起案件中既有滥用职权行为，又有玩忽职守行为的，如何评价	87
36	多次滥用职权行为未处罚的，造成重大财产损失数额是否可以累计计算	88
37	对于故意伤害致人轻伤，公安机关以达成调解协议为由，撤案或者不立案侦查的，是否构成渎职犯罪	90
38	数次渎职行为，是否可以评价为一个滥用职权行为	91
39	玩忽职守罪是否可能具有徇私舞弊情节	93
40	收受贿赂又滥用职权的，是否适用刑法第三百九十七条第二款	94
41	如何理解"重大损失"在滥用职权罪犯罪构成中的体系定位	96

42	对"重大损失"预见可能性的判断标准	98
43	民警以罚代刑,事后包庇对象被认定为寻衅滋事罪,民警之行为如何定性	99

第三章　徇私枉法罪

44	"前案"犯罪嫌疑人请托司法工作人员徇私枉法的,"前案"犯罪嫌疑人是否能够成为司法工作人员徇私枉法罪的共犯	101
45	行贿人作为徇私枉法罪的共犯,行贿行为与徇私枉法行为如何处罚	105
46	司法工作人员长期收受他人好处,承诺对他人的违法行为予以"关照",但在具体实施徇私枉法行为时,并没有受贿,是否适用刑法第三百九十九条第四款择一重罪处罚的规定	107
47	如何证明司法工作人员相关职务犯罪的主观构成要件要素	110
48	为在押人员传递涉案信息的,是否适用徇私枉法罪	114
49	民警收受贿赂,未通知司法行政部门收监执行社区矫正人员,是否构成徇私枉法罪	116
50	为帮助吸毒人员逃避强制隔离戒毒,虚构刑事案件的行为如何定性	118
51	派出所民警受人之托,违法出具调取证据通知书,帮助犯罪分子将犯罪证据调取后藏匿,如何定罪	120
52	"徇私"动机在认定徇私枉法罪时的作用	121
53	徇私情私利违规返还扣押财物的行为如何定性	122

54	如何认定徇私枉法罪中"有罪的人"	123
55	如何理解徇私枉法情节严重的情形	126
56	法官徇私利，在法定刑幅度内判处刑罚，是否构成徇私枉法罪	128
57	罚款后将涉嫌刑事犯罪的案件降格为治安案件，将罚款上交单位"小金库"的行为是否构成徇私枉法中的"徇私"	130
58	按照上级指示故意包庇犯罪嫌疑人的行为是否构成徇私枉法罪	131
59	"恻隐"是否属于徇私枉法中的徇私情节	134
60	如何理解徇私枉法罪中司法工作人员的"刑事追诉职责"	135
61	利用职务影响力干预案件查办，是否构成徇私枉法罪	138
62	徇私枉法行为同时又构成包庇、纵容黑社会性质组织罪时，该如何定罪	140
63	如何理解徇私枉法罪与滥用职权罪的关系	143

第四章　民事、行政枉法裁判罪

64	违反法定程序裁判的，是否构成民事、行政枉法裁判罪	146
65	成立民事、行政枉法裁判罪是否以"原案"改判为前提	148
66	如何区分故意枉法与事实认识分歧、法律理解差异	150
67	枉法调解是否构成民事枉法裁判罪	152
68	篡改、伪造法律文书的行为是否构成民事、行政枉法裁判罪	154
69	如何理解民事枉法裁判罪《立案标准》中，致使当事人及其近亲属自杀、自残的情形	156

第五章　私放在押人员罪、失职致使在押人员脱逃罪

70　案件承办民警徇私私放犯罪嫌疑人的行为如何定性　159

71　私放在押的犯罪嫌疑人，犯罪嫌疑人又犯罪的，是否属于私放在押人员情节严重的情形　162

72　如何理解"在押人员"　164

第六章　司法工作人员利用职权实施的侵犯公民人身权利犯罪

73　如何理解刑讯逼供致人伤残、死亡　168

74　超期羁押情节严重的是否构成非法拘禁罪　170

75　未履行审批程序就对被执行人采取司法拘留措施，是否构成非法拘禁罪　172

76　如何评价虐待行为与基础疾病共同导致被监管人死亡的情形　173

第七章　徇私舞弊减刑、假释、暂予监外执行罪

77　徇私舞弊减刑罪是结果犯还是行为犯　176

78　徇私舞弊减刑、假释、暂予监外执行行为超过追诉时效，可否认定为刑法第三百九十七条之罪　178

79　放任违反监规行为，是否构成徇私舞弊减刑罪　180

80	数次为同一罪犯违法报请减刑的，是否构成连续犯	182
81	包庇违反监规行为与违法报请减刑是否具有牵连关系	184
82	罪犯请托违规减刑、假释、暂予监外执行的，罪犯的行为如何定性	186
83	罪犯亲属请托违规减刑、假释、暂予监外执行的，能否构成共犯	187
84	罪犯形式上符合保外就医疾病范围，司法工作人员成立徇私舞弊暂予监外执行的示例	189
85	如何理解徇私舞弊减刑、假释、暂予监外执行罪中的"徇私舞弊"	190
86	司法工作人员对罪犯违法减刑之后，是否具有纠正的义务，是否影响后续减刑的合法性	194
87	检察人员能否构成徇私舞弊减刑、假释、暂予监外执行罪	196
88	鉴定人员、医务人员伪造病情鉴定材料，如何处理	199

第八章　刑罚裁量问题

89	单位陪同犯罪嫌疑人到检察机关接受调查的，是否属于自动投案	202
90	多次受贿且徇私枉法的，如何定罪量刑	205
91	渎职犯罪与其他犯罪的罪数关系	208
92	是否可以被告人具有法定或者酌定减刑、从轻处罚情节，而认为犯罪情节轻微，判处免予刑事处罚	210
93	司法工作人员相关职务犯罪是否适用"和解"制度，进而从轻处罚	213

7

第九章　程序问题

94　如何理解检察机关直接立案侦查案件的管辖范围　217

95　收受贿赂又徇私枉法的，同时涉嫌受贿罪与徇私枉法罪，此类案件如何管辖　220

96　检察机关以犯罪嫌疑人涉嫌司法工作人员相关职务犯罪立案侦查，又发现嫌疑人还涉嫌其他机关管辖罪名的，如何处理　221

97　检察机关以犯罪嫌疑人涉嫌司法工作人员相关职务犯罪立案侦查，审查起诉或者审理阶段认为犯罪事实属于公安机关或者监察机关管辖的，此时如何处理　223

98　如何确定转化犯的管辖　224

99　上级检察机关对司法工作人员立案后，指定下级检察院侦查，应该由哪级检察院批准强制措施　225

附录　相关法律法规

最高人民检察院关于渎职侵权犯罪案件立案标准的规定（节选）　228
（2006年7月26日）

最高人民法院、最高人民检察院关于办理渎职刑事案件适用法律若干问题的解释（一）　239
（2012年12月7日）

监狱暂予监外执行程序规定   **242**

(2016 年 8 月 22 日)

最高人民法院关于办理减刑、假释案件具体应用法律的规定   **251**

(2016 年 11 月 14 日)

监狱计分考核罪犯工作规定   **262**

(2021 年 8 月 24 日)

中华人民共和国人民警察使用警械和武器条例   **273**

(1996 年 1 月 16 日)

第一章 综合问题

1 户籍民警是否属于司法工作人员

【问题】公安机关的职责具有双重属性。在查办刑事犯罪时，公安机关履行司法职能没有争议，办案人员自然具有司法工作人员主体身份。而在履行行政管理职责，如办理户口迁移、落户、查办治安案件时，公安机关又是行政机关，相关民警不属于刑事诉讼法第十九条中的司法工作人员，涉嫌职务犯罪的，不属于检察机关管辖。但是在这两种典型的样态之间，还存在各种"跨界"现象，在这些模糊地带，存在一定争议。笔者关注这一问题，希望能够为司法实践提供参考意见。

【解析】我们以户籍民警为例，实践中存在以下几种情况：第一，户籍民警办理户籍业务过程中滥用职权；第二，户籍民警在工作中发现网上逃犯，未采取处置措施；第三，户籍民警不知对方是网上逃犯，违法办理了户口迁移、落户、换发身份证等业务，客观上帮助逃犯洗白身份。

对于第一种情况，户籍管理是典型的行政事务，不属于检察机关管辖的司法工作人员相关职务犯罪。

对于第二种情况，从警察的一般职责出发，在履职过程中，发现在逃犯罪嫌疑人的，负有采取必要措施的职责。而抓捕逃犯属于刑事诉讼活动，如果不履行职责，构成相关职务犯罪的，检察机关可以立案侦查。

而第三种情况则属于目前争议较为集中的情况。主要有两种观点：客观说认为，户籍民警虽然不知道对方是在逃人员，但确实违法办理了户口迁移、落户、换发身份证等业务，起到了帮助在逃人员洗白身份的作用，在客观上与明知是在逃人员而帮助其洗白身份没有任何差别。是否属于刑事诉讼活动，是从客观的角度进行评价的，而不是由户籍民警主观看法决定，否则就会导致由被调查对象的主观认识决定管辖，这是很不合理的。例如，治安民警明知案件已经涉嫌刑事犯罪而不移送刑事侦查部门，属于检察机关管辖，而治安民警不知道案件是否涉嫌刑事犯罪，或者认为案件不涉嫌刑事犯罪而不移送，造成严重后果的，检察机关却没有管辖权。造成案件管辖随意化、主观化，也不利于实际工作的开展。主客观相统一观点认为，认定犯罪必须坚持主客观相统一的原则，管辖也应如此。误以为对方是在逃人员，违法办理户籍业务的，不属于检察机关管辖，同理，是在逃人员，户籍民警不知道对方是在逃人员，因缺乏主观认识，同样不能由检察机关管辖。

对于两种观点的争论，司法实践目前没有形成统一的做法，理论界也没有可供参考的观点。我们倾向于赞同客观说的观点，理由如下：一是主客观相统一是指在认定犯罪时，主客观要件要同时具备，既不能客观归罪，也不能主观归罪。这是从保护人权的角度出发的当然之理。但是，对于管辖而言，没有必要采取主客观相统一的标准。无论是检察机关管辖，还是监察机关管辖，同等保护犯罪嫌疑人的实体权利，不存在主客观归罪的情况。二是从司法实践来看，罪名管辖均是以行为的客观性质确定。例如，贪污罪和职务侵占罪分属监察机关和公安机关管辖，是从客观上判断，犯罪嫌疑人具有国家工作人员身份，就由监察机关管辖，否则就由公安机关管辖，不是由犯罪嫌疑人对自己主体身份的看法决定的。户籍民警的管辖问题也应该同样处理。三是检察机关管辖也能有效避免因为犯罪嫌疑人主观认识不清而造成管辖不明的问题，防止由于部门之间衔接配合不畅产生麻烦，有助于简化程序，提高办案效率。

综上，笔者认为只要不法行为客观处于司法活动之中，不论行为人主观是否有认识，应按照司法工作人员犯罪处置。

2 集体研究决定实施渎职犯罪的，如何确定责任人

【案情】W任某县公安局局长，C任某县公安局政委，F任某县公安局副局长，2014年1月至5月，上述三人在办理B等人赌博案的过程中，明知基本犯罪事实已经查清，不符合撤销刑事案件条件，W和C以社会影响不好等为由，提出撤销刑事立案，转治安处罚处理，W让C将意见告诉F，F传达给案件承办人，承办人按照指示将处理意见报请局务会，经讨论后决定撤销案件。[①]

【问题】本案中，将刑事案件转治安处罚的决定经过了局务会讨论通过。除W、C、F外，还有其他人发表同意的意见，但最终只追究了W、C、F的刑事责任。

经集体研究决定实施犯罪的，原则上，持赞同意见者构成滥用职权罪共犯，持反对意见者不构成犯罪。在此基础上，再区分主观罪过，如果因审查不严、轻信他人提出错误意见的，可能构成玩忽职守罪。如果因对法律、法规的理解和认识不一致，在专业认知范围内能够作出合理解释的，则不宜按照犯罪处理。实践案件情况往往更加复杂，原则性规定在解决实践问题时，也常常会遇到特殊情况。就本案件的情况而言，按照上述处理集体研究型犯罪的原则，不仅仅W、C、F构成犯罪，参与局务会的相关人员，都明知案件已经涉嫌犯罪，仍同意降格处理，但该案件并没有追究所有参会人员的刑事责任。这也提示我们，在原则性规定背后，在具体案件中还存在其他需要考虑的因素。

[①] 本书案例均为作者以实务案例为基础，根据内容讲解需要改编而得，下文对此不再提示。

【解析】 笔者赞同本案的判决结果,并以本案件为样本,归纳集体研究型渎职犯罪责任划分的实质根据和需要考虑的相关因素。

首先,虽然判决中并没有对其他相关人员不构成渎职犯罪的理由进行说明,但是从判决采信的证据中,我们仍能发现不追究参会人员刑事责任的实质理由。判决采信了以下证言,"在局务会上,办案人员汇报完案情后,在参会的委员还没有发表意见之前,W以公职人员太多,不宜扩大化处理为由给参会人员统一了思想,其他参会人员同意撤销刑事立案转治安处罚的意见"。在该案件中,虽然最终违法决定是以局务会形式作出的,但是这种"统一了思想"的集中研究仅仅是一个形式,难以真正发挥民主决策的作用。最终决定对刑事案件降格处分的仍然是W、C、F三人,在局长、政委、分管副局长意见一致的情况下,所谓的局务会只是掩盖三人违法行为的手段而已。所以,对于集体研究型的渎职犯罪,首先就需要明确是否存在实质意义上的"集体研究"。只有集体研究中每个参会人员均能自由发表意见,才能对错误意见承担相应的责任,否则,只能追究实际操纵、控制所谓"集体研究"的部分人员的责任。2012年《关于办理渎职刑事案件适用法律若干问题的解释(一)》(以下简称《司法解释(一)》)第五条规定,国家机关负责人员违法决定,或者指使、授意、强令其他国家机关工作人员违法履行职务或者不履行职务,构成刑法分则第九章规定的渎职犯罪的,应当依法追究刑事责任。以"集体研究"形式实施的渎职犯罪,应当依照刑法分则第九章的规定追究国家机关负有责任的人员的刑事责任。以"集体研究"形式实施的渎职犯罪中,"负有责任的人员"不能仅仅从形式上理解为在集体研究中谁提出赞同意见,谁提出反对意见,而应该从"责任"的实质根据,即谁实际控制了"集体研究",谁最终导致了错误意见形成这一角度理解。集体研究型犯罪与单独犯罪的区别之处,主要在于如何确定对最终违法决定的形成发挥实际主导作用的是哪一个人或者哪几个人,从而将之与其他对最终决定不起关键作用的"附和"者的责任相区别。

其次,即使在集体研究中,未受到干涉而发表了错误意见,最终导致重大损失结果发生,也不一定就要追究表达错误意见人员的刑事责任。在把握罪与非罪的界限时,要着重从以下几个方面把握。一是严格区分"事前"与"事后"的视角。评价意见的对错,要根据发表意见时的情况做"事前"判断,而不能因为实际发生重大损失,就认为集体研究的意见一定是错误的,避免结果罪。而且,判断意见对错的标准必须是客观的,换言之,不能以"事后"侦查人员、审判人员的主观认识作为标准。在有些案件中,确实存在"公说公有理,婆说婆有理"的情况,如果没有一个相对统一的客观标准,无法认定行为人存在失职、渎职行为,则不能因为发表意见的人存在徇私动机,而用主观过错"补强"甚至代替客观评价。二是即使根据发表意见时的客观事实,得出行为人发表的意见是错误的,也不一定能够追究行为人刑事责任。要严格把握发表错误意见人员的主观过错。集体研究起到集思广益、取长补短的作用。集体研究形式允许存在不同意见和错误意见,甚至错误意见本身有利于体现决策的民主性。因此,笔者认为,只有行为人故意发表错误意见,或者基于重大过失而发表错误意见,才能追究行为人的刑事责任。

表达赞同意见的人是否构成犯罪的问题,并非集体研究型犯罪中独有的,即使在单独犯罪中,决策者是否构成犯罪也存在争议,仍然要从主客观两个角度对行为的违法性进行判断。

3 按照上级违法命令实施渎职行为,执行者是否构成相关职务犯罪

【案情】2017年9月,某市某按摩院工作人员Z、G1、H等人因结账纠纷将顾客L、X等人打伤,致L小肠系膜动脉破裂、小肠裂伤、脾破裂、肋

骨骨折，X鼻骨骨折、鼻中隔骨折、上颌骨骨折、肋骨骨折。案发后，查办该案件的某派出所所长Z、副所长D接受某按摩院实际经营者G2的请托，指示办理该案的民警Y促成双方达成和解，并以行政处罚的方式结案。Y迎合领导意图，不依法开展有效取证工作、不积极进行伤情鉴定，通过调解的方式促成双方达成和解协议，将刑事案件降格为治安案件处理。

【问题】本案中某派出所所长Z、副所长D构成徇私枉法罪，不存在争议，但是对于具体经办人Y的行为是否构成犯罪，构成什么犯罪则是需要研究的。对此问题，存在以下几种观点：第一种观点认为Y不构成犯罪。本案中，Y是具体办案民警，只是执行领导的命令。根据人民警察法第三十二条的规定，"人民警察必须执行上级的决定和命令""人民警察认为决定和命令有错误的，可以按照规定提出意见，但不得中止或者改变决定和命令的执行；提出的意见不被采纳时，必须服从决定和命令；执行决定和命令的后果由作出决定和命令的上级负责。"本案中，虽然Y"可以"对所长、副所长的错误命令提出意见，但是即使没有提出意见，执行决定或者命令的后果也应该由上级负责，而不应由具体执行的下级负责。第二种观点则认为Y构成滥用职权罪。根据《司法解释（一）》第五条的规定，"国家机关负责人员违法决定，或者指使、授意、强令其他国家机关工作人员违法履行职务或者不履行职务，构成刑法分则第九章规定的渎职犯罪的，应当依法追究刑事责任"，而对于具体执行人员，"应当在综合认定其行为性质、是否提出反对意见、危害结果大小等情节的基础上决定是否追究刑事责任和应当判处的刑罚"。因此，本案中上级命令放纵多名涉嫌刑事犯罪的人员，Y没有提出反对意见，导致应受到刑事处罚的犯罪嫌疑人逃避处罚，考虑到Y是按照领导命令执行，没有徇私情私利，应综合评价Y的行为构成滥用职权罪。第三种观点认为Y构成徇私枉法罪。该观点认为Y明知领导命令违法甚至涉嫌犯罪而仍然执行，排除了因为事实认识错误或者适用法律水平不高导致的错案，其动机本质上是从自身利益考虑，且是徇私情私利，应该认定为徇私枉法罪。

对于以上争议观点，我们重点关注行为人按照上级违法命令实施渎职行为是否构成相关职务犯罪的问题，而对于按照领导意见实施渎职行为能否构成徇私，则留在徇私枉法罪中具体研究。

【解析】笔者同意第二种观点和第三种观点，认为本案中 Y 执行领导违法命令、决定，故意有案不立、压案不查的行为，构成相关渎职犯罪。

司法实践中认为类似于 Y 这种情况不能构成相关渎职犯罪的理由，主要是根据人民警察法的规定，并认为警察在执行职务时，必须服从上级的命令、决定，哪怕是上级的错误命令、决定，下级也没有强制义务提出反对意见，这是由警察工作的特殊性质决定的，因为警察在执行公务时，往往需要应对突发情况，在紧急状态下，与争辩对错相比，统一思想抓紧落实更为重要。所以，虽然公务员法和司法解释对执行上级违法命令、决定的情况有追究责任的规定，但不能适用于警察。这种观点虽然是为了证明不追究下级责任的合理性，但却从另一方面揭示了在执行上级违法命令时，需要考虑哪些因素才能追究下级的责任，具体而言包括以下几个方面：一是以执行上级命令为时点，此时是否能够确定上级命令、决定是明显违法的，如果命令、决定是明显违法的，情况紧急也不是执行违法命令、决定的理由。命令违法的判断，是以作出命令时的客观情况为根据，按照法律的标准，作出的判断。这种判断既不是事后办理司法工作人员相关职务犯罪时，后案办案人按照自己的标准，根据全案证据作出的判断，也不是相关证人的个人认识。当按照法律标准，根据作出命令时的情况判断，命令是明显违法的，就属于公务员法和人民警察法中，公务员执行明显违法的决定或者命令的，应当依法承担相应责任的情形。二是执行明显违法的决定或者命令，应当依法承担相应责任，并不等于承担刑事责任。执行人员是否承担刑事责任，除要考虑行为本身是否符合渎职罪的客观构成要件外，还要考虑下级在执行上级命令、决定时是否认识到上级命令、决定是违法的。在大多数情况下，如果命令、决定明显违法，上下级对此都能够认识到，但是仍不排除在极特殊案件中，上级利用下级对事实认识的偏差或者法律水平不足，无法认识到命令、决定违法的情形。此时如果下级对事实认识偏差或者法律理解错误具有严重过失，可能成立玩忽职守罪，如果没有过失或者过错程度较低则不能追究下级刑事责任。三是除考虑主客观构成要件外，还需要考虑下级是否提出反对意见以及下级所起到的作用是否值得动用刑罚处罚。需要进一步明确的是，第一，人民警察法对下级的要求是"提出意见"，《司法解释（一）》是"提出反对意见"，而公务员法是"提出改正或者撤销该决定或者命令的意见"。笔者认为，上述三项规定的实质内容都是一致的，阻却下级责任的"意见"内容必须包括两点：（1）明确指出上级命令、决定是违法的，至少明确提出是错误的。（2）要求上级改正或者撤回意见，至少明确表达不同意的态度。如果不同时具有以上两点内容，下级的"意见"仍然不能阻却责任。实践中，很多情况是在上级下达错误命令、决定时，下级态度暧昧，如询问上级"这样做行吗"，或者虽然告知上级命令、决定有错误，但仍表明坚决执行的态度，这些都不是能够阻却刑事责任的"意见""反对意见"。第二，是否追究下级具体执行人员的刑事责任，仍需考虑具体执行人员的行为在整个犯罪中所发挥的作用。虽然在下级没有提出反对意见时，不能阻却下级的责任，但是不可否认，在上下级关系中，下级一般处于被动或者弱势一方，认为下级能够不受上级影响，对抗上级违法命令、决定，是不符合实际情况的。因此，只有当具体执行人员的行为对犯罪的实施起到关键作用时，才能动用刑罚处罚。如在本案中，与Y一同办案的其他辅助人员也明知Z、G1、H等人涉嫌刑事犯罪，不应该按照上级命令将该案作为治安案件结案，但与直接接受上级指令，具体负责案件办理的Y相比，其他辅助人员在犯罪中的作用明显更小，没有达到追究刑事责任的程度。

4 如何判断渎职行为与重大损失之间是否存在"刑法上的因果关系"

【问题】因果关系一直是刑法理论研究的重点，也是困扰司法实践的难点。检察机关负责侦查"14类犯罪"中的滥用职权罪、玩忽职守罪、执行判决裁定失职罪、执行判决裁定滥用职权罪等，都将重大损失作为成立犯罪的条件，这就涉及判断行为与结果之间是否具有因果关系的问题。而与刑法因果关系理论的繁荣相比，司法实践对相关渎职犯罪因果关系的理解仍受到"必然因果""偶然因果""直接因果""间接因果"的深刻影响，甚至存在通过"直觉"判断因果关系的情况，缺少系统的判断规则和方法，导致因果关系判断结论的随意化。在此，我们研究相关渎职犯罪因果关系判断的共性问题。

【解析】笔者认为，可以按照以下思考路径，判断相关渎职犯罪的因果关系。

（1）制造法所不允许的风险

制造法所不允许的风险，是指行为违反注意义务造成了行为规范所要避免的特定风险。

所谓"注意义务"，在渎职犯罪中指的就是具体情况下行为人应该遵守的职责规范。这种职责规范在大多数情况下，来源于法律、法规等的明文规定，但是也不排除特殊情况下，在尚未制定成文规定的场合，根据惯例、习惯做法确定行为人在具体情况下的职责内容。

另外，并不是所有违反职责规范的行为，都可以构成刑法意义的渎职行为。必须对违反职责的行为进行实质的理解，将其界定为"创设了法所不允许的并具有导致结果发生风险"的行为。这里存在两种特例：第一，行为人虽然存在违法、违规行为，但是其所违反的规定纯粹是管理性质的，与刑法法益保护目的不相关。例如，禁止罪犯留所服刑的规定，就难以解释出避免造成特定重大损失结果的目的和内容。第二，虽然违反的职责规范确实是为了防止特定风险的发生，但是该风险并不是具体案件现实发生的风险。

再者，对于行为人违反数个职责规定时，需要"查明过失犯的实行行为，将过失犯的内容限定在引起事故的主要原因上"。[①] 例如，对明显涉嫌刑事犯罪的案件，公安民警不立案侦查，为应付被害人私自出具行政处罚决定书。本案中行为人既违反了对涉嫌刑事犯罪的案件应当立案侦查的职责，也违反了不允许私自出具行政处罚决定书的职责，而本案中有意义的职责规范只能是前者。

制造了职责规范所不允许的法益侵害风险，这只是归责判断的第一步。在特殊的案件中，即使行为人履行职责，重大损失结果依然不能避免，在这种情况下，是否因为出现了重大损失而让行为人承担刑事责任，就需要进一步研究了。

（2）实现法所不允许的风险

如果行为人制造了风险，但风险没有实现，或者导致结果出现的风险不是行为人所制造的，则不可将结果归属于行为人。

一是因果流程异常的排除归责。行为与结果之间有常态的联系，方可认为实现法所不允许的风险。需要注意的是，这里并不是排斥介入因素的存在，只要整体的因果流程不存在重大偏差，就不会排除责任。不过，这里的异常指的不是概率上的"罕见"，如警察将涉嫌暴力犯罪的嫌疑人放跑后，犯罪分子继续杀人的，在概率上不常见，但从社会经验和规范价值的角度来

---

① 黎宏：《过失犯研究》，载刘明祥主编《过失犯研究：以交通过失和医疗过失为中心》，北京大学出版社2010年版，第12~13页。

观察，并不异常，因此不会排除警察的行为与继续杀人结果之间的因果关系。将规范价值也作为判断结果是否异常的标准，即将"规范保护目的"纳入归责的考量范畴，讨论的是结果的发生是否属于注意规范所要避免的。这样，只要避免结果是行为人的职责，哪怕是从来都没有发生过的结果，也不是异常的结果。

二是考量合法则的替代行为。在这里需要判断如果行为人履行了职责，结果是否仍然会发生。我们称之为结果避免可能性的判断。如果行为人履行职责，很可能不会发生重大损失，那么行为与重大损失之间就存在因果关系。相反，如果行为人履行了职责，重大损失仍然会发生，就不能让行为人承担造成重大损失的刑事责任，这是因为，无论是否履行职责，重大损失都一样会发生，这就说明具体案件中，职责规范不能有效地避免重大损失结果。既然依法履行都不能避免结果，行为人也无须对该结果的发生承担刑事责任。至于回避可行性应当达到何种程度，理论界存在不同的观点。笔者认为，不要求达到百分之百或者高度盖然性的程度，只要具有优势的回避可能性，达到排除合理怀疑的证明标准即可。

我们需要注意结果避免可能性与条件说的区别。结果避免可能性是假设行为人履行职责，结果是否会发生，因此是采用合法则的替代行为，判断结果有无避免可能性。而条件说是假设没有行为人的行为，结果是否会发生。由于二者都是采取假设判断的方法，在部分案件中，判断的内容是一致的。例如，对没有患病的罪犯保外就医，保外就医期间罪犯又犯罪的案件中，结果避免可能性假设如果按照法律规定判断罪犯是否能够保外就医，结论当然是不能保外，那么如果不保外罪犯也不能再犯罪了，可以将再犯罪结果归责于违法保外行为。而条件说则判断如果没有违法保外的行为，罪犯还能再犯罪吗？其实二者判断的内容是一样的。但是，这不意味着条件说可以取代结果避免可能性判断。还是前面保外的例子，如果罪犯不是没有病，而是虽然病情符合保外就医条件，但是没有经过县级以上医院出具体检证明，监狱就批准保外就医，此时条件说假设没有违规保外就医行为，结果是否还会发生？答案仍然是不保外罪犯没有再犯罪的机会，违规保外就医行为与结果具有条件关系。而结果避免可能性则假设，如果合法履行职务，即委托县级以上医院体检，罪犯是否能够保外，结论是罪犯也能够获得保外就医批准，此时因为合法行为也不能避免罪犯保外，就不能将再犯罪的结果归责于违法保外行为了。可见，有些情况下无须重复判断条件关系与结果避免可能性，而有些情况，结果避免可能性的判断具有独立价值。

三是结果是否超出规范保护目的。所谓规范保护目的，就是制定职责规范所要保护的法益、所欲实现的目的，如为什么规定"对累犯以及因故意杀人、强奸、抢劫、绑架、放火、爆炸、投放危险物质或者有组织的暴力性犯罪被判处十年以上有期徒刑、无期徒刑的犯罪分子，不得假释"？是为了保护哪些法益呢？笔者认为，这么规定是为了防止具有高度人身危险性的罪犯离监后，继续危害社会，造成人员伤亡、财产损失，这就是"规范保护目的"。

虽然规范保护目的可以说是客观归责的核心内容，但是规范保护目的是否是归责判断的一个独立环节是存在争议的。例如，有的学者认为，注意规范保护目的是解决合法则替代行为所不能解决的问题，因此在过失犯的认定中具有独立的地位。[1] 而不同观点则在风险创设阶段就考虑注意规范保护目的，从而将风险具体化。[2] 但是无论如何理解，只有结果发生在注意规范保护目的之内，才能予以结果归责。例如，审判人员违反了十年以上暴力罪犯不得假释的规定，但罪犯离监后没有继续犯罪，而是向银行贷款投资办厂，后因经营不善，造成银行数百万元贷款损失。银行的经济损失与审判人员的

---

[1] 陈璇：《刑法归责原理的规范化展开》，法律出版社2019年版，第157页。
[2] 蔡仙：《过失犯中的结果避免可能性研究》，法律出版社2020年版，第313页。

渎职行为存在事实上的因果关系，但是这个损失超出了规范保护目的，因为暴力罪犯不得假释的目的是避免其继续犯罪危害社会，而不是限制罪犯的民事行为。

（3）构成要件的效力范围

只有结果发生在构成要件的效力范围内时，才可归责于行为。在这一规则之下，具体包括两种情况：一是被害人自我答责；二是第三人责任领域。其实这一部分，已涉及违法阻却事由是否能够作为客观归责的下位规则之一，在理论界也存在一定争议。

一是被害人自我答责。被害人自伤、自残意味着对自身法益的放弃，不存在值得刑法保护的法益，因此不可归责。例如，嫌疑人"以死明志"来自证清白的，即使事后证明司法工作人员存在失职渎职行为，也不能一概认为应当对死亡结果负责。基于同样的道理，被害人参与或接受他人的自我危险行为的，也不可归责。

要注意的是，以上判断结论是从事实上，根据谁造成了结果发生，谁就要对结果负责的标准，确定结果归责。但是，事实的视角并不尽然适用于渎职犯罪。因为渎职犯罪是典型的义务犯，国家机关工作人员具有特殊的义务，即使被害人放弃了自身的法益，也并不代表渎职行为人就不需要对被害人的利益予以保护，当有义务防止、避免被害人的自我危险化行为，而没有履行法定职责义务时，就需要对被害人自我危险化的结果承担刑事责任。也就是说自杀、自残能否成为重大损失结果，核心还是在于有没有职责防止自杀、自残。可见，"在义务犯领域，符合构成要件的仅仅是（同时也总是）违反了刑法之外的义务，这种义务违反基本上不取决于对于外部事实发生的支配"。[1]

---

[1] ［德］克劳斯·罗克辛：《刑事政策与刑法体系》，蔡桂生译，中国人民大学出版社2011年版，第27~28页。

二是第三人的责任领域排除责任。构成要件的效力范围不包括第三人的责任领域，也就是第三人在对其专属责任领域内的后果自负其责。"被害人自我答责"关注的是行为人对特定被害人的身体、生命是否负有特殊的保护义务，而第三人的责任范围则关注行为人对于特定领域的风险是否具有特殊的管理义务。虽然二者形式不同，但实质出罪理由相似。实践中，对于能否把司法机关办案经费等算作重大损失存在争议。根据2012年《司法解释（一）》的规定，"经济损失"是指渎职犯罪或者与渎职犯罪相关联的犯罪立案时已经实际造成的财产损失，包括为挽回渎职犯罪所造成损失而支付的各种开支、费用等。笔者认为，打击犯罪、维护治安是国家机关的专属责任，这类支出应由国家机关自负其责，不能再归咎于行为人。

5 如何正确理解、适用刑法第八十八条第二款延长追诉期限的规定

【问题】刑法第八十八条第二款规定，被害人在追诉期限内提出控告，人民法院、人民检察院、公安机关应当立案而不予立案的，不受追诉期限的限制。检察机关在查办司法工作人员相关职务犯罪案件时，对于该规定的适用存在以下两个方面的问题：第一，刑法第八十八条第二款中的"被害人"，对于司法工作人员相关职务犯罪而言，具体包括哪些人；第二，"被害人"向纪检监察机关、信访部门等举报或者控告申诉的，是否延长追诉期间。从目前掌握的已经作出有罪判决的案件来看，实践中少有适用该条延长追诉期间的情况，究其原因，根源在于对上述问题缺少法律层面明确的规定，导致具体适用时的认识分歧。为了更好地指导实践工作，我们从具体问题出发，谈谈对该条规定的理解，以便为司法实践提供一种参考意见。

【解析】一些司法工作人员渎职犯罪，会造成公民人身、财产损失，如

刑讯逼供等侵权类案件以及部分情形下的滥用职权案件，这些案件适用刑法第八十八条第二款的"被害人"规定，并不存在争议。但也有一些涉及"前案""原案"的渎职犯罪，争议较大，包括以下两个具体问题：第一，"原案"被害人能否视为司法工作人员相关职务犯罪的被害人，如公安民警徇私枉法，包庇故意伤害案件嫌疑人不受追诉，被害人对故意伤害案件控告，能否等同于对徇私枉法行为的控告，从而适用刑法第八十八条的规定，不受追诉期限的限制；第二，因公共利益或者社会秩序受损而上访、上告的群众能否视为司法工作人员相关职务犯罪的被害人，如在徇私舞弊暂予监外执行案件中，服刑罪犯被违法保外就医后，居住社区的群众对罪犯违法保外就医举报、控告，能否适用刑法第八十八条的规定。

从刑法原文中，我们无法得出"被害人"的明确定义。刑事诉讼法第一百零一条第一款规定，被害人由于被告人的犯罪行为而遭受物质损失的，在刑事诉讼过程中，有权提起附带民事诉讼。被害人死亡或者丧失行为能力的，被害人的法定代理人、近亲属有权提起附带民事诉讼。第一百一十条第二款规定，被害人对侵犯其人身、财产权利的犯罪事实或者犯罪嫌疑人，有权向公安机关、人民检察院或者人民法院报案或者控告。单从刑事诉讼法的相关规定来看，"被害人"是与直接造成其人身、财产权利受损的"加害人"相对应的概念。似乎枉法类案件的原案被害人不能视为司法工作人员渎职行为的"被害人"。

不过，追诉时效是刑法的规定，刑法中的"被害人"与刑事诉讼法中的"被害人"虽然表述一致，但具体内容未必完全一致。刑法中的"被害人"要根据刑法的规定、目的，尤其是追诉时效制度的合理性进行适当解释。

刑法第十三条规定了"犯罪"的概念，一切犯罪都侵害了特定的法益，这种法益不仅仅包括人身权利、财产权利，还包括社会秩序等。直接侵害人身权利、财产权利的犯罪，直接造成现实侵害结果，具有直接的被害人，而侵害某种社会秩序的犯罪没有具体的被害人，但这种行为造成社会秩序的无序或者混乱，间接侵害了社会中每个人的利益，国家基于维护法秩序的考虑将其规定为犯罪。因此，在渎职类犯罪中虽然不存在刑事诉讼法中的直接被害人，但却存在刑法中值得保护的间接被害人。一切犯罪中都存在被害人。从这个角度来看，无论是原案的被害人，还是举报、控告的群众，作为社会公众的一员，当渎职犯罪行为侵害了特定公务活动的法律秩序时，其利益都受到了间接侵害，都是刑法第八十八条第二款规定的被害人。

从追诉时效制度的实质根据考虑，同样应该将原案被害人、社会公众等作为间接被害人。有观点指出，刑法第八十八条规定追诉时效延长的原因在于，行为人逃避侦查或审判以及司法机关应当立案却不予立案等事由导致立法者认为更有必要向被害人、社会公众和行为人确证行为规范的有效性，从而更改了对相关罪行刑事不法关联性消失时间的推定，并设置了更长的追诉期限。[①] 追诉时效从制度层面推定公众的处罚情感随着时间的消逝而消失，但是当原案被害人、社会公众一再举报、控告，难以认为公众的处罚诉求随着时间的消逝而消失，而相关机关应予立案而不立案，也不能认为公众的处罚情感得到了满足。

综上，虽然从文字表述中，无法明确刑法第八十八条第二款的"被害人"的内涵，但从目的性和合理性考量，我们认为该条的"被害人"既包括"前案""原案"的被害人，也包括提出举报、控告的社会公众。

另外，被害人向监察机关、信访部门等举报或者控告申诉的，是否属于刑法第八十八条第二款的情况。对此问题，笔者认为被害人向监察机关提出控告申诉的，可以延长追诉期限，而向信访部门举报的不能延长追诉时效。一是刑事诉讼法第一百一十条明确规定了有权接受被害人控告的部门包括公安机关、人民检察院，并详细规定了对控告的处置。这一规定与刑法第八十

---

① 王钢：《刑事追诉时效制度的体系性诠释》，载《法学家》2021年第4期。

八条相互衔接，可见，刑法第八十八条将接受控告的部门限于上述具有刑事案件管辖权的部门，是立法者有意为之。二是"控告"是以追究刑事责任为目的，而追究刑事责任是具有刑事案件管辖权部门的法定职责，向其他部门反映问题不能开启刑事程序，当然也不能适用追诉时效延长的规定。但是，由于现行刑法生效于监察体制改革之前，向纪检监察机关控告是否延长追诉时效，是刑法遇到的"新问题"。

6 对犯罪嫌疑人立案后，是否还受追诉时效的限制

【案情】2002年犯罪嫌疑人W因涉嫌抢劫被网上通缉，2003年9月时任某派出所户籍民警B，在W未提供村委会介绍信等材料的情况下，为其换发了变更姓名的户口簿，致使W的假身份获得"合法"证明。此后W又利用户口簿申领了身份证、办理了户口迁移，W潜逃多年直至2011年11月才被抓获归案，2011年12月检察机关对B立案侦查。

【问题】该案判决生效后，W申诉至最高人民法院，提出原判事实不清、证据不足、因果关系不明、已过追诉时效等。而最高人民法院在《驳回申诉通知书》中提出"危害结果于2011年11月3日W被抓获后始告终结，至检察机关于2011年12月对本案立案侦查时并未过追诉时效期限"，换言之，审判机关将"立案侦查"作为追诉时效的终止时点。这不仅仅是最高人民法院的意见，同时也代表了实践的一贯做法。不过，虽然主流观点相对一致，但不能忽视反对观点。

【解析】追诉时效的终止是指追诉时效在没有届满的情况下归于无效。严格地说，刑法只有第八十八条规定"在人民检察院、公安机关、国家安全机关立案侦查或者在人民法院受理案件以后，逃避侦查或者审判的，不受追诉期限的限制"。该情形属于追诉时效的终止，符合该条款规定，犯罪人处

于被永远追诉的状态。但是，此处我们所说追诉时效终止是指刑事责任现实化造成追诉时效终止，即由于已经启动刑事追诉程序，犯罪行为不再因时效届满而不受追诉。追究刑事责任是一个从立案、起诉、审理到判决的过程，而追诉时效终止必定是一个时间点，这就需要我们从这一时间段中，选取一个时间点作为追诉时效终止时点。而恰恰这一终止时点处于法律的真空地带。法律的缺位，为理论提供了广阔的空间。作为追诉时效终点的学说，立案说、起诉说、审判说、结果说都不乏支持者，而司法实践中，立案说占据绝对统治地位。依据刑法第八十八条第一款的规定，侦查机关立案后逃避侦查的，不受追诉时效限制。该规定的反面解释是，侦查机关立案后没有逃避侦查的，仍要受到追诉时效的限制。可见，立案后追诉时效并不必然终止，而只是附条件的暂停计算。立案说虽然代表实践的需求和实际做法，但也必须面对反面解释的质疑。我们从以下几个方面予以回应：

第一，区分办案期限与追诉期限。追诉时效是开始追究刑事责任的时间，还是完成追究刑事责任的时间，存在不同理解。如果仅从文字理解，无论将追诉时效理解为开始追究责任还是刑事责任的完成，都未尝不可。但是联系程序法中侦查（强制措施）、审查起诉、审理等期限的规定，将刑事实体法中追诉时效理解为开始追究刑事责任更合理。对此，有学者认为，如果将追诉解释为完成追诉活动，那就意味着，追诉时效制度不仅规定了刑事实体法的内容，而且跨界规定了程序法的办案期限、强制措施期限。这种跨界规定，不仅没有必要，而且会造成法律间的冲突，必定会出现没有超过办案期限、羁押期限，但是超过追诉时效的案件，甚至立案时没有超过追诉时效的案件，侦查机关为防止侦查过程中超过追诉时效而不敢立案，同样的情况也会发生在审查起诉和审理过程中。在程序法已经规定办案期限、强制措施期限的情况下，没有必要再由刑法作出会引起矛盾冲突的规定。可见，只有将追诉时效解释为在法定期限内开始追诉才能避免这种矛盾。

第二，区分追诉时效的暂停与追诉时效的终止。在法定期限内开始追诉即不超过追诉时效，这就否定了结果说，但是并没有否定审判说、起诉说。如果脱离实际情况，把"追诉"理解为侦查权、审查权、求刑权都无不可，但理由都不充分。严格按照刑事诉讼法的规定，刑事追诉活动开始于案件（线索）受理，脱离这个事实的理论观点难免由于缺乏基础而根基不稳。区分办案期限与追诉期限，就意味着进入刑事程序后，应该遵守办案期限的规定，此时追诉时效暂停计算，超过办案期限，或者作出撤案、不起诉决定之后，追诉时效重新接续计算，已经经过的期限仍要计算在时效期限内。当然，程序法对侦查机关办案期限规定得相对粗糙，只有强制措施期限而没有办案期限，客观上造成案件久查不决、连续变更强制措施等问题，这些问题都需要程序法予以明确。这样理解刑法第八十八条第一款，既然立案是办案期限与追诉期限的分界点，追诉时效在立案之后就要"让位"于办案期限。虽然客观上与立案说的效果相似，但认为立案是追诉时效暂停计算，仍保留了重新计算追诉时效的可能，有助于督促侦查等机关及时履行职责，也有利于对犯罪人权利的保护。

第三，区分刑法第八十八条第一款与第二款的"不受追诉期限的限制"。如果按照上述观点，第一款意味着立案后追诉时效暂停计算，而犯罪人逃避侦查或者审判的，办案期限延长，间接导致恢复追诉时效的延长。而第二款仅是对第一款的特殊规定，因为没有立案当然无所谓办案期限的问题，如果此时仍然适用追诉时效的规定，则对被害人有失公允。

7 "重大损失"长期存在的，如何计算追诉时效

【案情】2013年4月24日凌晨，G伙同他人持刀追砍C并致C轻伤。时任某派出所民警C1、C2负责侦办。在被害人C明确指认系G所为的情况

下，C1、C2未依法采取有效措施控制G。同年5月15日，G持枪再次实施一起伤害案。此后，C1、C2作为"4·24"案件办案人，明知G已因"5·15"案件被逮捕，没有继续侦查，导致G由数罪变为一罪。2014年3月C1调离某派出所，2015年9月C2调离某派出所，二人均未移交或归档"4·24"案件。直至2018年6月，省公安厅查办G涉黑犯罪时，此案才得以告破，负责承办案件的检察院、法院均认为"4·24"案件是以G为首的犯罪团伙成为有一定影响力的黑社会性质组织的标志性事件。

【问题】本案在审理中，追诉时效问题并不是控辩双方争议的焦点。但是，我们从该案件的判决中，仍然可以发现法院据以认定C1、C2构成滥用职权罪的重大损失是"导致G长期逍遥法外、继续开展犯罪活动，更将其团伙进一步发展成为黑社会性质组织，危害一方，严重损害公安机关的社会形象，造成恶劣社会影响"，而没有将"4·24"案件未得到追究作为重大损失。从这个判决中，我们能够提炼出解决涉黑涉恶犯罪背后司法工作人员相关职务犯罪追诉时效的有效做法，并有助于我们进一步理解何时为"重大损失发生时"。

【解析】检察机关查办涉黑涉恶保护伞滥用职权案件，面临着如何评价重大损失的问题。涉黑涉恶犯罪形成、发展大多经过一段较长时间，就案论案，可能存在超过追诉时效的问题。而如果换一种思路，将黑恶势力坐大成势、持续发展作为重大损失，既能全面评价失职渎职行为，又有利于妥善处理追诉时效问题。

《司法解释（一）》第六条规定，以危害结果为条件的渎职犯罪的追诉期限，从危害结果发生之日起计算；有数个危害结果的，从最后一个危害结果发生之日起计算。结合刑法的规定，渎职、失职行为具有连续或者继续状态时，追诉时效从犯罪行为终了之日起计算，渎职行为本身不存在连续或者继续状态时，如果存在多个重大损失结果，追诉时效也要从最后一个危害结果发生之日起计算。该司法解释将刑法第八十九条第一款,追诉期限从"犯罪之日"起计算予以明确,所谓的"犯罪之日"对于以危害结果为条件的渎职犯罪,不是指犯罪成立之日,而是指犯罪终了之日。当然,无论将"犯罪之日"理解为犯罪成立之日,还是犯罪终了之日都没有违反罪刑法定原则,显而易见,后者更有利于追究犯罪。

当然,我们并不是说黑恶势力持续存在,追诉时效一定会随着黑恶势力的持续而不断延长。要正确适用司法解释中"有数个危害结果的,从最后一个危害结果发生之日起计算"的规定,必须区分新发生的危害结果与原有危害结果的持续。如果仅仅是原有危害结果的持续,必须以危害结果发生之日而非持续结果结束之日计算时效。但是不可否认这种区分是不明确的,笔者结合危害结果的类型,作出如下尝试:新发生的死亡、重伤剥夺自由等人身专属法益侵害属于新的危害结果,黑恶势力继续从事的每一起违法犯罪活动,乃至坐大成势都可以属于新的危害结果。但如果只是已发生重大损失状态的持续,则属于原有危害结果的,仍要以最后一个危害结果的发生之日计算时效(但此时可能存在渎职行为的连续或者继续状态,特别是不作为类的渎职行为)。

8 有案不立、压案不查涉嫌相关渎职犯罪的,追诉时效如何计算

【案情1】2009年4月14日晚,T和朋友在某卡拉OK歌舞厅包厢喝酒,其间与歌舞厅员工发生争执,后被K等人持刀枪等械具追砍,致左前臂被砍断。经鉴定,T受伤达到重伤程度,构成五级伤残。案发后,由某公安分局某派出所立案侦查,案件交由H的办案组负责侦办。H通过前期侦查活动锁定了多名犯罪嫌疑人,其中部分嫌疑人系该歌舞厅员工。由于H曾多次接受

歌舞厅老板等人宴请并收受红包，H 在该案排查出部分嫌疑人的情况下，故意不继续开展侦查活动，亦未对相关嫌疑人开展抓捕工作，后该案案卷丢失。H 的徇私枉法行为导致了该案相关嫌疑人在长达十年的时间内未受到刑事处罚，部分嫌疑人在此期间又犯新罪。

【案情2】2014 年 3 月 6 日，Z 非法使用的爆炸物被某县某派出所查获后，Z 逃跑。2014 年 3 月 7 日，某县公安局以 Z 涉嫌非法储存爆炸物罪立案侦查。时任某派出所所长的 Q 接受为 Z 说情的 L 请托，并接受 4 万元现金，答应帮忙从轻处理。2014 年 3 月 20 日，经 Q 安排，Z 投案后被取保候审。在案件侦查期间，Q 以当时公安机关开展专项活动，担心判决较重为由，让民警故意拖延办案进度，以避开这个期间。2014 年 9 月，Z 案件的承办人提出起诉 Z 的意见时，Q 进行阻挠，致使该案侦查终结后未向检察机关依法移送起诉。2015 年 1 月，Q 从办案人手中接收 Z 涉嫌非法储存爆炸物案的案卷后，将案卷长期放到自己办公室不依法处理。2015 年 3 月 20 日，Z 取保候审期限到期。2015 年 4 月 7 日，Q 对 Z 变更强制措施为监视居住，同年 4 月 15 日又重新起草了起诉意见书，后仍未向检察机关移送起诉 Z，且在监视居住期间无任何侦查行为。2015 年 10 月 7 日，Z 监视居住到期后，Q 不采取任何措施，致使 Z 实际脱离司法机关侦控。Z 在脱管期间，又犯新罪（拒不执行判决罪）。2016 年 9 月，Q 离开某派出所后，将该案移交。

【问题】在【案情1】中，法院以徇私枉法罪对 H 作出了有罪判决，但判决书并没有对该案件的追诉时效进行论述，辩护人也没有提出有关追诉时效的辩护意见，但是，原案发生在 2009 年，检察机关于 2020 年对 H 立案侦查，最终法院判处 H 三年有期徒刑，适用的是五年以下法定刑，追诉时效为十年。有必要对该案的追诉时效问题进行进一步说明。

而在【案情2】中，法院同样以徇私枉法罪对 Q 作出了有罪判决，但由于原案发生在 2014 年以后，Q 的徇私枉法行为并不存在追诉时效的问题，不过法院在判决认定的事实中,增加了一项起诉意见书中没有表述的事实,"2016年9月,Q离开某派出所后,将该案移交"。虽然法院没有在判决书中说明增加该事实的理由,但是该事实却有利于正确认定Q犯罪成立以及追诉时效的起算点。

如何计算有案不立、压案不查等涉嫌相关渎职犯罪的追诉时效,司法实践中普遍存在模糊认识,因此,我们通过上述案件,对此问题进行研究。

【解析】笔者认为有案不立、压案不查这类不作为形式的渎职行为以及不立、不查的行为与放纵犯罪的结果同时持续存在,属于刑法第八十九条的规定,即犯罪行为有继续状态的犯罪,对于此类犯罪应该从犯罪行为终了之日起计算。对此观点,我们仍需要从以下两个方面予以进一步说明。

第一,不作为犯是否属于刑法第八十九条规定的继续犯。继续犯也叫持续犯,是指行为从着手实行到由于某种原因中止以前一直处于持续状态的犯罪。典型的继续犯是刑法第二百三十八条规定的非法拘禁罪,从行为人非法把他人拘禁起来的时候开始,一直到恢复他人的人身自由的时候为止,这一非法拘禁的行为与不法状态同时持续存在。继续犯的追诉时效起算点不是犯罪成立时,而是行为继续状态的终了时。对于有案不立、压案不查的不作为行为,需要进一步说明的是,不作为犯是否可以构成刑法第八十九条规定的继续犯。笔者认为,只要实质地理解"实行行为",不作为犯就有成为继续犯的余地。"实行行为"这一概念源自日本的刑法理论,而当前日本刑法通说理论从法益侵害的角度,谋求实行行为概念的实质化。所谓实行行为,是指"具有法益侵害的现实危险性,形式上、实质上相当于构成要件的行为"。对于有案不立、压案不查的不作为行为而言,在具有作为义务及作为可能性的前提下,不作为行为持续侵害公务执行的法益,不法行为与不法状态同时持续存在,符合继续犯的要求。

第二,不作为犯以具有作为义务为前提,还需要研究不作为的义务来源问题。对于司法工作人员相关职务犯罪而言，作为义务的来源问题主要争议在于前行为是否是作为义务的来源。"前行为引发义务说"认为，司法工作人员的渎职行为导致某种违法状态的持续，同时渎职的"前行为"就创设了一个作为义务，司法工作人员有义务纠正前行为导致的违法状态，如果能够纠正而不纠正（即在后的不作为），就是一种不作为犯罪，也是一种继续犯。例如，监狱管教民警徇私舞弊，违法为罪犯报请减刑（以下简称违法减刑案）。监狱民警就具有纠正违法减刑结果的义务，而且这个义务无论行为人是否具有法定职责，只要违法状态没有得到纠正就一直存在。笔者不同意这种观点，原因在于：第一，司法工作人员相关职务犯罪是典型的义务犯，作为义务与司法工作人员的职责具有同源性，即使按照我国刑法理论不作为犯义务来源的通说观点，形式三分说（法律、职务与先前行为）或者形式四分说（法律、职务、先前行为、法律行为），不作为的义务也应该来源于职务，这也是作为职务犯罪的"14类犯罪"本来之意。第二，严格而言，违法减刑案的情况也不属于"前行为引发作为义务"的情况，对于前行为引发作为义务的情况，一般认为必须满足两个方面的条件：一是先前行为对刑法所保护的具体法益造成了危险；二是危险明显增大，如果不采取积极措施，危险就会立即现实化为实害。第三，行为人对危险向实害发展的原因具有支配性。而在违法减刑案中，实害结果（违法减刑）已经发生，防止结果发生与纠正已发生的结果，在刑法上应作不同评价。对于没有纠正已经发生的结果，作为不可罚的事后行为即可，无须单独评价。因此，能够成为司法工作人员相关职务犯罪作为义务来源的，只能是司法工作人员的职责，这样当因司法工作人员调离岗位、退休等，不再负有查禁犯罪的职责时，也就不具有作为义务，此时不作为的继续状态随着作为义务的消失而终止。笔者认为，这就是【案情2】法院在判决中特意增加Q离开原职位，即不再负有案件查办职责时间的原因。

9 辅警是否可以单独构成司法工作人员相关职务犯罪

【案情1】2017年至2018年，某派出所辅警L负责协助派出所摸排违法犯罪线索、协助查处治安和刑事案件，其明知H等涉嫌刑事犯罪，仍多次收受H的好处，对已经发现的线索谎报、瞒报，致使H的犯罪线索没有及时查处，黑恶势力得以发展壮大。检察机关对L立案侦查，法院最终以滥用职权罪作出有罪判决。

【案情2】2020年4月29日，某市公安机关正在抓捕犯罪嫌疑人Z，辅警L知情后，为感谢Z对其生意上的帮助，将抓捕计划通知Z，致使Z逃避抓捕。本案中，检察机关对L立案侦查，法院认为L属于司法工作人员，并以徇私枉法罪作出有罪判决。

【问题】虽然司法实践普遍认为，协、辅警属于司法工作人员，其单独实施的司法工作人员相关职务犯罪，可以由检察机关管辖，但在个别地区和个别案件中，仍存在分歧认识。

【解析】笔者认为协、辅警在履行司法工作人员职责时，属于司法工作人员，构成相关职务犯罪的可由检察机关管辖。

首先，根据刑法第九十四条的规定，司法机关工作人员和司法工作人员并非同等概念。刑法第九十四条从是否实际履行侦查、检察、审判、监管职责角度界定司法工作人员。而实际履行司法职责的人员，既包括司法机关中具有"正式编制"的人员，也包括虽然不是司法机关正式在编人员，但临时履行相关司法职责的人员，如人民陪审员，当人民陪审员履行审判职责时，就是司法工作人员。协、辅警也属于此类情况。其次，全国人民代表大会常务委员会《关于〈中华人民共和国刑法〉第九章渎职罪主体适用问题的解释》（以下简称《立法解释》）中已经明确规定，"虽未列入国家机关人员编制但在国家机关中从事公务的人员，在代表国家机关行使职权时，有渎职行为，构成犯罪的，依照刑法关于渎职罪的规定追究刑事责任"。对司法工作人员的认定，也应该严格根据《立法解释》的规定，以是否实际履行司法职责作为认定标准。再次，以是否履行司法职责作为判断司法工作人员的标准，符合现阶段实际状况。司法实践中，协、辅警大量从事侦查、监管等活动，对此现象检、法部门要立足于现实情况，依法对协、辅警的执法、司法活动监督，避免机械理解法律，导致出现监督空白，进而损害人民群众的合法权益。最后，以实际履行职责作为认定司法工作人员身份标准，得到生效判决支持，代表了司法实践的倾向观点。

如果以职责作为认定司法工作人员身份的标准，无论是协、辅警还是"正式"民警，当临时接受指派、委托实际履行本职工作以外的侦查、监管职责时，即具有司法工作人员身份，并不要求职责来源于本职职责。

从实践情况来看，在以下具体问题中可能存在争议：协、辅警受指派从事其依法不能从事的侦查、监管等司法职责时，协、辅警是否属于司法工作人员。笔者认为此时协、辅警仍然属于司法工作人员，涉嫌相关职务犯罪的可以由检察机关管辖。理由如下：一是《立法解释》对未列入国家机关人员编制但在国家机关中从事公务的人员，以"在代表国家机关行使职权"作为认定国家机关工作人员的唯一条件，因此对协、辅警而言，只要能够认为是代表公安机关行使侦查、监管职权的，其就属于司法工作人员。二是指派、委托协、辅警从事依法不能从事的司法活动，只能说明协、辅警职责来源存在瑕疵，但不能否认协、辅警实际代表公安机关从事了侦查、监管等活动，在履行上述职责中的失职渎职行为同样损害了诉讼活动的公平、公正，与在编民警具有相同的处罚必要性。

协、辅警行使侦查、监管职权时涉嫌相关职务犯罪的，可以由检察机关管辖。对于此类案件的管辖问题应该把握以下几点：一是协、辅警行使侦查、监管职权，要具有形式上的合法来源，既包括个别事务中的指派、委托，也包括长期形成的工作惯例；二是注意区分协、辅警的履职行为和借用职务便利、冒用警察身份的行为。对于后者，由于协、辅警未经授权，其实际是利用在公安机关工作的便利，假借执行公务名义，因为此种情况协、辅警并不具有侦查、监管职责，笔者认为此种情况的协、辅警不属于司法工作人员。

10 对于职责中"可以"的规定如何理解

【案情】2021年4月9日，某公安分局民警S等在从看守所将重大犯罪嫌疑人H押解至案发现场辨认过程中，未检查手铐是否铐紧，H趁S单独带其指认现场的机会挣脱手铐逃走。S的失职行为，致使可能判处十年以上有期徒刑的犯罪嫌疑人H趁机脱逃。

【问题】本案的辩护人提出"规定可以使用警绳、手铐，'可以'意味着没有强制性，失职致使在押人员脱逃罪中的前提条件是押解的执法人员严重不负责任，在案证据没有证明被告人H有严重失职行为"。而法院判决认定事实中，则认定了没有检查手铐是否铐紧是本案的失职行为之一。"可以"的规定是否意味着行为人可以履行职责，也可以不履行职责，无论是否履行职责都不违反法律规定呢？

【解析】笔者同意法院的裁判意见，并认为"可以"的规定不是指可以履行职责，也可以不履行职责，而是要求行为人在具体案件中，根据具体情况选择最有利于实现职责规范目的的方式和方法。

在司法实践中，对违反职责存在一种错误理解，认为只有当行为与命令或者禁止性规定相互冲突的时候，才存在渎职行为。如果法律、法规等仅仅规定司法工作人员"可以"做或者不做一定的行为时，司法工作人员无论是做还是不做特定行为，都不违反职责规范的规定，甚至进一步认为，法律、法规只是说"可以"做特定行为，那么即使做了但是没有做好，不能构成犯罪。这种理解是对法定职责的误读，导致很多应当作为渎职犯罪处理的案件无法查处。

笔者认为，法律、法规之所以采用"可以"而不是"应当"的表述，并不是告诉司法工作人员履不履行职责法律都允许，如果这样理解，法律完全不需要特意采取"可以"的表述了，相反，由于实际情况复杂多变，在法律无法通过事先的规定给出具体情况下唯一正确的和必要的做法，而是将这个任务交给实际履行职责的司法工作人员，通过司法工作人员发挥主观能动性，作出最优选择。

因此，在上述案件中，虽然规定是"可以"使用警绳、手铐，但是在S等人押解重大犯罪嫌疑人辨认现场时，为了防止嫌疑人脱逃，保证安全，使用手铐是必要的。特别在该案中S单独一人押解H辨认现场时，从客观情况判断，当时的场合并不是使用不使用手铐都"可以"。本案中辩护人认为"可以"没有强制性的辩护理由，并不成立，人民法院最终仍认定S等构成相关渎职犯罪。

11 相关规定只对职责内容进行了原则性规定时，如何在具体案件中确定司法工作人员职责内容

【案情】某日，某派出所接到报警，民警W出警并到达现场，在目睹犯罪嫌疑人上身赤裸、被害人裸体在浴室的情况下，只简单地询问后即让大家离开，以致没有发现强奸犯罪事实。

【问题】本案公诉机关以民警W未认真履行职责，导致刑事案件没有被发现，涉嫌玩忽职守罪起诉至法院。在该案的审理过程中，被告人W及其辩护人均做无罪辩护，理由之一是"警情处置中，未违反接处警工作的相关

规定"。民警应当根据现场警情的性质、危害程度、影响范围、涉及人数、当事人身份及警情敏感性等综合因素快速判断,采取相应的处置措施。但上述规定并没有对具体案件中接处警采取何种措施作出明确规定,而是将采取何种措施的"决定权"交给了具体的司法工作人员。这种情况与前述职责中"可以"的规定如何理解所涉及的问题相似,但又不完全相同。相似之处在于,规范性文件均没有给出明确的行为指引,不同之处在于,与"可以"的规定相比,这种"授权"规定连选择的范围都没有,具体案件中司法工作人员应当履职的内容,完全依赖于"事后"查办职务犯罪时,由办案机关补充。因此,在办理此类案件中,如何确定合理的职责规范,既避免放纵犯罪,又防止职责设定过于严格,导致以结果追责,就成为个案需要重点考虑的问题。

【解析】本案的判决中对W是否履行了处警职责的问题,进行了详细的分析说理,从中可以发现解决此类问题的思维进路。本案中,能够证实W接到110指挥中心以及向报警人了解情况后,在进入房间时对涉案人使用手枪进行控制,表明W已预见处警面临的危险。在W进入房间后,现场有多人证实犯罪嫌疑人当时上身裸露,下身仅用浴巾围着,W作为入职多年的民警,仅简单盘问,并未对二人关系进一步核实确认,未对现场重点位置进行检查、固定相关证据,未进行单独询问,在违法犯罪嫌疑没有得到排除的情况下也未将被害人带回派出所进一步盘问,导致没有发现犯罪事实。本案中,W在处理警情时,没有实施法律要求其正确、妥当地履行职责的行为。

在这个案件的判决中,人民法院是按照以下几个步骤确定W是否构成渎职犯罪的。第一,构建案发当时的客观情况,作为判断具体案件中应当如何履职的客观根据,案情不同,履职的方式也不相同。第二,基于案发现场的情况,客观确定"应当如何履职"。侦查环节,检察机关向认识能力、水平与 W 相近的民警取证，询问遇到相近情况时，应如何履职。第三，考虑 W 自身的能力与水平，是否能够达到一般标准，进而确定 W 是否具有过失甚至故意。我们注意到，判决中使用了"W 作为入职多年的民警"和"使用手枪进行控制"的表述，由此可以看出审判机关采用了推定的方式，认定 W 的主观罪过。通过"入职多年"可以证明 W 具有与一般警察相同的注意能力，对本案重大损失结果至少存在过失，而"使用手枪进行控制"则将主观罪过从过失上升为故意。也正是这个原因，本案公诉机关以玩忽职守罪起诉，而法院最终认定 W 构成滥用职权罪。

通过该案的判决，我们关注了在相关规定只对职责内容进行了原则性规定时，如何确定具体案件中司法工作人员是否正确履行职责的问题。笔者同意本案判决的分析进路，并认为应该从主客观两个角度判断此类案件是否构成犯罪，坚持先客观后主观的犯罪认定逻辑顺序，在扎实收集客观证据的情况下，根据相同领域一般人的标准明确具体案件中的职责内容，在此基础上进一步判断行为人的主观罪过内容。在认定主观方面时，要充分利用客观事实推定主观过错。

12 如何理解判断渎职犯罪因果关系的"原因力"和"相当性"标准

【案情】2012 年 5 月 22 日至 23 日，W 等为了谋取非法利益，指示多人在某公司及某公司负责人家里闹事，采取辱骂、拉横幅、装病、喊口号等方式长时间围堵滋事，在公安机关处置时不听劝阻，致使某公司无法正常运营，道路交通秩序严重混乱，造成恶劣社会影响。被告人 Z 等明知案件涉嫌刑事犯罪，需要追究刑事责任，仍将案件降格为治安案件处理，致使 W 等人未被追究刑事责任。

【问题】因果关系问题一直是困扰渎职犯罪认定的一个难题。虽然我们已经对渎职犯罪因果关系的认定从理论角度进行了总括式的说明，但是，理论需要应用于实践，下面就结合具体案件，进一步对渎职犯罪的因果关系，主要是滥用职权罪、玩忽职守罪、执行判决裁定滥用职权罪、执行判决裁定失职罪等罪的因果关系进一步予以分析。

最高人民法院与最高人民检察院均对相关渎职犯罪的因果关系发布了指导性案例。2012年11月15日，最高人民检察院发布第二批指导性案例，其中检例第8号[①]的要旨指出"如果负有监管职责的国家机关工作人员没有认真履行其监管职责，从而未能有效防止危害结果发生，那么，这些对危害结果具有'原因力'的渎职行为，应认定与危害结果之间具有刑法意义上的因果关系"。我们称之为"原因力"标准。最高人民法院在2017年8月出版的

---

① 该案件案情为：1999年7月9日，王某（另案处理）经营的深圳市龙岗区某歌舞厅经深圳市工商行政管理部门批准成立，经营地址在龙岗区龙平路。2006年该歌舞厅被依法吊销营业执照。2007年9月8日，王某未经相关部门审批，在龙岗街道龙东社区三和村经营某俱乐部，辖区派出所为同乐派出所。被告人杨某自2001年10月开始担任同乐派出所所长。开业前几天，王某为取得同乐派出所对某俱乐部的关照，在杨某之妻何某经营的某酒家宴请了被告人杨某等人。此后，同乐派出所三和责任区民警在对某俱乐部采集信息建档和日常检查中，发现王某无法提供消防许可证、娱乐经营许可证等必需证件，提供的营业执照复印件上的名称和地址与实际不符，且已过有效期。杨某得知情况后没有督促责任区民警依法及时取缔某俱乐部。责任区民警还发现某俱乐部经营过程中存在超时超员、涉黄涉毒、未配备专业保安人员、发生多起治安案件等治安隐患，杨某既没有依法责令某俱乐部停业整顿，也没有责令责任区民警跟踪监督某俱乐部进行整改。2008年3月，根据龙岗区"扫雷"行动的安排和部署，同乐派出所成立"扫雷"专项行动小组，杨某担任组长。有关部门将某俱乐部存在治安隐患和消防隐患等情况于2008年3月12日通报同乐派出所，但杨某没有督促责任区民警跟踪落实整改措施，导致某俱乐部的安全隐患没有得到及时排除。2008年6月至8月，广东省公安厅组织开展"百日信息会战"，杨某没有督促责任区民警如实上报某俱乐部无证无照经营，没有对某俱乐部采取相应处理措施。某俱乐部未依照消防法、建筑工程消防监督审核管理规定等要求取得消防验收许可，未通过开业前消防安全检查，擅自开业、违法经营，营业期间不落实安全管理制度和措施，导致2008年9月20日晚发生特大火灾，造成44人死亡、64人受伤的严重后果。在这起特大消防事故中，杨某及其他有关单位的人员负有主要责任。

《刑事审判参考》第107集第294号龚某玩忽职守案中,[①] 指出"在判断行为与结果之间是否存在刑法上的因果关系时,应以行为时客观存在的一切事实为基础,依据一般人的经验进行判断。在存在介入因素的场合下,判断介入因素是否对因果关系的成立产生阻却影响时,一般是通过是否具有'相当性'的判断来加以确定的。在'相当性'的具体判断中,一般可以从以下三个方面来进行:一是最早出现的实行行为导致最后结果发生的概率的高低。概率高者,因果关系存在;反之,因果关系不存在。二是介入因素异常性的大小。介入因素异常的,实行行为和最后结果之间的因果关系不存在;反之,因果关系存在。三是介入因素对结果发生的影响力。影响力大者,因果关系不存在;反之,因果关系存在。当然,如果介入行为与此前行为对于结果的发生作用相当或者互为条件时,均应视为原因行为,同时成立因果关系"。我们称之为"相当性"标准。那么,"原因力"标准和"相当性"标准都是什么意思?上述标准是否能够妥善地解决相关渎职犯罪因果关系认定问题呢?我们首先对最高人民法院的上述观点进行分析,进而研究相关渎职犯罪因果关系问题。

[①] 该案件案情为:1998年12月,某地区车管所下辖的某县村民蒋某凡持有的驾驶证有效期届满后,向某县公安局交通警察大队申请换证。某县公安局交通警察大队对蒋某凡的申请初审后,将其报送给某地区车辆管理所审验换证。1999年3月22日,在某地区车辆管理所负责驾驶员体检工作的被告人龚某收到蒋某凡的《机动车驾驶证申请表》后,在既未对蒋某凡进行体检,也未要求蒋某凡到指定医院体检的情况下,违反规定自行在其《机动车驾驶证申请表》上的"视力"栏中填上"5.2",在"有无妨碍驾驶疾病及生理缺陷"栏中填上"无",致使自1995年左眼即失明的蒋某凡换领了准驾B型车辆的驾驶证。此后,在2000年、2001年及2002年的年度审验中,蒋某凡都通过了某县公安局交通警察大队的年度审验。2002年8月20日,蒋某凡驾驶一辆中型客车违章超载30人(核载19座)从某乡驶向某县城,途中客车翻覆,造成乘客26人死亡、4人受伤和车辆报废的特大交通事故,蒋某凡本人也在此次事故中死亡。事故发生后,经某县公安局交通警察大队调查,认定驾驶员蒋某凡违反《中华人民共和国道路交通管理条例》(已失效)第二十六条第九项"在患有妨碍安全行车的疾病或过度疲劳时,不准驾驶车辆"的规定和第三十三条第一项"不准超过行驶证上核定的载人数"的规定,对此次事故负全部责任,乘客不负事故责任。在一审法院认定被告人龚某构成玩忽职守罪的情况下,二审法院和最高人民法院均认为本案没有因果关系。

【解析】

一、"原因力"标准的内涵与缺陷

最高人民检察院在指导性案例中,并没有对"原因力"标准的具体判断规则给出明确的指引,也没有对何谓"原因力"作出明确的界定。从指导性案例的案情分析,如果杨某按照法律规定对无证经营且未取得消防验收许可,存在消防安全隐患的某俱乐部依法取缔,在发生火灾的时刻,某俱乐部已经停业,就不可能发生特大火灾,并造成44人死亡、64人受伤的严重后果。如果这样理解,本案中的"原因力"等同于条件说的必要因果关系,即如果没有渎职行为,结果就不会发生。

但是,如果按照这个标准,《刑事审判参考》第107集第294号龚某玩忽职守案,如果龚某在第一次驾驶员更换驾驶证身体检查时,认真履行职责发现蒋某凡左眼失明,就不会出现以后数年连续通过年度审核的情况,也不会发生交通事故。这样分析,龚某的行为与最终结果之间也存在"原因力",但是省高级人民法院和最高人民法院均否定了本案的因果关系。从这个案例中,我们可以看出仅仅以"原因力"为标准认定相关渎职犯罪的因果关系是不充分的。

当然,这只是我们认为"原因力"标准不足以作为相关渎职犯罪因果关系认定标准的理由之一。除此之外,我们认为"原因力"标准还存在以下两个方面不足。一是如果将"原因力"标准理解为必要条件说的"没有行为就没有结果"的反事实判断,其实这种判断方式并不能用于刑法因果关系的判断。正如学者所言,只有当人们知道在原因和结果之间存在原因上的联系,才能说没有这一原因该结果也就不会发生。如果原因的作用方式未被知晓,"不能设想"也不能教会人们认识该作用方式是有影响还是没有影响。[①]

---

① [德] 汉斯·海因里希·耶赛克、托马斯·魏根特:《德国刑法教科书》,徐久生译,中国法制出版社2001年版,第382页。

换言之，只有知道行为对结果的发生发挥了作用，我们才能套用必要条件说的公式，认为没有行为就没有结果，"原因力"标准在方法论上，很容易陷入必要条件说的误区。二是如果"原因力"标准就是指行为与结果之间有关系，行为促进并引起了结果的发生这种正向判断方式，就会导致相关渎职犯罪因果关系范围无限扩大，引发相关渎职犯罪因果关系的"蝴蝶效应"。因为事物是普遍联系的，渎职行为发生在结果之前，从普遍联系的观点分析，总能找到行为与结果之间的"原因力"，如果这样认定渎职犯罪因果关系，只要有违反职责的行为，出现了重大损失结果，就可以认定渎职犯罪成立了，这显然是不合理的。因为现实中有时结果的发生是由数个违反职责的行为共同导致的，如该案例中，公安、工商（相关职责现由市场监管部门承担）、税务、消防部门相关人员均有违反职责行为，共同导致火灾结果发生，具体谁来承担责任，需要分析各部门国家机关工作人员的具体职责。《刑事审判参考》第107集第294号龚某玩忽职守案中采用了"相当性"标准，即以渎职行为本身具有造成结果发生的"相当性"概率为标准，从而将必要条件说的反事实判断方式转变为从渎职行为本身出发，考虑具体案件中行为是否具有造成结果的"相当"概率的正向判断。那么，是否"相当性"标准就是适当的呢？

二、"相当性"标准的解读与缺陷

"相当性"标准来源于相当因果关系说，相当因果关系说发轫于德国，流传至日本，目前是日本刑法因果关系的通说。相当因果关系说认为，只有行为与结果之间具有"相当性"时，才能认为二者之间存在因果关系。而关于相当性的判断标准，有的观点以一般人的标准站在行为时的立场进行判断，[1] 还有的观点根据统计学的方法从事前对事实联系的"客观可靠性"进

---

[1] 张明楷：《刑法学（上）》，法律出版社2016年版，第177页。

行判断,[①] 但都是意图将不具有相当性的联系排除在因果范围之外。《刑事审判参考》采取的就是第一种标准。但是，以"相当性"标准作为相关渎职犯罪因果关系判断标准是不合理的。一是无论一般人的标准，还是统计的标准作为相当性的标准都不免空洞化。特别在相关渎职犯罪中，缺少"一般人"和科学统计的标准，实际发挥作用的仍然是案件审理人员的个人标准。例如，《刑事审判参考》第 107 集第 294 号龚某玩忽职守案，第一次驾驶员换证没有进行体检，之后存在多次年审体检流于形式的介入因素，那么这一介入因素是否属于"超出"一般公众认识的异常的介入因素？又如，在违法减刑、假释、暂予监外执行（以下简称"减假暂"）案件中，一环失守进而环环失守，作为介入因素存在的后续审批环节，是否属于异常介入因素，而阻却第一道审批环节与最终违法减假暂结果之间的因果关系呢？放在相关渎职犯罪具体问题中，"相当性"标准仍不清晰。二是即使不考虑"相当性"标准不清晰的问题，仅将这一标准适用于致人死亡、重伤等存在一般人经验判断或者科学知识的领域，这一标准作为相关渎职罪因果关系判断标准仍不合理。例如，故意杀人罪中杀人行为与最终的死亡结果之间要具有相当性，否则只能认定为杀人未遂，这是合理的。而滥用职权行为与死亡结果之间也要求具有相当性，就不一定合理。因为，故意杀人致一人死亡，可以判处死刑。如果滥用职权行为与故意杀人行为的因果关系完全一致，为什么国家机关工作人员利用履职便利，违反职责规定杀死一人只能判处三年以下有期徒刑或者拘役？可见，不能脱离中国法律规定和司法实践，套用日本刑法相当因果关系理论。三是"相当性"标准仍然是以一般人的经验对因果关系进行的事实判断，这点与作为典型义务犯的渎职犯罪因果关系判断完全不同。笔者将检例第 8 号案件稍作修改，以说明二者的差别。某俱乐部在未取得工商登记也没有办理纳税登记的情况下开业经营，市场监督管理部门和税

---

① 吴玉梅：《德国刑法中的客观归责研究》，中国人民公安大学出版社 2007 年版，第 179 页。

务部门同样负有监管和查处职责，税务部门工作人员如果认真监督检查，能够发现某俱乐部没有获得消防审批，存在火灾隐患，但没有认真履行监督检查职责，导致应该被关停的某俱乐部继续营业，营业中发生特大火灾，税务部门工作人员是否构成玩忽职守罪？这种情况，认为税务部门的失职行为与最终结果之间存在因果关系仍然存在争议。争议的焦点就在于，如果造成税款损失，税务部门工作人员当然要承担相应责任，但是税务部门工作人员并没有职责监督检查消防安全。公安消防部门的失职渎职责任，是否需要由税务部门工作人员承担呢？答案当然是否定的。每个国家机关都有特定的工作职责，国家机关工作人员的工作职责也是有限的，只有因其失职渎职行为，引起了本职工作所欲避免的重大损失时，才能追究其刑事责任。可见，不考虑职责规范的内容与目的，难以合理认定相关渎职犯罪的因果关系。

三、规范归责的提倡

由于"原因力"标准和"相当性"标准的缺陷，笔者认为，只能采用规范归责的方式，判断相关渎职犯罪的因果关系。因为我们之前已经对相关渎职犯罪因果关系判断进行了详细论述，这里仅对因果关系判断步骤进行概括总结。在判断相关渎职犯罪因果关系时，要采取以下具体步骤：首先，划定事实因果关系的最大范围。根据经验判断、科学判断，只要与重大损失结果的发生有关，对其有帮助，起到一定的促进作用的渎职失职行为，都是重大损失结果发生事实上的原因，而不必达到"相当性"或者高度盖然性程度。其次，对职责规范保护目的和内容进行解释，只有现实发生的重大损失结果，属于职责规范保护目的范围内的重大损失，结果发生的方式也是职责规范所要避免的方式时，才有进一步判断失职渎职行为与重大损失结果之间因果关系的必要。在这个步骤中，重点在于对职责规范解释的共识，这也是规范归责的核心。当现实发生的结果正是职责规范所要避免的时，笔者认为，即使渎职、失职行为与重大损失结果之间不存在"相当性"关系，同样也能肯定相关渎职犯罪的因果关系。最后，在国家机关工作人员过失造成重大损失结果时，还要考虑如果依法履行职责，是否具有结果避免的可能性。

我们将这一判断方法应用于上述案件中，分析 Z 等未对 W 等涉嫌聚众扰乱社会秩序罪的行为进行查处，与黑社会性质组织坐大成势是否具有因果关系。第一步，事实因果关系的判断。该阶段需要依靠在案证据进行综合判断，如聚众扰乱社会秩序罪的案件经过、不处罚前罪是否给黑社会性质组织成员心理产生积极影响的证言、供述等证据，当通过上述证据的综合判断，认为 Z 等的渎职行为与造成恶劣社会影响具有联系时，不论联系的程度是否达到"相当性"，都可以认为存在事实因果关系。第二步，进一步论证预防再犯罪是否是查处犯罪所要达到的目的，即职责规范的目的，本案中对此不存争议。第三步，如果 W 等受到法律制裁，是否有可能避免造成恶劣社会影响。笔者认为，既然职责规范将防止特定结果发生作为其目的，那么，大多数情况下依法履职都具有结果避免的可能性，仅仅在极其特殊的案件中，才有可能出现即使认真履职了，结果也无法避免的情况，这种情况下，一般有效的职责规范对于防止特定案件中的重大损失结果是无效的，就不能因为国家机关工作人员违反了无效的职责规范而予以刑罚处罚。而本案中不存在这种例外情况，如果 Z 等正确履职，W 等受到刑罚处罚，就很有可能避免造成恶劣社会影响。

13 司法工作人员正确履行职责，重大损失不发生的可能性达到多大程度时，渎职行为与重大损失间存在刑法的因果关系

【案情】某派出所值班民警 Q 在办理 P 等涉嫌聚众斗殴犯罪案件时，没有依法充分履行侦查取证职责，在立案后又长期不开展侦查工作，致使该案件被长期"挂案"，直至 P 等的黑社会性质组织被查获后才得以侦破。该案

Q的辩护人提出，Q的渎职行为与P等黑社会性质组织坐大成势没有因果关系，而法院认为，本案Q如果正确履行职责，P等会因此案受到刑事追究，可避免P等后期的一部分违法犯罪行为，对黑社会性质的组织形成也能起到"一定的"抑制作用，并以此为由认为Q构成玩忽职守罪。

【问题】我们在之前的问题中，已经对以重大损失结果作为犯罪构成要件的相关渎职犯罪因果关系判断规则进行了分析研究。按照笔者的观点，在国家机关工作人员对重大损失结果具有过失时，不仅需要从事实上判断渎职行为与重大损失结果之间的因果关系，还需要从职责规范的角度，对事实因果关系进行规范限制，其中结果回避可能性的判断，即假设按照规定履行职责，只有当结果具有避免"可能性"时，才能因为行为人没有按照规定履行职责而追究其相关渎职犯罪刑事责任。但是，这种避免结果的"可能性"要达到什么程度，才满足追究刑事责任的要求呢？在之前的分析中，并没有对这个问题展开深入研究。而司法实践中，虽然有的案件运用了结果回避可能性的判断规则，但是基本没有涉及"可能性"的程度问题，实际采用的标准各异，这就导致认定是否构成相关渎职犯罪存在很大的随意性。因此，有必要对此问题进行专门研究，进而为司法实践提供可以借鉴的观点，促进共同标准的形成，推进同案同判，实现司法公平公正。

【解析】这个问题中外刑法理论界均存在一定争议。因此，笔者从刑法理论的各种观点入手，展开对这个问题的解析。

结果发生概率的判断本身是一种反事实的判断，因此与事实的因果关系的判断性质是一致的，都是事实的判断，判断方法也是一致的，都要根据事后查明的行为时存在的客观事实，依据科学法则或者经验法则进行判断。通过这种判断方式可能会出现以下几种情况：第一，通过科学法则检验，当以合法行为替代违法行为时，结果确定仍会发生或者不发生，那么可以肯定地得出该结果是否能够避免的结论；第二，通过科学法则或者经验法则的检验，当以合法行为替代违法行为时，结果发生的可能性大于或者等于或者小于结果不发生的可能性的情况。对于第二种情况，结果是否具有回避可能性，理论上有三种观点：第一，在违反规定距离超越骑车人的案件中，罗克辛教授认为，"如果行为人超越了允许的风险，并且现在出现了作为在超车中存在的危险所作用的结果，那么，这个结果作为一种禁止性危险的实现就是可以归责的"[1]，也就是说，不论结果不发生的可能性有多低，只要具有回避结果的可能，从另一个角度讲，行为人的行为都增加了结果发生的风险，当然可以将结果归责于行为人的行为。第二，"在假定行为符合注意义务的条件下，若合义务替代行为的结果避免可能性达到了占据优势，即超过50%的程度，即可认定注意义务违反性与法益侵害结果具有关联"[2]。第三，"当不允许危险的实现是不能肯定的时候，行为人必须根据'存疑有利于被告'的原则而被宣告无罪"[3]，也就是说，当结果回避具有"可能性"时，无论可能性的高低，都要根据诉讼法"疑罪从无"的原则，排除行为归责。

笔者不同意第一种观点，理由是：首先，有无结果回避可能性与结果回避可能性高低，看似是可以区分的两个问题，但是从证明角度，很难将二者完全区分，结果回避可能性的高低直接决定了对结果回避可能性有无的判断结论。其次，既然对二者从认定上无法清晰区别，对于结果回避可能性高低的证明，也要达到排除合理怀疑的刑事证明标准。

我们也不能同意第三种观点，理由是：第一，虽然这一观点看似用"可能性"代替了50%这样的数字标准，但是其所要求的所谓"肯定"的标准，实际上是一种100%的概率。这种将数学精确的标准，引入法律规范评价的做法，不符合法律的规范特点。第二，"疑罪从无"是一个程序标准，而在刑法领域中，可能性并不意味着"疑罪"，例如具体危险犯，危险本身就是

---

[1] [德]克劳斯·罗克辛：《德国刑法学总论》，王世洲译，法律出版社2005年版，第205页。
[2] 陈璇：《论过失犯的注意义务违反与结果之间的规范关联》，载《中外法学》2012年第4期。
[3] [德]克劳斯·罗克辛：《德国刑法学总论》，王世洲译，法律出版社2005年版，第206页。

一个发生可能性的问题,可见,刑法中并不排斥可能性标准。第三,受到人类现有的认识能力限制,即使是在自然科学领域,本质上仍是通过可能性认识事物的发展规律,更不用说经验判断的领域了。如果只有达到100%肯定时才能归责,那么绝大多数案件将无法追究责任。

我们原则上同意第二种观点,但认为应当以排除合理怀疑的刑事证明标准替代所谓50%的程度标准。

虽然笔者是从一般情形对结果回避可能性理论进行分析的,但是分析的结论同样适用于相关渎职犯罪规范归责的判断。例如,在上述案例中,法院即使用了"对黑社会性质的组织形成也能起到'一定的'抑制作用"的表述,笔者认为"一定的"标准,不同于"50%的程度""高概率"等表述,实际采取的是排除合理怀疑标准。

14 缺少结果避免可能性时,否定成立渎职犯罪的示例

【案情】某监狱服刑罪犯Z在劳动改造期间,以上卫生间为由,离开监控范围,并在隐蔽处利用事先准备好的麻绳自缢身亡。事发当日,负责对劳动场所进行管理的监狱狱警W,没有认真履行巡查职责,直至Z离开劳动岗位20分钟后才发现这一情况。随后W组织人员寻找Z,由于Z自缢场所较为隐蔽,寻找近30分钟才发现Z,此时Z已经死亡。事后查明,Z离开工作岗位至其自缢死亡前后不超过5分钟。

【问题】当监管民警没有认真履行职责,使得被监管人自杀有机可乘时,对于被监管人的死亡结果,监管民警是否要承担相应的渎职犯罪刑事责任。从渎职犯罪构成的判断逻辑而言,这个问题的核心在于是否可以将死亡结果归责于监管民警的失职渎职行为,换言之,这个问题实质上也是因果关系有无的问题。但是,无论按照必然因果关系说,还是相当性标准说都难以得出

适当的结论，因为很难说监管民警的失职行为必然或者大概率或者按照一般人经验很可能会造成被监管人自杀死亡，这种判断与实际情况不符，监管失职情况大量存在，可是自杀行为却鲜有发生，而采取偶然因果关系说、原因力标准说，又会导致只要出现被监管人自杀死亡，监管民警都要对此负责的结果，这样监管民警将承担巨大的履职风险。其实，根据因果关系判断规则，这个问题涉及职责规范保护目的和结果回避可能性两个方面。笔者就以上述案件为例，对这一问题进行详细分析研究。

【解析】监管民警是否需要对被监管人自杀死亡结果承担刑事责任，首先需要考虑自杀结果是否是监管民警职责规范所要禁止、避免的结果。可以举两个假想案例说明职责规范目的在因果关系认定中的作用。一个案例是，监管民警甲强迫罪犯超时工作，罪犯A在工作场所用劳动工具自杀身亡。在事实因果关系上，可以认为，如果不强迫加班，罪犯A不会在工作场所自杀死亡，也不会使用劳动工具自杀，违规强迫加班为自杀死亡创造了条件，但是禁止强迫加班的职责规范是否要防止罪犯在加班工作时自杀呢？这就涉及对职责规范保护目的的理解和解释。另一个案例是，如果监管民警没有对收工罪犯携带的物品进行检查，导致罪犯将剪刀带回监室，罪犯用剪刀割腕自杀，检查罪犯携带物品的目的是否包括防止罪犯自杀、自残呢？从两个案件的比较来看，更容易在后者中将防止罪犯自杀、自残的目的解释为职责规范的保护目的。职责规范目的的解释，应该借鉴法解释方法，首先，通过对立法目的的探寻，发现制定规范时所要达到的目的；其次，当立法目的不清晰或者时过境迁，当年的立法目的已经无法满足现在的需要时，通过对职责规范合法性、合理性、合目的性的综合分析，探索现在规范所要达成的目的。后者既是一个释法说理的过程，又是侦查工作需要查明并转换为客观证据的过程。

当违反的职责规范的目的包括防止罪犯自杀、自残时，仍要进一步考虑在具体案件中，职责规范是否能够实际发挥作用。例如，在有的案件中罪犯利用监管民警两次巡查的时间间隔自杀，此时虽然监管民警没有按照规定的时间巡查，但在追究监管民警刑事责任时，仍需要考虑如果按照规定巡查，能否发现并避免罪犯利用两次巡查间隔期自杀，如果结果是否定的，就不能在个案中，根据一个无效的职责规范追究行为人责任。上述案件也是由于此理由，即使 W 尽到了相应职责，也很难避免 Z 自缢身亡，按照结果避免可能性原则，法院最终判决 W 无罪。

15 无法证明结果回避可能性，否定成立渎职犯罪的示例

【案情】X，某监狱监区长；J，某监狱副监区长。2018 年 8 月 3 日 7 时许，J 将本监区罪犯带入生产劳动车间。7 时 10 分左右，罪犯 W、X1 违反规定离开工作岗位，躲避在生产流水线设备下，并用布料遮挡。8 时许，X 与 J 进行了口头交班。10 时许，罪犯 W、X1 被发现时已经昏迷不醒，送医后抢救无效死亡。经鉴定，二人系因为触电导致呼吸衰竭死亡。

【问题】根据相关规定，X、J 在交班时未严格执行相关制度，也没有对劳动现场进行严格巡查，存在失职情形。检察机关认为，该案证据无法证明 W、X1 是意外触电死亡还是私自连接电子产品导致死亡，死亡时间是 J 当班时间还是 X 当班时间，故认定 X、J 涉嫌玩忽职守罪的证据不充分。但是，对前一个班次的 J 而言，在其值班期间没有对劳动现场进行严格巡查，交班时也未严格执行相关制度，无论 W、X1 是在 X 当班期间还是在 J 当班期间死亡，是意外触电死亡还是私自连接电子产品导致死亡，至少二人的死亡结果与 J 的渎职失职行为有关，为什么 X 和 J 均不能构成玩忽职守罪呢？认定本案事实存疑的实质理由是什么呢？

【解析】W、X1 死亡时间和死亡原因不清，只是从表象上说明了本案存

在的证据缺陷（其实，私自连接电子产品导致死亡也是意外触电死亡，该事实并不存在证据不清的问题），但是没有真正说明缺少上述证据，导致认定玩忽职守罪时，哪些构成要件要素无法达到证明标准，进而不能构成犯罪。从另一个角度而言，对于玩忽职守罪的犯罪构成体系不清楚，就难以抓住罪与非罪的关键环节，也无法有针对性地收集证据。

笔者认为，本案之所以不能认定 X 和 J 构成玩忽职守罪，实质的理由是，对于 X 和 J 依法履职是否能够避免死亡结果尚未达到排除合理怀疑的证明标准。具体而言，由于 W、X1 的死亡时间不明，不能排除二人在当日 7 时 10 分左右，躲避在生产流水线设备下后短时间内就发生触电事故的可能，在这种情况下，需要证明如果 J 依法严格履行巡查职责，能够及时发现二人的违规行为，或者及时送医救治，能够避免二人的死亡结果，即合法履职是否能够避免结果发生。相应地，在侦查过程中，就应该围绕以下几个方面收集证据：一是监管民警巡查职责的具体规定，包括巡查时间、巡查次数、巡查方式、巡查内容等；二是证明依法依规巡查时的客观条件、情况，例如本案中罪犯 W、X1 躲避在生产流水线设备下，并用布料遮挡的情况，必然增加了巡查发现二人违规行为的难度；三是从触电至死亡的时间，依法履行巡查职责，发现二人触电后及时送医，是否能够避免二人死亡结果。在上述事实不清时，难以肯定失职行为与死亡结果的因果关系，只能以证据不足而存疑不起诉。

16 立案前挽回的损失，立案时是否应该扣减

【问题】《司法解释（一）》第八条第三款规定，渎职犯罪或者与渎职犯罪相关联的犯罪立案后，犯罪分子及其亲友自行挽回的经济损失，司法机关或者犯罪分子所在单位及其上级主管部门挽回的经济损失，或者因客观原

因减少的经济损失,不予扣减,但可以作为酌定从轻处罚的情节。对于该条规定,有的观点认为,立案后挽回的经济损失不予扣减,那么,反言之,立案前挽回的经济损失就应当扣减,如果扣减之后,达不到立案标准,就不能对相关渎职犯罪立案侦查。还有的观点认为,立案前已经实际发生的经济损失,无论是否挽回,都不能扣减,不影响相关渎职犯罪的认定,只是可以作为量刑情节考虑。对此问题,笔者想提出不同的看法和理由,进而拓宽相关渎职犯罪经济损失认定的思路,仅供实践参考。

【解析】财物可以成为滥用职权行为的对象,进而对财物造成的损失可以成为"重大损失",本身没有什么争议。但认定滥用职权罪的重大损失,是否以穷尽手段仍无法挽回为前提,则存在不同观点。

笔者认为,重大损失并不是指无法挽回的损失,实际发生的经济损失,无论是否挽回,都可以作为滥用职权罪的重大损失。有相反观点认为,重大损失应该是在检察机关立案侦查时,行为人及其单位穷尽一切手段仍无法挽回的损失,否则损失大小甚至有无仍然处于一个不确定状态。[①] 这一观点实际反映了实践的部分做法。但是,如果按照这样的观点,在违法执行的案件中,即使执行程序已经终结,由于还可以通过执行回转挽回经济损失,检察机关仍不能立案侦查。显而易见,这种观点和实践做法既不符合刑法理论,也不具有刑事政策的合理性。第一,犯罪成立是终局性的客观事实,当经济损失客观存在,滥用职权罪已经成立,不可能因为其后经济损失的减少,使已经成立的犯罪又不成立了。这种开倒车的逻辑,与刑法理论不符。例如,不能因为盗窃行为人返赃,就认为盗窃罪还没有成立,或者将成立的盗窃罪溯及为不成立。同理,当滥用职权行为实际造成重大损失时,滥用职权罪已经成立,至于损失是否能够挽回,与滥用职权罪成立与否无关,可在量刑时予以考虑。第二,如果只有无法挽回的经济损失,才能成为滥用职权罪的重

[①] 黄现师:《渎职罪犯罪构成研究》,中国政法大学出版社2013年版,第122页。

大损失，那么，是否构成滥用职权罪就完全依赖于滥用职权行为人的态度和经济能力了。就上述违法执行的案件而言，决定启动执行回转程序，启动执行回转程序的期限，都由渎职行为人及所在单位决定，如果要求损失必须无法挽回，这就给渎职行为人故意拖延、相互推诿创造条件，造成滥用职权罪形同虚设。第三，在职务犯罪中，受到不公正待遇遭受经济损失的被害人，与国家机关相比往往处于弱势地位。在这种情况下，对于已经出现的经济损失，检察机关不立案侦查，仍首先通过渎职行为人或者所在单位挽回经济损失，这等于将被害人又一次推向加害人，是对被害人的第二次伤害。

相反观点可能会以司法解释的规定为理由。《司法解释（一）》规定，立案后挽回的经济损失，或者客观减少的经济损失，不予扣减，但可以作为酌定从轻处罚的情节。似乎该规定的反面解释是立案前挽回或者减少的经济损失应当予以扣减，扣减后达不到立案数额，就不予立案。但这种解释是很不合理的。按照我们的观点，立案前挽回或者客观减少的经济损失不能予以扣减。第一，司法解释仅仅对立案后经济损失减少的情况作出了规定，不能想当然地对这个司法解释作出不合理的反面解释。第二，对于立案前主动挽回或者客观减少的损失，可以予以从轻、减轻甚至免除处罚，具有刑事政策上的必要性，但是这种优待无须通过否定已经成立的犯罪来实现，通过刑法理论完全能够产生同样的刑事政策效果，也更顺理成章、更合理。第三，我们认为上述司法解释的目的在于提示司法人员，对于立案后减少的经济损失，可以酌定从轻处罚。既然立案后减少的损失都只是酌定从轻处罚，立案前减少的损失充其量只能酌定从轻处罚。只有这样解释，才能避免造成处罚漏洞。

17 被法院划扣但尚未支付给申请执行人的款项是否属于实际发生的损失

【案情】某法院副院长 X 明知 G 申请强制执行被执行人 Z 银行账户 110 余万元一案系虚假诉讼,且公安机关已经对 G 涉嫌虚假诉讼立案侦查,仍强制划扣 Z 银行账户 110 余万元,至 X 案发时该钱款一直存在法院账户并没有实际支付给 G,但法院在 X 执行判决、裁定滥用职权案件的判决中明确表述,X 的行为"致使 Z 银行存款被划扣而脱离 Z 实际管控和占有,客观上已经造成了 Z 的损失",并判决 X 构成执行判决、裁定滥用职权罪。

【问题】这是关于相关渎职犯罪经济损失认定的具体问题。从该案件检察机关和审判机关,以及一审、二审审判机关之间的争议看,对于相关渎职犯罪重大损失的认定仍然存在较大分歧。我们通过对司法实践案件的梳理,并根据前文的意见和观点,进一步对相关渎职犯罪重大损失,尤其是经济损失认定的具体问题进行分析、研究,以此,引导司法实践形成一致意见。

【解析】《司法解释(一)》规定,"经济损失",是指渎职犯罪或者与渎职犯罪相关联的犯罪立案时已经实际造成的财产损失。对此规定,笔者认为,是否存在经济损失的唯一标准就是经济损失是否实际存在。如果证据能够证明客观损失已经实际存在,无论经济损失是否挽回都不影响相关渎职犯罪经济损失的认定。对于这个观点,笔者在前文中已经作出充分的论述,在此不再重复。

而在本案中,关于相关渎职犯罪经济损失的认定,又受到另外一种观点的干扰。有观点认为,虽然法院已经划扣了银行存款,但是并没有将该存款实际交付申请执行人,随时可以通过执行回转程序将存款返回,因此,不存在经济损失。按照这一观点,在认定相关渎职犯罪经济损失时,除证明经济损失已经实际发生外,还需要进一步证明经济损失难以挽回,在经济损失能够挽回,甚至无法证明经济损失是否能够挽回时,都无法认定相关渎职犯罪的重大损失。一审中没有明确表述对于法院已经划扣但尚未执行给申请执行人的款项是否属于实际发生的损失,但是一审认为不构成执行判决、裁定滥用职权罪,从这个判决来看,一审法院就是采取了这种观点。笔者不认同这一观点,理由如下:

第一,虽然渎职犯罪侵害的法益,是国家机关公务活动公平、公正执行,但是公务活动必然与具体人、具体事相关,滥用职权行为不仅侵害了公务的适正执行,同样也给公共财产、国家和人民利益造成重大损失,从这个角度分析,滥用职权罪也存在被害人。"损失",顾名思义是从被害人的角度进行界定,而不能从犯罪嫌疑人、被告人的角度进行理解。如果从被害人的角度界定,既然银行存款已经被法院划扣,这种经济损失是实实在在存在的,即使从犯罪嫌疑人、被告人的角度来看,这一损失可以挽回,也不能改变损失已经实际存在的现实。

第二,罪刑法定原则要求"法无明文规定不为罪,法无明文规定不处罚",体现刑法的谦抑原则。但是,不能因此认为,对法律的理解和解释都要秉持对犯罪人有利的原则,进而在适用法律时,以"疑罪从无""疑罪从轻"为借口,一概选择对犯罪嫌疑人、被告人有利的解释。"疑罪从无"只是证据适用规则,在证据无法达到排除合理怀疑的证明标准时,必须作出对犯罪嫌疑人、被告人有利的选择,即"疑罪"必须从无。但是在解释法律时,不是只有有助于出罪的解释才是合理的、最好的解释,否则,任何法律都可能存在需要解释之处,一切解释都从如何排除刑事责任角度考量,刑法就没有存在的意义了。既然渎职行为已经造成经济损失,就没有必要考虑经济损失是否容易追回,这不仅是对《司法解释(一)》"已经实际造成的财产损失"用语的当然理解,也是从刑法体系解释得出的应然理解。例如,盗窃罪的成立，从不需要考虑被盗财物是否能够挽回，盗窃后人赃并获同样也构成盗窃罪既遂，并不会因为赃物可以追回，而认定盗窃未遂或者认定不构成犯罪。

而本案中检察机关和二审法院认为，银行的经济损失已经实际发生，尤其是二审法院在判决中明确表述，"致使Z银行存款被划扣而脱离Z实际管控和占有，客观上已经造成了Z的损失"，笔者认为这种理解是完全正确的。

18 如何理解《司法解释（一）》的债权损失

【案情】被告人J为某法院执行局执行员，在承办被执行人L（自然人）的执行案件时，违反规定，将涉案房屋拍卖款人民币127万元仅仅分配给应当参与分配的12名申请执行人中的5人。由于L没有可供执行的财产，其他申请执行人合计74万余元债权无法实现。法院判决J构成执行判决、裁定滥用职权罪。

【问题】《司法解释（一）》规定了债权无法实现，构成重大损失的情形，是否只有债务人破产、潜逃、去向不明或超过诉讼时效，债权无法实现时，才能认为存在重大损失，实践中有不同理解。笔者以该案为例，对此问题进行分析研究。

【解析】问题来源于检察侦查工作实践，之所以成为困扰办案机关的难题，笔者认为，主要顾虑在于两个方面：第一，缺少充分的证据证明债务人客观上不具有偿还债务的能力。第二，虽然有证据证明现阶段债务人没有偿还债务的能力，但是毕竟债务人尚未破产，执行程序仍然继续，如果后续债务人经济状况好转，又能够偿还债务，这种情况如何处理呢？

第一个问题主要是事实认定的问题，如果证据无法证明债务人已经不具有偿还能力，执行案件又尚未终结，笔者认为此种情况一般不宜认定为造成重大损失。而第二个问题则是对相关渎职犯罪重大损失的法律理解问题。根据《司法解释（一）》第八条的规定，本解释规定的"经济损失"，是指渎职犯罪或者与渎职犯罪相关联的犯罪立案时已经实际造成的财产损失，包括为挽回渎职犯罪所造成损失而支付的各种开支、费用等。立案后至提起公诉前持续发生的经济损失，应一并计入渎职犯罪造成的经济损失。债务人经法定程序被宣告破产，债务人潜逃、去向不明，或者因行为人的责任超过诉讼时效等，致使债权已经无法实现的，无法实现的债权部分应当认定为渎职犯罪的经济损失。渎职犯罪或者与渎职犯罪相关联的犯罪立案后，犯罪分子及其亲友自行挽回的经济损失，司法机关或者犯罪分子所在单位及其上级主管部门挽回的经济损失，或者因客观原因减少的经济损失，不予扣减，但可以作为酌定从轻处罚的情节。如何理解《司法解释（一）》第八条中"实际造成的财产损失""债权已经无法实现"以及挽回（减少）的经济损失，是解决第二个问题的关键。

首先，"实际造成的财产损失"指的是客观存在的财产损失，而非不可挽回的损失。也就是说，只要财产损失已经存在，即使能够挽回，例如能够通过诉讼程序获得赔偿或者返还原物等，都不影响"实际造成的财产损失"的认定。《司法解释（一）》第八条第三款，立案后挽回或者减少的损失不予扣减的规定，就说明即使损失可以挽回，也不影响损失的客观存在。因此，在已经有证据证明财产损失实际发生、客观存在时，无须再考虑该损失将来是否能够挽回。

其次，《司法解释（一）》规定因为"债务人经法定程序被宣告破产，债务人潜逃、去向不明，或者因行为人的责任超过诉讼时效等"，致使债权已经无法实现的，无法实现的债权部分应当认定为渎职犯罪的经济损失。是否意味着只有以上几种情况，导致债权无法实现的，才能认为财产损失发生，除此之外，均不能认为发生财产损失呢？对此，笔者也持否定意见。理由如下：一是根据1981年6月全国人大常委会《关于加强法律解释工作的决议》的规定，全国人大赋予司法机关司法解释权，最高人民法院和最高人民检察院分别就审判工作和检察工作中具体应用法律的问题进行解释。因此，司法解释的作用是对法律适用中的争议问题进行描述，并提供解决方案，而尽量避免对法律用语下定义，否则，就不是对具体应用法律的问题进行解释，而是对法律本身进行解释，这就逾越了司法权的界限。而行使立法机关的法律解释权，同样也应该避免定义式地理解司法解释。所谓定义式的理解，就是认为只有司法解释规定的情形才构成犯罪，除此之外的情形均因为不符合司法解释，而不能认为构成犯罪。例如，认为滥用职权罪的重大损失只包括人身伤亡、财产损失、恶劣社会影响，而对于"其他致使公共财产、国家和人民利益遭受重大损失的情形"的规定闲置不用，体现了司法人员机械适用法律和司法解释，缺乏理解、解释、适用法律的主动性。司法解释对于"债权已经无法实现"规定的理解，也存在"概念式""定义式"理解的问题。实践中债权无法实现的原因多种多样，司法解释不可能对债权无法实现的原因进行穷尽，更没有必要限定债权无法实现的原因，"债务人经法定程序被宣告破产，债务人潜逃、去向不明，或者因行为人的责任超过诉讼时效等"的规定，仅仅是对债权无法实现的通常情况进行描述，而不是对债权无法实现下定义，并不表示只有规定的几种情形造成的财产损失才能认定为重大损失，其他情况即使出现了重大损失，由于不符合司法解释的规定，而无法认定为重大损失。二是从《司法解释（一）》的用语也可以看出，司法解释是在列举债权无法实现的原因，而不是对债权无法实现下定义。《司法解释（一）》的表述为"债务人经法定程序被宣告破产，债务人潜逃、去向不明，或者因行为人的责任超过诉讼时效等"，"等"既可以表示列举未完，也可以表示列举后煞尾。而在此处，完全可以将"等"理解为列举未完，如此理解，既符合司法解释的文义，也有利于实现司法解释合理化解读。否则，就会出现债务人潜逃、去向不明的，可以认定为债权无法实现，而由于司法解释没有规定债权人死亡造成债权无法实现的情形，债权人死亡的，反而不能认定为债权无法实现。这显然是不合理的。

综上，无论债务人是自然人还是企业，认定是否存在重大损失的标准就是债权无法实现，至于司法解释列举的无法实现的原因，并不是债权无法实现的限定条件，当有客观证据证明债权无法实现时，即可认定存在重大损失。

19 执行案件尚未结案，是否可以认为重大损失已经实际发生

【案情】原告Y诉被告S民间借贷纠纷案，经法院审理，判决S偿还Y借款本金、利息共计16万余元，在诉讼过程中，经原告申请诉讼保全，法院查封了被告人500平方米房屋（查封期两年）。该民事判决生效后，原告向法院申请强制执行，由该院执行法官J负责执行。J在执行过程中，未按照相关法律，在规定时间内向被执行人发出执行通知书，对被执行人财产状况进行调查、控制，亦未对诉讼保全房屋进行续封，致使被查封房屋到期解封后，过户至第三人名下。被执行人名下再无可供执行财产。检察机关以J涉嫌执行判决、裁定失职罪立案侦查，并移送审查起诉。法院判决J构成执行判决、裁定失职罪。

【问题】J涉嫌执行判决、裁定失职罪审理过程中，J的辩护人提出民间借贷纠纷一案现在还在执行过程中，损失无法确定的辩护意见。对此辩护意见，法院在判决说理部分基于以下两个理由判决不予采纳：一是被执行人现已经没有可供执行的财产；二是原查封的房屋如果及时续封，债权人Y可以申请执行该房屋实现债权。

司法实践中，在查办执行法官涉嫌职务犯罪案件时，往往会遇到执行程

序尚未终结,此时如何认定渎职、失职行为造成的损失,以及损失数额如何计算的问题。很多案件中,由于执行程序还没终结,检察机关未对相关司法工作人员的渎职、失职行为立案侦查,执行程序旷日持久,造成很多犯罪行为无法及时得到惩处。执行程序的终结是否是相关职务犯罪查办的必要条件?下面就通过上述案件,对这一问题展开研究。

【解析】在本案中,法院在判决J构成执行判决、裁定失职罪的同时,对类似案件损失的认定确立了两项标准:一是无其他可供执行财产;二是合法履行执行职责,能够避免重大损失发生。对于该两项标准在相关渎职犯罪的认定中发挥什么作用,有进一步说明的必要。

首先,只要被执行人没有其他可供执行的财产,就可以认定重大损失已经实际发生,即使此时执行程序尚未终结,也不影响重大损失的认定。虽然渎职犯罪的认定在一定程度上依赖于"前案"违法的认定,但是这种依赖关系主要是实体性的而非程序性的。也就是说,行为是否违法,是否属于失职、渎职行为的定性判断,不是根据刑法渎职犯罪相关法条作出的,而是根据渎职行为发生的领域相关职责规范的内容作出的判断。由于"前案"法律关系具有专业性,认定行为是否违反职责规范往往需要等待"前案"审查程序终结,认定违法后,才能启动相关渎职犯罪的调查侦查工作。例如,民事案件审理过程中,法官存在错判,往往需要上级法院作出改判决定之后才能认定。但是,对于程序问题,不应该受到"前案"程序尚未终结的影响。并不是所有渎职案件都需要等待纠正"前案"之后才能启动调查。例如,执行程序是否终结与重大损失是否已经形成之间并不是一个层面的问题。前者是程序的问题,而后者是客观事实的问题,对于客观事实,在查办职务犯罪时需要通过证据加以证明,也就是说,虽然执行程序没有终结,但是通过在案证据,已经能够证明没有可供执行的财产时,重大损失客观上就已经存在。进言之,认为执行程序未终结时,认定重大损失存在障碍的观点,也并不是纠结于程序问题，而在于无法证明如果继续执行，被执行人是否还有可供执行的财产，这是典型的证据问题。

其次，即使重大损失客观存在，仍需要进一步判断合法履职是否能够避免重大损失。在上述案件中，侦查部门调取大量的证据，说明若J合法履职，Y的损失可以避免，法院在说理部分也特意论述了被查封房屋到期解封后的处置情况，以此说明查封房屋之上并没有存在优先债权，换言之，如果J依法续封，债权人Y的债权将处于第一顺位，债权完全能够实现。如果上述案件查封的房屋上，存在工人工资等优先债权，导致即使按期续封，最终债权人Y也没有办法就该房屋实现债权，那么，虽然J存在失职行为，但由于结果无法避免，不能将债权无法实现的结果视为J失职行为造成的，此时就应该在因果关系层面，否定行为与重大损失结果之间的关系。

第二章　滥用职权罪与玩忽职守罪

20 如何区分玩忽职守罪与工作失误

【案情】2011年12月30日，时任某区人民法院刑事审判庭庭长Y在审理H过失致人死亡案过程中，判决书中将被告人职业错误地写成"无业"。L作为时任分管刑事审判的副院长在审核刑事判决书时，未能严格把关，发现被告人职业书写错误，致使本应被开除公职的H继续领取其工作单位某电业局支付的工资。

【问题】对于L是否构成犯罪，存在两种观点：第一种观点认为，L作为法院副院长，具有审查判决书内容是否正确的职责，其没有认真履行职责，没有发现被告人工作单位书写错误，导致本应被开除公职的罪犯，继续领取工作报酬，其行为构成玩忽职守罪。第二种观点认为，L虽然具有失职行为，但是L的行为尚未达到"严重危害社会"的程度，仅属于工作失误，不应该认定为犯罪。该案件法院最终认为L构成玩忽职守罪，并判处免予刑事处罚。

司法是一项专业性和风险性都十分高的工作，立法者在设计制度之始就预留了一定的容错空间，即司法责任和错案追究制度。刑罚具有谦抑性，是底线手段，只有行为达到必须动用刑罚处罚的必要程度时，才能将行为认定为犯罪，进而给予刑罚处罚。那么，如何区分玩忽职守罪与工作失误，二者的界限标准是什么呢？

【解析】玩忽职守罪与工作失误，都是以违反工作职责为前提的，并且工作失误也可能导致重大损失结果发生，二者在形式上存在很大的相似之处。那么，如何准确界定二者的界限呢？笔者认为，应该从主客观两个方面把握。

第一，在客观方面，要注意把握失职行为与重大损失结果之间的因果关系。具体而言，在因果关系方面区分司法责任与玩忽职守犯罪，又包括以下几个方面：一是不仅正向判断失职行为是重大损失结果发生的条件，同时也要逆向判断，如果行为人严格按照规定履行职责，是否能够避免重大损失结果。如果逆向判断结果是，即使行为人认真履行职责，结果也无法避免，在这种情况下，就说明职责规定对于防止重大损失结果发生没有效果，当行为人无论是履行职责还是不履行职责重大损失都会发生时，就不能认为是行为人的失职行为引起了重大损失，此时，行为人的失职行为尚未达到追究刑事责任的程度。二是需要考虑违反的职责规范的目的，换言之，需要论证防止重大损失结果发生是否是职责规范的目的。例如，在上述案例中，就有观点认为要求L审核判决书的职责规范，并不是为了防止被告人冒领工资，或者说被告人是否冒领工资与L的工作职责没有关系。对职责规范目的的论证，是建立在事实基础之上的论理过程，既要有事实依据，又要论理充分、适当，特别在查办新领域、新类型案件时，由于缺少参考、借鉴，必须格外重视职责规范目的的分析论证，推动其形成共识。当经过分析论证，认为行为人违反的职责规范，并不是为了防止发生特定案件中的重大损失，此时就不能将重大损失结果归责于行为人的失职行为，并追究行为人失职、渎职行为刑事责任。

第二，在主观方面，只有严重不负责任时才能认为行为人具有犯罪过失。法律、法规对司法工作人员履行职责规定了各项具体义务，但是法定义务均是从事前立场，按照一般情况进行的抽象规定，在具体案件中，还需要考虑行为人是否具有按照法定义务履职的条件。例如，上述案件，我们假设存在两种情况。一是 L 不仅负责全院案件的审核工作，还要承担法院事务性工作，造成其难以对每一份判决书逐一审阅，而发现判决书中被告人职业表述错误，需要查阅卷宗材料。二是不是被告人职业，而是被告人姓名多处表述不一，只要审阅判决书，就可以发现错误。在这两种情况下，虽然 L 均违反了审核判决书的义务，但违反义务的程度是不同的，相应地，承担的责任形式也就不同。在界定司法责任与玩忽职守犯罪时，要兼顾法理、事理、情理，避免以超出能力的严格标准苛求行为人，将行为认定为犯罪。只有严重不负责任的行为，达到必须动用刑罚处罚的必要程度时，才能够认定为玩忽职守罪。

21 《司法解释（一）》中的"恶劣社会影响"的内涵与表现

【解析】刑法第三百九十七条对重大损失的表述是"国家机关工作人员滥用职权或者玩忽职守，致使公共财产、国家和人民利益遭受重大损失的"，可见，如果从文义理解，所谓的重大损失，是指滥用职权行为作用于行为对象（公共财产、国家和人民利益），并造成了行为对象的损失，损失达到了重大的程度，而不是对滥用职权或者玩忽职守行为本身的负面恶劣评价。笔者认为，对于"恶劣社会影响"的理解，不能脱离刑法用语的文义，应当将"恶劣社会影响"解释为对"社会"的"恶劣影响"。"恶劣""社会""影响"三者之中，"恶劣"是评价性的，需要尽量确定客观标准，而"社会""影响"都应该做实证的解读，并且关键是在行为对象的意义上把握"社会"，对"社会"与自然人的身体、生命、财产等现实存在的客观事物作同样理解。

因此，作为滥用职权行为对象的"社会"就必须与滥用职权行为相分离。如此理解，笔者认为这里的"社会"实质上是与不特定多数人的利益相关，但这种利益不是对公务活动适正执行法益的侵害，而是因为未按照规定执行公务，对不特定多数人的利益造成的现实影响。有学者通过实证研究，对这种不特定多数人的利益进行归纳，将实践中存在的恶劣社会影响归纳为14种情况，具体而言包括：(1) 造成物质损失，数额难以准确计算或认定；(2) 物质损失未达到立案标准，具有其他情节的；(3) 渎职行为涉及面广或牵扯人员多，导致某一正常秩序严重破坏；(4) 利用职权收取不应该收取的费用或抬高收费标准，破坏正常管理秩序的；(5) 导致他人引起民事纠纷或获取非法利益；(6) 他人利用假身份、假证明、违规办理的证照批文从事非法活动；(7) 监管不力使违规、违法活动长期存在；(8) 未及时查处行政违法行为，发展成刑事违法犯罪；(9) 违规行为严重，引起关注的；(10) 其他情形；(11) 导致土地、林木等资源遭受侵占和严重破坏的；(12) 导致不安全食品大量流入市场、生产销售时间长；(13) 为逃犯办理假户口，致使其利用假身份长期逃避抓捕；(14) 未尽到监管职责，被监管人重新犯罪。并且这些恶劣社会影响，会产生媒体关注等附随结果。[①] 如果按照以上标准，这些实践中存在的恶劣社会影响，均有值得研究的余地。第一，对于 (1) 的情况，数额无法准确计算，是没有达到证明标准的问题，没有证据证明存在的物质损失，在刑事诉讼中就是不存在的损失，实际法律效果与 (2) 的情况相同，那么认定 (1)(2) 两种情况属于恶劣社会影响，不是因为滥用职权行为对不特定多数人的利益造成损失，而是因为媒体关注等因素。但是，将媒体报道本身这种正常的反映诉求的方式视为社会的"重大损失"是不恰当的。(9) 的情况也与 (1)(2) 情况相同。第二，对于 (5) 的情况，与上一点相同，民事诉讼本身并不是社会所要避免的重大损失，相反通过诉讼理性解决争端，是应该提倡和鼓励的。另外，获取非法利益就意味着相对方遭受了不应有的损失，如果达到物质损失的立案标准，没

---

① 商凤廷：《渎职罪中"造成恶劣社会影响"的司法认定》，载《国家检察官学院学报》2016年第4期。

有必要通过恶劣社会影响认定为重大损失。第三，对于（6）（7）的情况，是否能够成为恶劣社会影响，关键在于从事的非法活动或者违法、违规活动是否与不特定多数人的利益相关，而不能一概认为从事非法活动或者违法、违规活动就属于恶劣社会影响，（8）（14）的情况也是如此。虽然犯罪是严重侵害法益的行为，但是不同犯罪侵害的法益也不相同，由于监管不力引发针对个人法益的犯罪，如盗窃等犯罪，难以认定为对不特定多数人的恶劣影响。第四，对于（11）的情况，如果仅仅是土地、林木被侵占、破坏本身，难以认定为恶劣社会影响，但是由于自然资源的破坏，引发的环境污染可以认为是恶劣社会影响。第五，对于（13）的情况，长期逃避抓捕的表述是针对个案而言，并不是从对社会造成的影响角度分析问题，难以从长期逃避抓捕的现象中看出对不特定多数人造成了哪些现实的损害。因此，仅仅将长期逃避抓捕作为恶劣社会影响是不恰当的。第六，笔者认为实践中存在的恶劣社会影响类型中，仅（3）（4）（12）的情况符合我们所认同的观点。这三种情况中，无论是对某一领域秩序的破坏，还是导致不安全食品流入市场，显而易见地都会对不特定多数人的利益造成现实的损害。另外，对于引发违法、犯罪的情况，也可能构成恶劣社会影响，例如监狱狱警不履行监管职责，放纵服刑人员在监狱内赌博，扰乱了公共（监狱）秩序。如果赌博行为符合赌博罪的构成要件，那么已经达到恶劣程度，可以认定为恶劣社会影响。

22 哪些情形可以作为"恶劣社会影响"

【案情】报警人Y（女）向某派出所报案称，G将其强奸。某派出所接到报案后，将G带至派出所，G承认了强奸事实。此后，由协警H负责看管G。G趁H不备逃离派出所后，自缢身亡。G的家人为此准备集结人员，向政府、派出所等部门上访、上告,但被当地政府及时化解。本案是否存在上访、上告等"恶劣社会影响",存在争议。

【问题】实践中,将群众上告、媒体报道等情形作为"恶劣社会影响"的情形之一,以往基本不存在争议。但是,在具体个案中,哪些上访、上告、媒体报道、转发评论等情形可以作为"恶劣社会影响",仍然存在不同认识。而这一问题不仅是法律认识和理解的问题,还影响案件的取证方向。笔者结合实践情况,对此问题进行分析和研究。

【解析】按照笔者之前的观点,上告、媒体报道、转发评论本身并非必然成为相关渎职犯罪的"恶劣社会影响",但这不意味着上告、媒体报道、转发评论不能成为"恶劣社会影响",而是说对于此种情况,应该按照认定渎职犯罪重大损失的标准和原则,具体情况具体分析。笔者认为,应该从以下几个方面对此问题进行把握和理解。

第一,"恶劣社会影响"是现实存在、实际发生的影响。根据刑法第三百九十七条的规定:"国家机关工作人员滥用职权或者玩忽职守,致使公共财产、国家和人民利益遭受重大损失的……"从"致使""遭受"的表述中,可以看出重大损失是现实存在的,即对公共财产、国家和人民利益实际造成的损失。不仅"致人重伤、死亡,以及财产损失"必须是实际的重伤、死亡、财产损失结果,而且与重伤、死亡、财产损失并列的恶劣社会影响,也一定是实际发生的现实影响。这是刑法客观主义的当然结论,既有刑法条文规定的支持,又符合由司法解释构建的重大损失类型的体系一致性。在上述案件中,不能将尚未发生的上访、上告情形,作为玩忽职守行为造成的"恶劣社会影响"。

第二,"恶劣社会影响"是对"社会"造成的"恶劣"影响。按照我们的观点,"社会"代表了不特定人的利益,只有上告、媒体报道、转发评论等严重影响了社会公众的现实利益,造成社会对政府部门、司法机关一定范围的负面评价时，才能认为达到"恶劣社会影响"的程度，而不能将上告、媒体报道、转发评论直接等同于"恶劣社会影响"。具体而言，应该综合考虑上告的人数、次数，对上告的部门，或者报道媒体的级别，报道次数和收看、收听的范围，以及转发评论的次数、影响范围等因素进行评价，只有达到"恶劣"程度时，才能认定为"恶劣社会影响"。

第三，准确把握上告、媒体报道、转发评论等情形，在调查取证中必须注意收集能够证明存在"恶劣社会影响"的上访次数、接访记录、收听收看率、转发评论率等客观证据。在实践工作中，存在误将负面评价作为"恶劣社会影响"的情况，从而造成在调查取证时，不收集客观证据，转而通过询问犯罪嫌疑人同事、领导、被害人等，由上述人员对犯罪嫌疑人的行为进行负面评价，进而将此种负面评价作为"恶劣社会影响"，这种做法背离了刑法处罚的是行为及其现实结果的客观主义立场，而且从证据采信角度而言，在司法机关已经对犯罪嫌疑人立案侦查的情况下，相关人员很难正面评价犯罪嫌疑人的行为，甚至故意抹黑犯罪嫌疑人。因此，将负面评价作为证据，缺少证据的客观性，难以认定存在"恶劣社会影响"。

综上，笔者认为应该注意收集上访、上告、媒体报道、转发评论造成社会现实影响的客观证据，并以此客观证据，综合评价社会影响是否达到"恶劣"程度。

23 《司法解释（一）》中的"其他致使公共财产、国家和人民利益遭受重大损失的情形"的内涵与表现形式

【案情1】C为某派出所民警。2011年11月，W与M酒后发生口角，W殴打M致其鼻梁骨粉碎性骨折，M当日向某派出所报案，该案件由C办理。2011年12月30日，经司法鉴定，M的伤情构成轻伤。2012年1月9日，公

安机关对W立案侦查。其后，W与M达成和解协议。C作为办案民警，以当事人和解为由，未继续侦查W涉嫌故意伤害一案。直至2020年1月9日，W因涉嫌其他犯罪被公安机关侦查时，才发现W故意伤害M一案没有办结，遂重新侦查。经查发现，W在2012年至2020年，实施多起违法、犯罪行为。

检察机关以C涉嫌滥用职权罪立案侦查，提起公诉。辩护人认为C的行为没有造成"恶劣社会影响"，法院认为，C的行为致使W未被及时追诉，其行为破坏了国家司法机关的威信和正常活动，损害了法律的严肃性，造成恶劣的社会影响，进而判决C构成滥用职权罪。

【案情2】2015年8月21日晚，C在某饭店吃饭，醉酒后看到正在吃夜宵的Y、X等人，C强迫Y点菜敬酒遭拒后，遂掀翻饭桌，并将X眼部打伤，又持刀将Y左肩划伤（二人伤情均为轻微伤）。某县派出所民警出警后将C制服，并以C涉嫌寻衅滋事罪立案侦查。该案件由该派出所民警N办理。C酒醒后，与X、Y达成谅解协议，X、Y提出不愿追究C法律责任。N以此为由，将案件转为治安案件处理。

检察机关以N涉嫌滥用职权罪立案侦查，并提起公诉。审判机关认为，N的行为致使犯罪嫌疑人逃避刑事责任追究，造成恶劣的社会影响，进而认定N构成滥用职权罪。

【问题】笔者赞同法院对两起案件的判决结论，但是对于以"恶劣社会影响"作为两起案件的重大损失，笔者认为仍有进一步研究的空间。在【案情1】中，人民法院认为C的行为破坏了国家司法机关的威信和正常活动，损害了法律的严肃性，并以此作为"恶劣社会影响"，这种说法实际是将滥用职权行为对客体（法益）的侵害等同于重大损失结果，但是这两种侵害"结果"并不处于一个层面，前者是所有犯罪成立都必须具有的、抽象意义的法益侵害结果，而后者则是作为犯罪构成要件要素，并在具体犯罪中客观存在的现实损失结果。如果不区分两种"结果",只要行为人没有按照法律规定履行职责,都会破坏国家司法机关的威信和正常活动,损害法律的严肃性,也就不需要再考虑渎职行为是否造成人员伤亡、财产损失,均可以构成滥用职权罪等相关渎职犯罪。这一结论明显不合理,也与刑法规定不符。【案情2】的判决,没有明确表述将法益侵害结果等同于重大损失结果,似乎更严谨、合理,但却将"致使犯罪嫌疑人逃避刑事责任追究"作为"恶劣社会影响",从具体案件中,没有发现N的行为对社会造成了哪些"恶劣"影响,其实仍然是将法益侵害结果等同于重大损失结果,这两个案件基本反映了当前对于相关渎职犯罪重大损失认定中普遍存在的误区,即将司法解释中的"恶劣社会影响"作为"口袋条款",而将"其他严重情形"束之高阁。笔者认为,"恶劣社会影响"是对社会的恶劣影响,具有清晰的内涵,而"其他严重情形"是需要司法工作人员不断在具体案件中发挥主观能动性,充分解释和适用法律予以完善和补充的。对于"恶劣社会影响"在前文我们已经分析过,此处着重对"其他严重情形"进行分析研究。

  有段时间,很少以"其他严重情形"作为重大损失认定滥用职权罪或者玩忽职守罪。之所以很少采用"其他严重情形",一是因为"其他严重情形"作为"兜底情形"从司法解释的规定看,缺少明确内容,难以准确把握。二是因为司法实践中通过其他类型的重大损失,基本可以满足查处国家机关工作人员滥用职权罪、玩忽职守罪的需求,对于探索"其他严重情形"内生动力不足。2018年修正的刑事诉讼法将人民检察院在对诉讼活动实行法律监督中发现的司法工作人员相关职务犯罪,涉嫌14类犯罪的侦查权赋予检察机关。从多年来各地检察机关查办司法工作人员相关职务犯罪的工作情况看,有的案件具有刑事处罚的必要,但没有造成人身伤亡、财产损失,而认定为恶劣社会影响并不十分恰当。在这种情况下,总结实践经验,依法合理解释"其他严重情形",就具有现实的必要性。

【解析】从司法实践的情况看,"其他情形"主要包括两大类:一是致使罪犯或者犯罪嫌疑人又犯罪的;二是导致犯罪嫌疑人长期逃避法律制裁的。对于这两类情形,实践中有时将其作为"恶劣社会影响",有时甚至对其是否能够认定为重大损失存在争议。那么,这两类情形是否属于"其他情形"呢?笔者认为,妥善回答争议问题,必须对"其他情形"予以定性和定量分析。

首先,"其他情形"作为滥用职权罪和玩忽职守罪重大损失类型之一,虽然具体表现形式与其他类型的重大损失不同,但实质内涵完全一致。一是从职责规范相关层面分析重大损失,指的是渎职行为违反的职责规范所要禁止发生的严重后果,如公安民警对构成刑事犯罪的人不立案侦查,致使犯罪嫌疑人长期逃避法律处罚,并在此期间经商,因为犯罪嫌疑人合同违约,造成他人大额经济损失。之所以不能将经商违约造成他人经济损失的结果,作为渎职犯罪的重大损失,并不是因为"有案不立"行为与经济损失之间缺少"原因力",而是因为刑事立案职责,并不是为了防止犯罪嫌疑人经商做生意或者防止合同违约,而是为了防止犯罪嫌疑人逃避刑罚处罚,以及在脱逃期间再次犯罪。如此理解,"其他情形"就不能是实际发生的一切损失,而必须是行为人违反的职责规定所要避免的特定重大损失。二是从与人身伤亡、财产损失、恶劣社会影响的比较分析,"其他情形"是对他人包括社会造成的现实影响、实际损失。我们仍以"有案不立"放纵犯罪为例,"有案不立"也是徇私枉法罪的情形之一,徇私枉法罪的"有案不立"与作为重大损失的"有案不立"是否是相同意思呢?笔者认为二者虽然表述一致,甚至在大部分实际案件中,表现形式也一致,但是从刑法规定的内涵分析,二者是不同的。徇私枉法罪是行为犯,"有案不立"指的是有案不立的行为,也就是说应该立案而没有立案,只要作出这一行为,即使该行为短时间内被纠正,而没有出现实际放纵犯罪结果,也可以构成徇私枉法罪。但是作为滥用职权罪重大损失结果的"有案不立",必须出现实际放纵犯罪的现实结果,如果行为人仅仅作出"有案不立"的行为，但是没有获得批准或者及时纠正，不能认为存在"有案不立"的重大损失结果。

其次，从定量分析，"其他情形"的严重程度必须达到与致人死亡、重伤、大量财产损失、恶劣社会影响相同的程度时，才能认为属于重大损失。这一问题也是认定"其他情形"中最大的争议点。笔者初步认为，"其他情形"应该进行限制性理解，只有当现实结果同时又构成犯罪，或者现实结果是与滥用职权罪违法性相当的其他犯罪所要禁止的结果时，才属于"其他情形"。具体而言又包括两种情形：一是现实发生的结果又构成犯罪的。例如，监狱民警不履行监管职责，导致罪犯在监狱内贩卖毒品、持有毒品数量达到犯罪标准等情况，因为根据刑法第十三条的规定，只有严重危害社会的行为才能构成犯罪，换言之，由于贩卖毒品、持有毒品都已经构成犯罪，就说明滥用职权行为造成了严重的危害社会后果，可以将后罪认定为"其他情形"。二是现实结果是与滥用职权罪违法性相当的其他犯罪所要禁止的结果。例如，徇私枉法罪虽然是行为犯，但是徇私枉法罪所要避免的结果是重罪轻判、轻罪重判等，不过由于上述结果十分恶劣，待结果实际发生时再追究刑事责任过于迟缓，因此刑法将处罚的节点提前至行为时。滥用职权罪与徇私枉法罪保护的法益一致，滥用职权罪法定刑相对较轻，可将重罪结果作为滥用职权罪的重大损失。

24 公安民警忘记查办案件，导致刑事案件长期搁置，是否构成玩忽职守罪

【案情】D系某派出所工作人员。2014年D将盗窃犯罪嫌疑人Z等抓获，之后长期将案件搁置。2017年D从派出所离职。2019年派出所工作人员在档案柜发现案卷，将案件移送审查起诉。2020年Z等被人民法院判处刑罚。

【问题】前文提出了判断"其他情形"重大损失的一般标准,接下来,我们将结合具体案件,看看司法实践的实际做法。本案中,办案单位既未查明D具有徇私情节,也未查出D是故意犯罪,因此适用玩忽职守罪。玩忽职守是结果犯,渎职行为以"重大损失"作为成立犯罪的前提。因此,这个问题的本质是对玩忽职守犯罪"重大损失"的理解。

【解析】《司法解释(一)》规定了"重大损失"的四种形式,包括人员伤亡、财产损失、恶劣社会影响与其他情形。符合司法解释规定情形的,即可作为犯罪处理。但公安民警玩忽职守导致刑事案件长期搁置,较少造成人员伤亡、财产损失,那么可供考虑的是"恶劣社会影响"或"其他情形"。

目前,司法实践存在将"恶劣社会影响"泛化的趋势,认为有渎职行为就一定会对司法公正造成损害,即"恶劣社会影响",对此我们是不赞同的。对"恶劣社会影响"应当从以下几个方面来把握:(1)渎职行为是否严重损害国家机关形象,致使党和政府公信力下降;(2)渎职行为是否引起新闻媒体广泛关注,被平台公众号曝光;(3)渎职行为是否造成暴力冲突等事件,影响国家机关正常职能活动;(4)渎职行为是否诱发民族矛盾纠纷,严重影响民族团结、社会稳定;(5)渎职行为是否造成其他恶劣社会影响。查证"恶劣社会影响"要注意观察影响的范围与社会负面评价的程度。如果影响范围十分有限,一般不宜认定为恶劣社会影响,不能想当然地"代表"公众意见,认为凡是渎职行为都有恶劣社会影响。如果评价的观点不一,或者仅仅是一般的批评,达不到严重损害公信力程度的,即使传播范围很广,也不宜评价为恶劣社会影响;在查证媒体报道、公众舆论等证据时,还要考虑到媒体、公众对事件是否全面知情,是否存在片面报道、跟风评论的问题,对于负面评价脱离客观事实的,同样不能用作认定恶劣社会影响的证据。

本案中,仅凭"刑事案件长期搁置"这一信息还不足以认为存在"恶劣社会影响",但"刑事案件长期搁置"意味着犯罪嫌疑人长期逃避处罚,没有受到法律追究。此结果正是徇私枉法罪所要避免和防止的结果之一。按照前文观点,从对刑法的体系解释角度分析,该结果也是滥用职权罪所要避免的结果之一。

25 管教民警为在押人员捎带上网工具,在押人员使用上网工具实施诈骗活动,被害人的损失能否视为渎职犯罪结果

【案情】N系某监狱管教民警,2016年,N两次接受服刑人员Z请托,帮助Z亲友将音乐播放器和上网工具带入监区交给Z。2016年至2018年,Z使用上述设备上网实施诈骗活动,数额达700余万元。

【问题】这个问题本质是因果关系和"重大损失"认定。

一般认为,民警帮助罪犯捎带违禁物品,与监管秩序遭到破坏的结果具有因果关系,但罪犯使用违禁品与诈骗经济损失的关系似乎是间接、多因一果的。能否归责于渎职行为,实践中有不同的观点和理解。因此导致对此类案件的处理有两种不同的观点:一是渎职犯罪结果止于破坏监管秩序,适用"恶劣社会影响";二是直接将被害人的经济损失作为"重大损失"结果。从办案效果来看,笔者倾向于后者,对渎职犯罪结果的评价更为充分,关键是如何释法说理。

【解析】关于因果关系的判断方法,在第一章综合问题中已经进行了详尽讨论,在此不再赘述,按照判断方法进入案件讨论。首先,从事实层面来看,如果民警不帮助罪犯捎带上网工具,那么罪犯就无法上网对监外的被害人实施诈骗活动,符合"无前者就无后者"的条件关系,因此能够在事实层面成立因果关系。其次,需要分析是否应将结果归责于N的行为,通俗而言,即应不应该把"账"算在N的头上,也可以理解为判断因果关系能不

能在法律层面成立。核心在于如何解读监管民警的职责规范保护目的，禁止监狱民警将电子设备带给罪犯使用，设置这种职责的目的何在？如果其目的就是防止罪犯实施诈骗，那么民警违背规范后，造成了罪犯实施诈骗的结果，我们称为结果发生在规范保护目的之内，那么就"应当"将损失归咎于民警的行为，反之则不能。

笔者认为，法规之所以禁止民警为服刑罪犯捎带上网工具，其目的在于：（1）避免罪犯相互攀比，影响改造效果；（2）限制罪犯的一定自由，达到惩罚目的；（3）防止违禁物品扰乱监管秩序；（4）防止罪犯利用违禁物品继续实施犯罪行为。也就是说，罪犯实施诈骗造成的损失，并没有超出民警职责规范所要避免的范畴，即结果发生在规范保护目的之内。当民警帮助罪犯捎带物品时，就创造了造成这种"重大损失"的风险，最终也转化为现实。能够成立法律上的因果关系。当然，这种结果属于"多因一果""间接因果"，但这些都是对本案因果关系特点的一种描述，会影响到责任的轻重，并不影响因果关系的成立。

26 公安民警没有履行职责，引发再犯罪的，能否将再犯罪的结果视为渎职行为造成的"重大损失"

【案情】M是某派出所民警，2019年3月，M受理一起抢劫、强奸案件，M仅询问了被害人，之后未采取调查取证措施，也没有向领导报告。以犯罪嫌疑人为首的黑恶势力团伙在2019年3月至2019年6月，连续作案30余起，强奸妇女10余人。

【问题】辩护人认为不应将整个犯罪团伙实施的犯罪后果评价为是M的行为造成的，这种做法加重了M的责任。审判机关没有采纳这一观点，最终以玩忽职守罪判处M有期徒刑三年。值得我们思考的问题是，犯罪团伙实施的犯罪能否归责于行为人的渎职行为。

【解析】这一案件也涉及因果关系的判断。从规范保护目的来看，民警履行侦查职能的目的即在于防止嫌疑人继续犯罪。民警没有履行好侦查职能，造成的结果恰恰是其职责规范所要避免的。结果发生在规范保护目的之内，有成立因果关系的可能，也就是具备了将犯罪结果归咎于M渎职行为的前提条件，这一点是相对易懂的。除此之外，还需要考量如果M正确履职，能否避免重大损失结果发生。在行为人对损害结果是出于过失的情况下，要充分考虑到行为人如果正当履行义务，是不是很大概率就不会发生损害结果。需要注意的是，这里的"过失"是行为人的"重大损失"过失，不是犯罪过失。因为像滥用职权罪，本身是故意犯罪，但行为人对于"重大损失"结果的发生一般是出于过失的。而"正当履行义务"中的"义务"是指具体的工作规范，不能泛泛地要求行为人承担防止一切损害后果发生的义务，同时要符合实际情况，考虑到履职的可能性，防止盲目扩大打击范围，无限溯及责任的问题。如果行为人违反职责规范，也发生了重大损失，即使行为人尽力履职，重大损失同样也会发生，那么不能将重大损失的发生归责于行为人。与之对应的是，行为人如果履行职责，很可能不会发生重大损失，那么渎职行为与重大损失之间就存在因果关系。至于回避可能性应当达到何种程度，理论界存在不同的观点。笔者认为，不要求达到百分之百或者高度盖然性的程度，只要具有优势的回避可能性即可。本案中，我们需要研究的是，如果M按照工作规范履行侦查职能，能不能防止、有多大可能防止犯罪团伙继续作案30余起，强奸妇女10余人。这就要从原案的复杂程度、基础证据情况、嫌疑人是否明确、抓捕难度等多个因素进行分析了，不过这些内容在判决书中并没有详加论证，难以结合案情深入展开，我们只能提供这种思路供大家参考。

27 社区矫正工作人员未认真履行职责，导致罪犯在社区矫正阶段又犯罪的，是否构成渎职犯罪

【案情】M 系某司法所原所长。2016 年，社区矫正对象 Z 因犯聚众斗殴罪被人民法院判处有期徒刑三年缓刑五年，判决生效后 Z 到司法所报到。M 没有按照规定成立矫正小组、对 Z 开展教育或管理，放任 Z 不管。社区矫正期间，Z 长期把定位手机放在家中，多次私自外出。

2017 年、2018 年春节期间，Z 先后两次送给 M 葡萄酒、白酒各一箱。Z 在脱漏管期间策划、组织他人实施敲诈勒索、强迫交易犯罪，并逐步形成了以 Z 等三人为首要分子的恶势力犯罪集团。2020 年，人民法院以 Z 犯强迫交易罪、敲诈勒索罪判处有期徒刑。

【问题】社区矫正工作人员失职渎职，造成社区矫正人员脱漏管，这是实践中可能发生的问题。造成"重大损失"后果的，一般考虑适用滥用职权罪或玩忽职守罪。此类行为能否构成犯罪，需要关注两点：一是社区矫正人员再犯罪与社区矫正工作人员未认真履行职责之间是否具有因果关系。二是导致社区矫正人员又犯罪是否属于滥用职权罪或玩忽职守罪的"重大损失"。

【解析】我们首先考察因果关系。第一步，需要对职责规范的目的进行解释，法律法规之所以要求社区矫正工作人员对矫正对象进行教育、管理，目的之一即在于教育改造罪犯，预防犯罪，维护社会稳定。本案中，Z 又犯罪正是社区矫正制度所要极力防止的，可以通过规范保护目的的检验。第二步，进行反事实判断。即使重大损失是职责规范所要禁止的结果，但如果合义务行为不足以避免结果发生，或者回避可能性过低，那么也不能将重大损失的发生归责于行为人。这是本案判断的关键问题，M 如果正常将 Z 纳入监管，有多大可能避免 Z 形成黑恶势力？此类案件不同于民警玩忽职守导致嫌

疑人再犯罪，因为刑事追诉和强制措施对人身具有高度的约束，如果民警正常履职，嫌疑人被拘留、逮捕、审判、执行刑罚，大概率可以防止嫌疑人在追诉期间再犯罪。而社区矫正对人身自由的限制十分有限，所以不能一概而论，需要在具体案情中来把握。例如，如果 M 明知 Z 多次脱漏管，应当收监执行而隐瞒不报，Z 在此后逐步形成黑恶势力，我们认为此种情况 M 正当履职，大概率可防止 Z 形成黑恶势力。如果 M 仅仅是没有要求 Z 定期汇报，没有对 Z 开展教育谈话、实地走访，笔者认为，即便 M 履行了上述职责，防止 Z 形成黑恶势力的可能性仍然过低，缺乏结果避免可能性，也难以认定行为与重大损失之间具有因果关系。

其次是对渎职犯罪"重大损失"的理解，导致社区矫正人员再犯罪并不是司法解释列举的"重大损失"结果，需要考虑适用"恶劣社会影响"或"其他情形"追诉。本案中，Z 在脱漏管后继续实施恶势力犯罪，而恶势力犯罪的特征之一便是"为非作恶，欺压百姓，扰乱经济、社会生活秩序，造成较为恶劣的社会影响"，恰好与"恶劣社会影响"的认定标准相对应。将致使恶势力坐大成势认定为"恶劣社会影响"，通常也比较容易为审判机关所接受。当然，如果恶势力犯罪直接造成人员伤亡、财产损失，我们也可以考虑直接以此作为结果。

28 管教民警为在押人员捎带违禁物品是否构成滥用职权罪，如何界定重大损失

【案情】某监狱管教民警 L 多次利用职务便利，违规将药物、食品、烟酒甚至毒品带进监狱，并将电话提供给服刑罪犯使用。本案法院以 L 构成滥用职权罪作出有罪判决。

【问题】笔者认同本案件法院最终的判决结论，在此基础上，我们将关

注的重点放在本案件以及与本案类似的案件重大损失认定的问题上。实践中，对于此类案件的重大损失存在两种观点：一是监狱管教民警L违反规定，将违禁品带入监狱，该行为本身即严重破坏了监管秩序，造成了重大损失；二是监狱管教民警L的行为违反了相关规定，能够认定为滥用职权行为，但是要成立滥用职权罪，仍需客观判断，该行为是否导致监狱监管秩序遭到了现实破坏，以及破坏的程度。两种观点在最终认定犯罪时的差异表现为：按照第一种观点，当查明存在违反规定的渎职行为时，也就证明了行为对监狱管理秩序造成了破坏，因而构成滥用职权罪；而按照第二种观点，仅仅查明行为违反监狱管理规定尚不足以成立滥用职权罪，仍需进一步查明该行为是否造成监管秩序的破坏及破坏程度，只有严重破坏监管秩序的，才能成立滥用职权罪。两种观点的分歧其实代表了重大损失认定的两种观点，反映了查办司法工作人员相关案件时的两种处理方式，哪种观点、方式更具有合理性呢？我们对此问题进行了研究论证。

【解析】笔者同意第二种观点。按照前文的观点，滥用职权罪等相关渎职犯罪的重大损失指的是与渎职行为相分离的，由渎职行为引起的客观、现实的损失结果，这种现实的损失结果，既可以是生命、健康、财产等物质损失，也可以是某一特定领域的管理秩序、社会秩序等非物质损失，二者相较而言，前者具备有形性的特点，清晰易辨，取证方向明确，而后者则缺少有形形态，要么对其是否能够成为相关渎职犯罪的重大损失存在争议，要么虽然承认其属于重大损失类型之一，但实际将其作为主观评价要素，导致滥用职权罪等相关渎职犯罪的认定仅仅根据行为违反职责一点，扩大犯罪成立范围，随意出罪入罪。那么，就上述案件的情况，在认定是否成立滥用职权罪时，尤其在认定是否存在严重破坏监管秩序的重大损失时，应该如何思考、取证呢？笔者认为，应该在区分行为与结果的基础上，重点调取监管秩序遭到严重破坏的客观证据。

第一，从观念上，必须区分渎职行为与重大损失。日本学者认为，"结果"存在三种意义："第一种意义上的结果是指对行为客体的有形的事实作用；第二种意义上的结果是引起对社会外界的影响这种含义上的外界的变更；第三种意义上的结果意味着法益侵害或侵害的危险。"[1] 所有渎职行为都侵害了公务活动适正执行法益，从这个角度理解渎职行为都存在上述日本学者第三种意义上的结果，但这个意义上的结果与相关渎职行为造成的重大损失不同。以刑法第三百九十七条为例，法律规定"国家机关工作人员滥用职权或者玩忽职守，致使公共财产、国家和人民利益遭受重大损失的"，"致使"的表述就意味着不是行为本身对法益的侵害结果，而是与行为相分离的对行为对象的侵害结果。而行为对象既包括公共财产、人身权益等有形对象，也包括国家利益等无形对象，但无论有形客体，还是对社会外界的影响，均是与行为相分离的行为对象的现实作用与结果。

第二，既然本案中L违反规定的行为本身还不是重大损失，那么本案的重大损失是什么？笔者认为，本案中L利用监管职责便利，为罪犯捎带物品、将电话交给罪犯使用，甚至捎带毒品供罪犯吸食等情形严重破坏了监管秩序，这种对监管秩序的破坏才是恶劣社会影响。这种对监管秩序的破坏是现实存在的，也是可以通过证据证明的，本案中，检察机关通过询问服刑罪犯和狱警、调取毒品犯罪卷宗等材料，证明了正常的监管秩序实际受到了破坏，而不仅仅停留在对L具有多次违规捎带物品行为的恶性评价上。因此，对严重破坏秩序的证明，重点在于还原秩序受到破坏的现实状况，而非对于违规行为恶劣性的主观评价。

---

[1] ［日］高桥则夫：《刑法总论讲义案》，成文堂2006年版，第47页。

29 非司法工作人员可否与司法工作人员构成滥用职权罪的共犯

【案情】某公安分局某派出所中队长C，受M请托，明知L等人从事卖淫违法活动，仍收受M的好处，将有关扫黄信息透露给M，帮助L等逃避处罚。

【问题】滥用职权罪是故意犯罪，从刑法的规定看，二人以上共同故意犯罪的，可以构成共犯，而一般认为，非司法工作人员虽然不能单独成立滥用职权罪等司法工作人员相关职务犯罪，但是可以通过教唆、帮助司法工作人员实施相关职务犯罪，非司法工作人员与司法工作人员勾结，共同实施徇私枉法行为，构成犯罪的，应当以徇私枉法罪的共犯追究刑事责任。① 但是，从司法实践情况看，将非司法工作人员认定为司法工作人员滥用职权罪共犯的情况并不常见。正是由于非身份犯与身份犯的共犯问题非常复杂，难以通过一个一般的规定涵盖所有的具体情况，因此有必要根据刑法共犯理论，结合具体实践案件，采用类型化的方式对此问题进行研究。

【解析】我们将以滥用职权罪为例，从共犯的一般理论入手，尝试构建滥用职权罪的共犯类型。

一、共犯的处罚根据

此处所说的共犯，是指狭义共犯，即教唆犯与从犯（帮助犯）。而笔者认为共同正犯也是正犯，不具有司法工作人员身份的人不能成立作为身份犯的渎职犯罪的正犯（包括共同正犯）。

共犯的处罚根据，研究的是刑法为什么要处罚狭义共犯的问题，既然是不具有司法工作人员身份的人，刑法为什么还要以司法工作人员的共犯进行

---

① 参见《非司法工作人员参与实施徇私枉法行为如何认定》，载最高人民检察院网站，https：//www.spp.gov.cn/spp/llyj/202104/t20210406_514922.shtml，2023年4月10日访问。

处罚呢，或者也可以说具备何种条件时，非司法工作人员才能作为共犯受到刑罚处罚。

共犯的处罚根据是共犯的基础理论，刑法理论一般将其归纳为三种学说：一是责任共犯论，认为共犯促使（帮助）正犯实施了具有刑事责任应该受到刑罚处罚的行为，此时共犯也应该受到处罚。通常的例子是，甲教唆乙伤害甲的身体，乙（正犯）构成故意伤害罪，甲也构成故意伤害罪。但是，甲伤害自己的身体不构成犯罪，通过乙间接伤害自己的身体反而构成犯罪，就很不合理。二是不法共犯论，在外国刑法阶层理论中，该观点认为，共犯不一定要求促使（帮助）正犯实施具有刑事责任应该受到刑罚处罚的行为，只要促使（帮助）正犯实施符合构成要件的不法行为时，共犯就是可罚的。如果按照这种观点，无身份人员促使（帮助）司法工作人员实施符合渎职罪构成要件的不法行为，无身份的人均构成渎职罪的共犯。但是，该观点也存在缺陷，如甲唆使乙杀害自己，乙杀害甲未遂的情况下，甲也构成故意杀人罪。这个结论也是不合理的。三是（修正的）惹起说，认为共犯之所以要受到处罚，是因为其通过共犯的行为间接引起法益侵害，共犯的违法性来源于其自身的违法性和正犯行为的违法性。惹起说已经成为主流观点，如果按照惹起说的观点非司法工作人员是否构成司法工作人员滥用职权罪的共犯，就不能仅仅考虑司法工作人员本身的行为是否违法或者构成犯罪，还需要考虑非司法工作人员自身的教唆、帮助行为是否具有违法性。

二、滥用职权罪的犯罪构成

滥用职权罪是故意犯罪，滥用职权罪的故意是指对公务适正执行法益侵害的故意，而不是对重大损失结果的故意，从责任主义的要求出发，对于重大损失既可以具有故意，也可以具有过失。而作为典型义务犯的滥用职权罪，对于重大损失是否具有过失需要从职责的要求和特殊主体的预见能力方面加以认定，这就造成司法工作人员对于重大损失的预见能力高于或者严格于非司法工作人员,换言之,法律对司法工作人员提出更高的回避结果发生的要求,这一要求并不当然适用于非司法工作人员,在实际案件中,虽然非司法工作人员故意促使(帮助)司法工作人员违反职责,但从职责规范的角度,并不要求非司法工作人员具有重大损失结果的预见和回避义务,非司法工作人员也确实无法达到与司法工作人员同样的预见能力。这样对于非司法工作人员而言,重大损失的发生就是意外事件了。而根据(修正的)惹起说的观点,此时非司法工作人员的共犯行为缺少违法性,无法与司法工作人员构成滥用职权罪的共犯。

三、滥用职权罪的共犯类型

按照上述观点,笔者认为非司法工作人员可以构成滥用职权罪共犯的行为类型包括以下几种。

(一)非司法工作人员故意教唆、帮助司法工作人员违反职责,并且对重大损失结果也具有故意

上述案例即是此种情况,此时共犯的成立不仅需要非司法工作人员故意唆使、帮助司法工作人员实施的行为违反职责规定,同时对于造成的重大损失结果也具有故意。本案中检察机关即认为M构成滥用职权罪的共犯,因情节轻微,作出相对不起诉决定。笔者认为这一定性是准确的。

(二)非司法工作人员教唆、帮助司法工作人员,非司法工作人员与司法工作人员具有相同的结果回避义务

正因为滥用职权罪的义务犯特性,大多数情况下,对于司法工作人员的义务要求,并不能同样适用于非司法工作人员。但是,在某些特殊的情况下,司法工作人员与非司法工作人员之间,也可能存在相同程度的结果回避义务。这种情况,可以认为非司法工作人员对结果发生也存在过错。例如,非司法工作人员教唆司法工作人员违规开枪,导致一人死亡时,笔者认为,此时非司法工作人员和司法工作人员可以构成滥用职权罪的共犯,但同时二

者又可能成立故意杀人罪的共犯，也可能分别构成过失致人死亡罪，此时应该按照想象竞合处理。

另外，具体案件中除要求行为符合以上两种共犯行为类型外，在考虑是否根据滥用职权罪对非司法工作人员进行处罚时，处罚必要性也是需要考虑的问题。例如，我们将上述案例稍作修改，M 是 L 的母亲，M 将从 C 处获得的信息告诉 L，之后 L 逃跑。考虑到 M 与 L 的母女关系，对 M 的教唆行为尚未达到给予刑罚处罚程度。

以上观点主要来源于对实践案件的反思，是否恰当同样需要理论与实践的检验。

30 如何区分玩忽职守罪与滥用职权罪

【案情】2013 年 4 月 24 日凌晨 2 时许，G 同 A 等人持刀追砍 C 致轻伤。时任某派出所民警 C1、C2 接警并负责侦办该案。在被害人明确指认系 G 所为的情况下，C1、C2 未依法采取有效措施控制 G，导致同年 5 月 15 日再次发生 G 持枪故意伤害案。此后，作为"4·24"被伤害案的侦办人，C1、C2 明知 G 因"5·15"持枪伤害案被依法逮捕，却未将两案并案侦查，导致 G 数罪变一罪。

【问题】本案检察机关因 C1、C2 没有依法履行其侦查职责，以 C1、C2 涉嫌玩忽职守罪立案侦查，并移送审查起诉。捕诉部门同样以玩忽职守罪起诉至法院。该案经两审法院审理后，认为 C1、C2 构成滥用职权罪。该案具有一定的代表性，司法实践中对于玩忽职守罪、滥用职权罪罪名的界定存在一定的分歧。有的观点认为，滥用职权罪只能是作为行为，而玩忽职守罪是不作为形式的犯罪；还有的观点则认为，滥用职权罪是故意犯罪，而玩忽职守罪是过失犯罪。上述案件，检察机关以作为和不作为区分滥用职权罪和玩忽职守罪，法院则是以罪过标准来区分两罪的。那么，如何区分玩忽职守罪与滥用职权罪呢？

【解析】笔者同意以罪过形式作为区分玩忽职守罪与滥用职权罪的标准。理由如下。

第一，《立案标准》第一条和第二条分别规定了滥用职权罪和玩忽职守罪的行为类型。按照该规定，滥用职权罪是指国家机关工作人员超越职权，违法决定、处理其无权决定、处理的事项，或者违反规定处理公务。而玩忽职守罪是指国家机关工作人员严重不负责任，不履行或者不认真履行职责的行为。根据该规定，一般认为滥用职权行为包括：一是超越职权，擅自决定或者处理没有具体决定、处理权限的事项；二是玩弄职权，随心所欲地对事项作出决定或处理；三是故意不履行应当履行的职责，或者说任意放弃职责；四是以权谋私、假公济私，不正确地履行职责。① 而玩忽职守行为包括不履行职责或者不正确履行职责的行为。不履行，是指行为人应当履行且有条件、有能力履行职责，但违反职责没有履行；不正确履行，是指在履行职责的过程中，违反职责规定，马虎草率、粗心大意。② 如果从行为本身来看，滥用职权行为包括故意不履行应当履行的职责，或者说任意放弃职责的情形，而玩忽职守行为包括在履行职责的过程中，违反职责规定，马虎草率、粗心大意不正确履职的过程。可见，滥用职权行为也可以是不作为，而玩忽职守行为也可以是作为。以作为与不作为为标准划分滥用职权罪与玩忽职守罪不符合司法解释的规定。

第二，1979年刑法只规定了玩忽职守罪，没有规定滥用职权罪，由于一般认为玩忽职守罪是过失犯罪，因此玩忽职守罪无法处理故意不履行职责、故意不正确履行职责的行为。而1997年刑法在原有玩忽职守罪的基础

---

① 张明楷：《刑法学（下）》，法律出版社2016年版，第1245页。
② 张明楷：《刑法学（下）》，法律出版社2016年版，第1248页。

上，增加了滥用职权罪，就是为了弥补玩忽职守罪处罚的漏洞。这样滥用职权罪是故意犯罪，而玩忽职守罪是过失犯罪，从立法沿革来看，符合刑法增设滥用职权罪的本意。

第三，即使认为滥用职权罪与玩忽职守罪的区分标准是罪过形式，两罪罪过的内容也需要进一步明确。对此问题，我们借鉴上述案件法院的说理部分的观点予以说明：我国刑法所规定的滥用职权罪是指国家机关工作人员故意不正确履行法定职责，致使公共财产、国家和人民利益遭受重大损失的行为。它是1997年修订刑法时从玩忽职守罪中分离出来增设的罪名，既可由作为的方式构成，也可由不作为的方式构成。超越职权不正确履职是主动作为式的滥用职权行为，负有法定职责却故意不正确履行职责则是消极不作为式的滥用职权行为。滥用职权罪与玩忽职守罪的根本区别在于主观故意的不同，滥用职权罪要求行为人明知行为（包含作为和不作为）不合法，玩忽职守罪则表现为行为人主观上不明知、不可预见，仅为疏忽大意的过失。

笔者认为，滥用职权罪的故意是指明知自己的行为违反职责规范或者有违反职责规范的可能，而有意为之或听之任之。而玩忽职守罪的主观心态则是应知但未知职责规范，进而不知道行为违反职责（不知职责的情况），或者虽然知道职责规范，但轻信行为没有违反职责规范（错误认识职责的情况），或者知道职责规范，但在具体情况下忘记职责的情况（忘记职责的情况）。

31 玩忽职守罪都包括哪几种类型

【案情1】某公安分局刑警大队大队长L，违反辅警不得参与押解任务，以及押解重型犯罪嫌疑人必须三人以上，到医院等人员密集场所要增加警力，且押解人员不得驾驶押解车辆的规定，违规安排包括辅警在内的三名警务人员押解抢劫杀人犯罪嫌疑人到医院体检,并由押解人员驾驶车辆。在医院体检过程中,犯罪嫌疑人利用检查解除警械的机会,趁辅警办理检查手续,无人看管的机会脱逃。检察机关以L涉嫌玩忽职守罪立案侦查,L到案后辩解其并不知道上述有关押解的规定。

【案情2】2017年11月4日,民警Z等在某监狱一监区生产车间值班,负责巡视工作。当日14时40分至16时许,在该车间第三生产线上,服刑罪犯W因干错活被其他罪犯多次殴打并持续体罚。在W被体罚、殴打期间,Z曾多次从第三生产线南侧过道通过且在干警执勤岗亭内值守20余分钟,其未按规定做到全覆盖、多角度、不断巡视检查,对W被持续体罚、多次殴打的情况,因严重不负责任而没有发现,当日19时许,W经医院抢救无效死亡。

【案情3】2017年3月21日凌晨,被害人L等在某酒店与酒店工作人员M发生纠纷并引发撕打。被害人L等被送往医院治疗,该警情由某派出所办理。后M纠集S等多人,将正在医院CT室接受检查的被害人L拖至急诊楼大厅实施殴打并持砍刀将L背部砍伤。

2017年3月21日,某派出所时任副所长、当日带班民警W负责办理本案。当日,某公安局以寻衅滋事罪立案侦查。同年3月29日公安局决定对S等刑事拘留,但之后,W长期未制发《拘留证》,对本案未继续办理,导致S等组织、领导的黑社会性质组织持续作案,其黑社会性质组织进一步发展壮大,经济特征、行为特征、危害性特征等进一步稳定成熟,严重破坏经济、社会生活秩序。

【问题】笔者认为,滥用职权罪与玩忽职守罪的区别在于,滥用职权罪是故意犯罪,玩忽职守罪是过失犯罪。如此理解两罪,虽然滥用职权罪和玩忽职守罪的法定刑相同,但是一般而言,过失犯罪的刑罚要低于造成相同重大损失的故意犯罪。因此,如何准确把握玩忽职守罪的主观罪过形式,进而避免将故意违反职责的滥用职权行为认定为玩忽职守罪，造成罪刑不相适应，这就需要进一步研究。

正如前文所述，我们认为玩忽职守罪的主观心态是应知但未知职责规范，进而不知道行为违反职责（不知职责的情况），或者虽然知道职责规范，但轻信行为没有违反职责规范（错误认识职责的情况），或者知道职责规范，但在具体情况下忘记职责的情况（忘记职责的情况）。此处，我们从具体案件出发，看看玩忽职守罪的三种过失形态在具体的案件中是如何表现的，以及对于各类过失形态，查办的重点是什么。

【解析】【案情1】的案件，L辩解称其并不知道相关押解的规定。在查办此类案件时，可以采取两种策略：第一，证明L的辩解是虚假的，L明知押解的相关规定，而故意不按照规定执行，此时L涉嫌滥用职权罪，而不是玩忽职守罪。第二，L确实不知押解的相关规定，或者无法查明L不知押解相关规定的辩解是虚假的，这种情况下，仍需要从两个方面查明L是否存在过失。一是L是否应当知道押解的相关规定；二是L能否知道押解的相关规定。对于第一个问题，在本案中既然L是刑警大队大队长，其就应该知道押解犯罪嫌疑人的规定，这是其职责的当然要求，在本案中不是证明的难点。但是，即使L应该知道押解的规定，其是否有条件或者说是否能够知道相关规定，这也是需要查明的事实。否则，在特殊情况下，有关规定没有下发到基层办案人，也没有对外公开或者组织学习，不排除确实无法知道的情况。反之，如果规定已经公布，或者下发到个人，或者组织学习，即使L由于自身原因，确实不知相关规定，仍认为其应知能知而未知，具有错误履职的过失。【案情1】的案件中，相关押解的规定已经在网上公布，并且收录在执法手册中下发至L所在单位，所以能够认为L具有了解押解规定的条件。

【案情2】的情况与【案情1】不相同。虽然Z明知巡视工作应该履行全覆盖、多角度、不断巡视检查的规定，但其在巡视中没有完全执行上述规定。其主观上可能存在两种心态：一是由于工作偷懒，故意不完全执行上述规定，此时应该认定为滥用职权罪，而非玩忽职守罪。二是认为自己已经严格履行了全覆盖、多角度、不断巡视检查的规定，但由于疏忽大意，实际巡视中存在漏巡漏查的情况。由于Z对客观情况的认识出现过失，导致其在履行职责过程中出现过失。此时，查办的重点不在于Z是否知道巡视检查的规定，而在于其是否能够认识到漏巡漏查的事实。在【案情2】中，Z作为监狱警察当然能够知道自己在巡查中没有做到全覆盖、多角度，也正是这个原因，Z是故意不完全履行巡查职责，还是过失漏巡漏查，存在一定的争议。本案法院认为Z构成玩忽职守罪。

【案情3】与【案情2】的情况有相似之处。都是因为事实导致对是否履行了职责出现了过失。但是，与【案情2】又不完全相同，【案情2】是在履职过程中，行为人认为已经完全履行了职责，在【案情3】中笔者发现，对于为什么不制发《拘留证》以及为什么案件后续就不再办理了，W供述称其"办案责任意识不强"，人民法院认为W构成玩忽职守罪，但是"办案责任意识不强"，既可能是明知应当制发《拘留证》而故意不制发，从而故意压案不查，也可能是由于"办案责任意识不强"，遗忘了在办案件。前者的情况至少应该认定为滥用职权罪，而后者的情况才可以认定为玩忽职守罪。

从上面三起案件的情况来看，实践中能够认定为玩忽职守罪的情况并不是很多，只有【案情1】对应的情况，可以认定为玩忽职守罪。因此，在适用玩忽职守罪时，应该进行更加细致充分的论证，避免将滥用职权罪错误认定为玩忽职守罪，导致罪刑不相适应。

32 是否只要存在违反职责的行为，并且出现重大损失结果就构成玩忽职守罪或者滥用职权罪

【案情】2008年5月，某市酒吧业主郑某某持伪造场所面积的场所租赁合同复印件等材料办理工商登记。此后，被告人L（工商所长）发现该酒吧实际营业面积达到300多平方米且超经营范围从事食品销售时，没有依法取缔。2009年1月31日深夜，某市酒吧在营业中因消费者燃放烟花引燃酒吧顶棚的易燃材料发生火灾，造成15人死亡、24人受伤、直接经济损失346500元的严重后果。[①]

【问题】无论是滥用职权罪、玩忽职守罪，还是其他渎职犯罪，犯罪成立的前提均是国家机关工作人员没有按照职责规范履行职责。对以重大损失作为构成要件要素的相关渎职犯罪而言，在具有渎职行为的基础上，还需要发生实际的重大损失。但是，是否只要存在渎职行为，并且渎职行为与重大损失结果之间具有事实关系，就可以构成犯罪呢？笔者认为，这种做法存在过分扩大渎职犯罪处罚范围的问题，进而导致国家机关工作人员对违反职责行为引起的每一项重大损失结果都要承担责任，这显然是不合理的。那么，如何对这一观点和做法予以限制呢？笔者结合案情，按照前文的相关观点进行具体分析，达到帮助司法实践建立规范归责观念的目的。

【解析】笔者认为，职责规范在滥用职权行为的认定中，发挥了规范的限制作用，通过对职责规范的实质解释，将重大损失具体化。按照司法实践的一贯做法，认定职责的依据，基本上是来源于规范性文件的明文规定，只有行为与明文规定的内容不一致时，才被认为存在滥用职权行为，否则，即使造成了重大损失结果，也因为没有违反规定，而不能成立滥用职权行为。

---

① 李忠诚：《渎职罪因果关系认定实践问题分析》，载《中国检察官》2017年第7期。

这是从形式上理解职责规范，其实是对职责规范的误解。我国学者认为，滥用职权罪是刑法典中的义务犯。[①] 那么，对于滥用职权罪而言，职责规范的内容是要求特定行为人保护特定利益。为了实现利益保护的规范目的，职责规范要么直接命令或者禁止对特定利益保护或者侵害，要么将一般有效的措施制度化，进而为国家机关工作人员的履职行为提供规范指引。从职责规范的内容和目的视角出发，可以得出如下判断：滥用职权行为对职责规范所保护的特定对象造成规范所欲禁止的重大损失时，滥用职权行为才具有刑事违法性。也就是说，首先，职责规范不仅充实了犯罪构成要件的内容，并且通过"利益保护"，与刑法规范发生联系，被纳入刑法规范之中。并非任何前刑法职责规范都有资格成为刑法规范。对此，刘艳红教授通过对过失犯的研究将行为规范分为两大类："确保安全目的"的规范和"确保行政管理目的"的规范。其中"确保安全目的"的规范又可分为"确保他人安全"的规范和"确保自己安全"的规范，只有"确保他人安全"的规范，可以纳入刑法规范。[②] 也就是说，只有职责规范与刑法规范保护的利益一致时，才能成为刑法规范。其次，职责规范与重大损失之间必须存在手段与结果的关系。也就是说，只有违反职责规范的行为，造成具有刑法意义的重大损失，并且该重大损失又是职责规范所要避免的，该行为才具有值得刑法处罚的必要性。最后，滥用职权行为是否具有刑事违法性，进而具有处罚必要性，不仅要根据实际发生的损失进行事后归责，还要在行为发生时点进行事前评价。如果不判断行为本身与重大损失风险之间的关系，而仅根据是否造成了重大损失来反向追责，可能会造成只要出现重大损失，即使造成重大损失的原因超出职责规范的特定领域或特定因果进程，行为人也要承担刑事责任，实际上这就是广受指责的"自陷禁区"原则。这种做法在实践中并不罕见。

---

① 何庆仁：《义务犯研究》，中国人民大学出版社2010年版，第127页。
② 刘艳红：《注意规范保护目的与交通过失犯的成立》，载《法学研究》2010年第4期。

按照笔者的观点，滥用职权行为，是违反特定职责的行为，而现实发生的结果必须是行为违反的职责所要避免的具体结果，而不是泛泛而谈的"违反职责行为"。就上述的案例而言，市场监督管理部门与消防安全监管部门的职责是不同的。虽然酒吧存在超范围、超面积经营等违法行为，但是规定企业经营范围、经营场所面积的职责规范目的，并没有涵盖消防安全，现实发生的重大损失与滥用职权行为之间缺少规范的关系。据此，笔者认为L不能对火灾造成的死伤结果、经济损失承担刑事责任。

33 犯罪嫌疑人以工作繁忙无法完全履行职责为辩解理由，是否影响相关渎职犯罪的认定

【案情】L是某派出所民警，2019年2月，L受理一起强奸案件，立案后L没有采取有效措施。直至2019年6月，L才将强奸案件材料移送至刑警支队。以犯罪嫌疑人为首的黑恶势力团伙在2019年2月至2019年6月，连续作案30余起。

【问题】本案辩护人认为，L在派出所承担大量的办案任务，工作中没有严重不负责任的行为。强奸案案发的时期，L在办的刑事案件有十余宗、治安案件一二十宗，还有大量的民事争议调解工作和其他工作任务，包括反电信诈骗的"蓝天行动"和"三年禁毒大会战"等重大行动。2019年2月19日至5月31日，L 24小时值班的天数为34天，备勤68天，基本上每天不是值班就是备勤，没有休过一个双休日。而派出所案多人少的情况十分突出，办案人手严重不足。L没有搭档没有助手，单独办案，分身乏术，又必须兼顾所有的案件和任务，不能因为L在该强奸案上投入精力不够而认为其严重不负责任。虽然犯罪嫌疑人如何辩解并非决定罪与非罪的关键，但问题的背后反映的是，如何把握重大过失界限，以及渎职犯罪是否要考虑当事人

的履职可能性？

【解析】答案当然是肯定的，但也是实践中常被忽视的。实践中存在一类误区，当司法工作人员没有（完全）履行职责时，不加限制地反推责任。从侦查经验来看，凡出现重大损失的，或多或少都能找出行为人的履职不当问题，按照上述观点至少成立玩忽职守罪。但是，这种观点对相关渎职犯罪的认定过于简单，从办案质量、效果来看是不妥的。我们在办案过程中，一定要设身处地站在事发时的主客观条件下，对行为人的义务设置一个合理的标准。例如，行为人确实工作繁忙而单位又没有给行为人提供足够支持的，我们要适当降低履职的要求，反之则要提高。另外，任何工作都是不能杜绝失误的，不能将失误等同于刑法上的玩忽职守，只有主观过错达到难以容忍程度的，才有动用玩忽职守罪的必要。对于履行了基本义务，因工作失误或确实难以完全履职造成重大损失后果的，则不宜动用刑罚规制。不过在本案中，L客观上虽然工作繁忙，但从工作主次来看，侦破刑事案件的优先级显然是比值班、备勤、办理治安和调解工作要高的。即便真的是分身乏术，L也应当先行侦查刑事案件，至少请示单位派人增援或者将案件移送上级机关或其他办案人处理，及时、妥善处理好案件交接，而非听之任之，不采取任何有效侦查措施。本案延误了4个月，横向对比同类案件时间并不算长，但强奸犯罪性质恶劣，社会危害性非同寻常，采取必要措施也更为紧迫。因此，即便只有4个月，法院仍判决L构成玩忽职守罪。

另外，本案以玩忽职守定罪处罚，同样涉及重大损失的问题，不过L的行为导致嫌疑人再次作案30余起，不论是用"恶劣社会影响"评价，还是通过论证相当性适用兜底条款"其他情形"，都足以评价为"重大损失"。

34 滥用职权行为同时又构成其他犯罪的，如何定罪处罚

【问题】发生"重大损失"结果，是成立滥用职权罪的必要条件，这就

涉及如何把握滥用职权罪与其他犯罪的关系，这一问题不仅涉及合理定罪量刑，同时也与立案管辖相关，可以说既涉及实体又涉及程序，需要区分不同情况，充分进行研究。

【解析】 这个问题可以一分为二：一是滥用职权罪与其他渎职犯罪的关系；二是滥用职权罪与普通刑事犯罪的关系。

第一，滥用职权罪在实践中一般被视为渎职犯罪的"普通罪名"与"兜底罪名"，虽然在操作层面上大体可以这样理解，但实际上并不准确，因为滥用职权罪与徇私枉法，民事、行政枉法裁判等罪在犯罪构成、量刑方面并不相同，更不是包含与被包含的关系。例如，徇私枉法罪是行为犯，而滥用职权罪是结果犯，对于未查明徇私情节的枉法行为，只有造成"重大损失"的才能适用滥用职权罪，而不是简单的"非此即彼"关系。也就是说，滥用职权罪并不能"包罗万象"，实践中确实存在滥用职权罪与其他渎职犯罪数罪并罚的情况，既不能囫囵评价为滥用职权一罪，也不能仅仅处罚"特殊罪名"。因此，作为一般适用规则，笔者认为，应当从以下三个方面把握刑法第三百九十七条规定之罪与其他渎职犯罪的关系：一是严格按照个罪的犯罪构成评价行为是否构成犯罪，以及构成何罪。对于实际行为的评价不能夸大，但主要是不能遗漏重要事实，而应做到依法、全面。二是行为构成什么犯罪与最终按照什么罪名处罚，是相关但又不同的两个问题，在决定以什么罪名处罚或者是否数罪并罚时，应当在渎职犯罪的体系中考虑刑罚的合理性，避免同罪不同判，重罪轻判，或者轻罪重判。三是还需要注意区分实体问题与程序问题，即在行为涉嫌多个罪名时，可以由监察、检察等机关分别管辖，最终判处何种罪名，不影响案件管辖的合法性。笔者也正是按照这三点原则，展开对相关具体问题的分析、论证。

第二，2012年《司法解释（一）》将人员伤亡、财产损失作为滥用职权罪的追诉标准。国家机关工作人员利用职权实施犯罪，造成上述"重大损失"的，也有可能触犯故意杀人、过失致人死亡、故意伤害、故意毁坏财物等罪名。公职人员身份不应成为减轻责任的理由。对于这种情形，应当按照想象竞合择一重罪处罚。当然，滥用职权造成人员伤亡、财产损失情形并不一定同时触犯上述普通刑事犯罪。二者的区别在于滥用职权行为对人员伤亡、财产损失结果通常不具有现实、紧迫的风险。

35 在同一起案件中既有滥用职权行为，又有玩忽职守行为的，如何评价

【案情】C是某派出所民警，2016年2月，C辖区内发生一起轻伤害案件，派出所于当月立案侦查。侦查过程中锁定3名犯罪嫌疑人，C对其中两人采取强制措施。3名犯罪嫌疑人与被害人达成和解后，C对两名嫌疑人变更强制措施，改为取保候审。直至2018年，C再没有对该案采取侦查措施。

【问题】该案属于司法实践中较多发的情形，有的观点认为，应该认定为滥用职权罪，理由是C故意违规改变强制措施，导致有罪的人没有受到刑事追究。而有的观点认为，C虽然改变强制措施，但并没有撤销案件，最终导致放纵犯罪的结果，是由于C疏忽履行职责所致，应该认定为玩忽职守罪。因此，实践中，此类案件既有认定为滥用职权罪的，也有认定为玩忽职守罪的。那么，应该如何对此种行为定性呢？

【解析】对于数个滥用职权行为与玩忽职守行为造成不同的重大损失，当然应数罪并罚，不能评价为一罪。不过，当同一个危害结果的发生事实上既有行为人滥用职权的原因，也有玩忽职守的原因时，需考虑罪名适用的问题。笔者认为，对于这种情形不宜重复评价适用两罪，也不宜硬性规定适用体现主观恶性较重的滥用职权罪或较轻的玩忽职守罪。应当根据具体案情，先找出与造成"重大损失"因果关系最为密切的渎职行为，再来判断行为人实施

这一渎职行为时是基于故意还是过失，从而选择适用滥用职权罪或玩忽职守罪。以本案为例，本案的危害结果是导致犯罪嫌疑人没有及时受到刑事追诉，而导致犯罪嫌疑人没有受到追诉的原因是违规变更强制措施，还是长期压案不查？笔者认为，强制措施毕竟只是保证诉讼的手段，而不是刑事追诉的实质。违规变更强制措施后，仍然可以继续侦查犯罪事实。因此，压案不查才是造成结果的原因所在，如果行为人是出于过失，那么本案应当适用玩忽职守罪。

为了理解这个问题，我们可以稍加变动。如果本案的结果是犯罪嫌疑人在取保候审一个月后打击报复举报人，造成一人死亡呢？笔者认为，羁押措施除保障诉讼的目的之外，也有防止嫌疑人继续危害社会的目的，所以才会将"不致发生社会危险性"作为取保候审适用条件之一。从另一个角度讲，即便行为人压案不查，但嫌疑人如果还在正常羁押，也没有机会打击报复举报人。因此如果嫌疑人在取保候审期间继续犯罪，与结果联系最为紧密的行为是违规变更强制措施，而非压案不查，全案应当适用滥用职权罪。当然，这个例子可能还存在其他的变体，如嫌疑人在违规取保候审一年后杀人，早已超过正常羁押期限，那时就要从嫌疑人原本可能判处的刑期、案件的复杂程度等判断结果避免的可能性，然后具体分析。

36 多次滥用职权行为未处罚的，造成重大财产损失数额是否可以累计计算

【问题】滥用职权罪的追诉标准是 30 万元。司法工作人员在诉讼活动中滥用职权的，通常不会造成大额经济损失。那么就不能排除一类情形：每一次滥用职权行为造成的损失没有达到 30 万元，但多次行为累计达到追诉标准，能否构成滥用职权罪？

【解析】如果多次滥用职权行为构成连续犯，那么应按一罪处罚，自然

应累计损失数额,值得我们讨论的是不符合连续犯的数次独立的滥用职权行为。如果按照司法习惯,累计处罚似乎没有太大争议。但持反对的观点从罪刑法定原则出发,认为刑法原文只在少数罪名中规定了可以累计数额,不能类推解释。这一问题的本质在于对法律拟制和注意规定的理解。例如,刑法在第三百八十三条贪污罪等罪名中设置了"对多次贪污未经处理的,按照累计贪污数额处罚"条款。如将其解释为法律拟制,则不能适用于滥用职权罪,而如果理解为注意规定,基于相同的法理,则可以运用在滥用职权中。

笔者认为,刑法中有关贪污等罪名可以累计数额的条款是注意规定而非法律拟制,意在提示司法工作人员注意,也是对司法习惯的肯定。此类注意规定如刑法第三百八十二条"伙同贪污的,以共犯论处"。刑法第三百九十条"行贿人在被追诉前主动交代行贿行为的,可以从轻或者减轻处罚"不能机械地理解为法律拟制,反向推导出"伙同其他犯罪的,不以共犯论处"或"行贿罪之外的犯罪在被追诉前主动交代的,不可以从轻或者减轻处罚"的结论。而且,从近年的司法解释来看,累计计算的适用范围也在不断扩大,如 2010 年《最高人民法院、最高人民检察院、公安部关于办理网络赌博犯罪案件适用法律若干问题的意见》第一条规定,赌资数额累计达到 30 万元以上的,应当认定为"情节严重";2017 年《最高人民法院、最高人民检察院关于办理组织、利用邪教组织破坏法律实施等刑事案件适用法律若干问题的解释》第六条规定,多次制作、传播邪教宣传品或者利用通讯信息网络宣扬邪教,未经处理的,数量或者数额累计计算。这些司法解释在刑法没有明确规定的情况下,都得出了可以累计计算的结论。对此,我们应理解为通过司法解释明确争议问题,而不是对刑法作出了类推解释。因此,对于多次数额未达到立案标准的滥用职权行为,只要未超过追诉时效的,可以累计犯罪数额处罚。

37 对于故意伤害致人轻伤，公安机关以达成调解协议为由，撤案或者不立案侦查的，是否构成渎职犯罪

【案情】W系某公安局治安出入境大队民警。2012年，W主办一起故意伤害致人轻伤案件，对两名犯罪嫌疑人立案侦查后，犯罪嫌疑人赔偿被害人1万元达成调解，W遂作结案处理。之后两名犯罪嫌疑人又积极参加恶势力犯罪集团并实施多起犯罪。2013年，W再次主办一起故意伤害致人轻伤案件，四名犯罪嫌疑人被立案侦查。W听从领导安排，将该案以调解结案。之后四名犯罪嫌疑人积极参与黑社会性质组织，多次实施犯罪行为。

【问题】以调解处理刑事案件，是基层公安机关多发的执法问题。而所谓的"调解"在刑事诉讼法中并没有规定，只有治安案件中才存在"调解"程序，不过实践中确实存在嫌疑人与被害人在刑事诉讼中达成所谓"调解"的现象。一般作为量刑情节考量，其效力尚不及刑事诉讼法明确规定的"刑事和解"。我们研究以"调解"结案是否构成渎职犯罪，问题的关键一是对所谓"调解"的理解，二是渎职罪名的选择。

【解析】根据刑事诉讼法第二百九十条的规定，对于达成和解协议的案件，公安机关可以向人民检察院提出从宽处理的建议。人民检察院可以向人民法院提出从宽处罚的建议；对于犯罪情节轻微，不需要判处刑罚的，可以作出不起诉的决定。人民法院可以依法对被告人从宽处罚。故意伤害致人轻伤已达到刑事追诉的标准，且不属于刑法第十三条规定的"情节显著轻微危害不大的，不认为是犯罪"的情形。换言之，即使案件双方达成和解，也不能撤案或者停止侦查，否则便涉嫌相关渎职行为。如果行为人是出于徇私动机，则构成徇私枉法罪。如果行为人是出于法律知识不足或理解错误，则可适用玩忽职守罪。此外还有一种可能，行为人故意损害司法公正，但不存在

徇私动机，则应适用滥用职权罪。

还需要注意的是，滥用职权罪和玩忽职守罪需要以造成"重大损失"为前提。"导致一起轻伤害刑事案件未受到追诉"并不是司法解释规定的"重大损失"情形，需要在"恶劣社会影响"和"其他情形"这两者之间权衡。如何理解这两者，我们在前文的问题中已经讨论过，不再赘述。从全国判例情况来看，如果渎职行为与黑恶势力坐大成势能够成立因果关系，法院一般是支持将结果评价为"重大损失"的，本案也是如此。当然，笔者收集的案例大都是已经起诉的，也不能排除有一些类似的案件因为理解不一致，没有立案或移送起诉，笔者不尽掌握，各地对于"重大损失"的理解还没有趋于一致。因此，司法实践中，还是要根据具体案情不断探索，逐渐形成统一认识。

38 数次渎职行为，是否可以评价为一个滥用职权行为

【案情】H系某市公安局副局长，2015年，S为解决与W等人的经济纠纷，经与H商议，以W拖欠员工工资为由，对W立案侦查并刑事拘留。H在案件办理期间，两次带领S到看守所与W谈判解决经济纠纷，又以"出所辨认"为由，将W外提，与S面谈协商股权转让。

2015年末，检察院以事实不清、证据不足为由不批准逮捕W。H与S商议后，对W采取指定居所监视居住。其间继续安排协商股权转让，之后又变更为取保候审，直至2017年6月期限届满。2019年，公安机关对W拒不支付劳动报酬一案重新调查，认定证据造假，作撤案处理。2021年，人民法院以滥用职权罪判处H有期徒刑四年六个月。

【问题】本案在事实层面争议不大。值得研究的是罪名的适用，人民法院认为H用刑事手段插手经济纠纷，造成恶劣社会影响，因此构成滥用职权罪。但本案的事实可以分为两个部分：一是对明知无罪的人进行刑事追诉；

二是利用办案职权安排 W 与 S 谈判，并利用职权向 W 施加压力。两个渎职行为是否应当评价为滥用职权一罪？

【解析】 根据我国的司法实践，如果多次触犯同一罪名的，按照一罪处罚，不实行数罪并罚。也就是说，如果数次渎职行为分别构成滥用职权罪的话，一般评价为一个滥用职权罪。不过滥用职权罪本身具有一定特殊性，其作为"兜底罪名"确实能够涵盖大多数的渎职行为。但也正因如此，有的办案单位习惯将多个渎职行为统一评价为滥用职权罪一罪，而忽略渎职行为之间的差异。本案中，人民法院将"恶劣社会影响"作为"重大损失"结果，将插手经济纠纷认定为滥用职权罪。但"插手经济纠纷"是概括性的描述，事实上并非只有一个行为。本案中 H 捏造事实，明知 W 无罪而使之受到追诉，是行为之一。而利用办案职权，多次安排案外人 S 与嫌疑人 W 会面谈判，并以刑事手段为要挟，是行为之二。前者符合徇私枉法罪的犯罪构成，而后者符合滥用职权罪的犯罪构成。人民法院认定 H 的行为造成"恶劣社会影响"，但没有正面评价 W 无辜被刑事追诉侵害司法公正的后果。笔者认为，H 明知 W 是无罪的人，故意使其受到刑事追诉，应当另行评价为徇私枉法罪，而不能囫囵评价为一罪，故本案更宜数罪并罚。

实践中也有观点认为这种情形应当按照牵连犯从一重罪处罚，即便如此，相比之下徇私枉法罪的处罚也更重。至于是否构成牵连犯的问题，理论界对于牵连犯的本质、牵连关系判断、处断原则等问题没有统一的认识，也出现了很多批评的声音，包括主张取消牵连犯的观点，整体的趋势是要限制司法实践中牵连犯的适用范围。张明楷教授认为，"如果承认牵连犯的概念，则应采取类型说。即当某种手段通常用于实施某种犯罪，或者某种原因行为通常导致某种结果行为时，才宜认定为牵连犯"。① 显然，我们不能认为徇私枉法行为通常是实施滥用职权犯罪的手段。两罪在一定程度上存在重叠，

---

① 张明楷：《刑法学（上）》，法律出版社 2016 年版，第 490 页。

但并不是具有密切关联的手段与目的、原因与结果的关系，不宜按照牵连犯论处。就常适用的 14 类犯罪而言，除刑法第三百九十九条，收受贿赂又徇私枉法的，法律拟制为从一重罪处罚外，原则上都应按照数罪并罚处理，不能滥用牵连犯以致罪刑不相适应。

39 玩忽职守罪是否可能具有徇私舞弊情节

【解析】刑法第三百九十七条第一款规定，国家机关工作人员滥用职权或者玩忽职守，致使公共财产、国家和人民利益遭受重大损失的，处三年以下有期徒刑或者拘役；情节特别严重的，处三年以上七年以下有期徒刑。本法另有规定的，依照规定。而该条第二款规定，国家机关工作人员徇私舞弊，犯前款罪的，处五年以下有期徒刑或者拘役；情节特别严重的，处五年以上十年以下有期徒刑。本法另有规定的，依照规定。

由此引发了实践中的疑惑：滥用职权罪适用徇私舞弊情节是没有争议的，但徇私情节能否适用于玩忽职守罪？从文本来看，第二款的规定可以适用于第一款规定的滥用职权罪、玩忽职守罪。但是，解释法律不能局限于文字，更要探究背后的依据。解答这一问题必须从"徇私舞弊"中"徇私"的定位来研究。关于"徇私"，过去曾有观点认为"徇私"是客观行为，也有观点认为是犯罪目的。但目前通说认为，徇私是犯罪动机，是实施犯罪行为的内心起因。既然"徇私舞弊"是为了一己之私而实施犯罪行为，那么便不可能是过失犯罪。我国对犯罪动机的通说也认为动机只存在于故意犯罪。因此，玩忽职守罪不能存在徇私情节。

实践中存在这种疑惑的根源是没有正确把握玩忽职守罪的犯罪构成，以及与滥用职权罪的界限，具体而言是以客观层面的"作为"与"不作为"来区分二者，如有的观点援引《立案标准》认为滥用职权罪是"违反规定处理公务",而玩忽职守罪则是"不履行或者不认真履行职责"。笔者重申,滥用职权罪和玩忽职守罪二者没有客观层面的不同,"违反规定处理公务"完全可以评价为"不履行依法处理公务的职责",反之亦然。真正值得关注的是玩忽职守罪相比滥用职权罪多了"不认真"这一表述,点明了两罪之间的界限,即玩忽职守罪是过失犯罪,而滥用职权罪是故意犯罪。正确理解这一点,关于"徇私舞弊"情节的疑惑自然也就迎刃而解了。

40 收受贿赂又滥用职权的,是否适用刑法第三百九十七条第二款

【案情1】某市公安局交通警察支队民警Z以每消掉一个交通违章罚单收50元的价格,共帮助他人处理交通违章3417条,但法院在判决时,没有适用刑法第三百九十七条第二款徇私舞弊的规定,加重对Z的处罚,而是适用第一款,同时认定Z构成受贿罪数罪并罚。

【案情2】某区公安分局刑侦大队民警P接受其姐夫的请托,在办理刑事案件中未按照规定收集证据,导致他人被错判为有罪。法院适用刑法第三百九十七条第二款的规定,对P适用五年以下刑期量刑。

【问题】刑法第三百九十七条第二款规定,国家机关工作人员徇私舞弊,犯前款罪的,处五年以下有期徒刑或者拘役;情节特别严重的,处五年以上十年以下有期徒刑。本法另有规定的,依照规定。另外,《司法解释(一)》第三条规定,国家机关工作人员实施渎职犯罪并收受贿赂,同时构成受贿罪的,除刑法另有规定外,以渎职犯罪和受贿罪数罪并罚。那么,在国家机关工作人员收受贿赂,具有徇私舞弊情节,构成刑法第三百九十七条第二款加重处罚情节的,是按照第三百九十七条第二款加重处罚,还是按照《司法解释(一)》第三条规定的滥用职权罪与受贿罪数罪并罚?如果数罪并罚,

是否存在将受贿情节既作为受贿罪评价一次，又作为滥用职权罪徇私情节重复评价，导致重复处罚的问题呢？另外，收受贿赂又滥用职权的，是按照刑法第三百九十七条第一款与受贿罪数罪并罚，还是按照第二款数罪并罚，也需要进一步研究。从上述两件案例看，法院对于受贿又滥用职权的，是按照刑法第三百九十七条第一款的规定，以滥用职权罪和受贿罪数罪并罚，而对于徇私情滥用职权的，则按照第三百九十七条第二款的规定加重处罚，这样做虽然可以避免重复处罚的嫌疑，但是可能会导致受贿而滥用职权实际判处的刑罚轻于徇私情而滥用职权的刑罚，这是不合理的。因此，这个问题虽然在实践中尚未引起关注，但仍有必要予以研究。

【解析】笔者认为收受贿赂滥用职权，同时构成滥用职权罪（加重犯罪构成）与受贿罪的，应该按照滥用职权罪（加重犯罪构成）与受贿罪数罪并罚，理由如下。

首先，受贿罪的法益是职务行为的不可收买性，虽然成立受贿罪要求"为他人谋取利益"，但是并不要求实际谋取了利益，只要具有为他人谋取利益的许诺就可以了。所以，客观上实际为他人违法牟利的行为已经超出了受贿罪的犯罪构成要件，完全符合受贿罪和相关渎职犯罪的构成要件，应该按照两罪数罪并罚。因此，即使《立案标准》将"徇私舞弊"理解为国家机关工作人员为徇私情、私利，故意违背事实和法律，采取伪造材料、隐瞒情况、弄虚作假的行为。"舞弊"行为本身，也超出了受贿罪的构成要件。对此，司法解释已经作出了明确的规定，不再详细展开分析。

其次，受贿罪中的"受贿"指的是索取或者收受他人财物的行为，也是受贿罪犯罪构成要件的客观行为，而徇私舞弊情节中的"徇私"情节，则是指实施渎职行为的主观动机，虽然往往表现为收受贿赂、接受请托等客观行为，但客观行为本身却不是"徇私"类渎职犯罪的必要构成要件，因此，因收受贿赂而徇私的，受贿行为本身已经超出了徇私类渎职犯罪的评价范围，应当按照受贿罪处罚。

最后，虽然有观点认为这种情况属于牵连犯，应该从一重罪处断，[①] 但是，正如学者所言，对牵连犯是数罪并罚还是从一重处断，需要考虑行为的社会危害性。当牵连犯的目的行为与手段行为的危害性存在明显的轻重关系时，从一重处或者是可以的，但当二者的危险性都比较严重时，只有实行并罚才能做到罪刑相适应。[②] 笔者认为，将具有目的—手段和原因—结果牵连关系的行为，一概按照一罪处罚，极易导致罪刑失衡，也缺乏合理的理由。司法工作人员收受贿赂，又实施滥用职权等相关犯罪的，受贿罪和渎职犯罪都属于罪质严重的职务犯罪，按照一罪处罚，不能实现罪刑相适应，因此，除法律有特别规定的情形外，应该数罪并罚。

综上，笔者认为【案情1】中的案例，按照刑法第三百九十七条第二款滥用职权罪和受贿罪数罪并罚更为适宜。

41 如何理解"重大损失"在滥用职权罪犯罪构成中的体系定位

【问题】目前，司法实践中对于滥用职权罪与玩忽职守罪的适用存在一些误区，其症结一是误将"作为""不作为"当作两罪的界限，二是将滥用职权罪的犯罪故意等同于对造成"重大损失"的故意。实践中，司法工作人员即便是出于畏惧罪行曝光的心态，通常对"重大损失"也是持排斥态度的，经常有犯罪嫌疑人到案后辩解"如果早知道会造成这么大损失，无论如何都不会犯罪"，这并不完全是狡辩托词，反之是很多嫌疑人心态的真实写照。那么，嫌疑人排斥重大损失的发生，是否影响滥用职权罪的适用？

【解析】刑法第十四条第一款规定，明知自己的行为会发生危害社会的

[①] 王作富：《刑法分则实务研究（下）》，中国方正出版社2003年版，第2010页。
[②] 张明楷、黎宏、周光权：《刑法新问题探究》，清华大学出版社2003年版，第402页。

结果，并且希望或者放任这种结果发生，因而构成犯罪的，是故意犯罪。但刑法第十四条的"危害结果"是否等同于滥用职权罪的"重大损失"，这是问题的根源所在。法学界对此有以下几种观点：超过要素说认为，滥用职权罪是"行为人明知自己的滥用职权行为会发生侵害国家机关公务的合法、公正、有效执行以及国民对此的信赖结果（第一结果），并且希望或者放任这种结果发生。一概要求滥用职权的行为人主观上对'致使公共财产、国家和人民利益遭受重大损失'的结果（第二结果）持希望或者放任的态度，同样不合适"①；限制处罚范围事由说认为，滥用职权罪成立的标准是侵害该罪保护的犯罪客体，危害结果是对本罪客体侵害的事实，属非物质性危害结果，"重大损失"属物质性危害结果，是危害行为达到可罚性的规定，不需要行为人主观上认识②；罪量要素说认为，"重大损失对于滥用职权罪来说，并非犯罪结果而是独立的罪量要素，没有出现这一构成要素，仍然属于滥用职权行为，但只是刑法不予以处罚而已。只有当具备了这一构成要素，刑法才加以处罚。这一构成要素是表明滥用职权行为的法益侵害程度的数量因素，不属于行为人主观认识的内容"③。

　　按照通说，"危害结果"是犯罪对直接客体所造成的损害结果，而滥用职权罪侵害的客体是国家机关的正常管理活动，故应将本罪的故意理解为对损害国家机关的正常管理活动的故意，而"重大损失"则是司法活动的合法、公正、有效执行遭受侵害后引发的进一步后果，而且通常是由介入因素引起的，这也是滥用职权致人死亡的量刑远低于故意杀人罪的主要原因。因此，在判断本罪犯罪故意时，只要求行为人认识到行为违反了职责规范，进而损害了司法活动的合法、公正、有效执行，希望或放任这一侵害结果的发

---

① 张明楷：《刑法学（下）》，法律出版社2016年版，第1246页。
② 刘艳红：《也论新刑法第397条的罪名与罪过》，载《法学评论》1999年第6期。
③ 陈兴良：《作为犯罪构成要件的罪量要素——立足于中国刑法的探讨》，载《环球法律评论》2003年第2期。

生,不要求行为人对"重大损失"持希望或放任态度。因此,如果能够认定犯罪嫌疑人对重大损失至少具有预见可能性,犯罪嫌疑人对重大损失缺少故意的辩解并不影响滥用职权罪的适用。

42 对"重大损失"预见可能性的判断标准

【案情】C系某公安局民警,接受朋友H请托,登录警务系统平台,帮助查询Y的住宿、上网、出入境记录以及车辆轨迹、卡口信息。H依据上述信息找到并打伤Y后,将Y非法拘禁,其间多次强行与Y发生性关系。C到案后,辩称自己只是想帮朋友一个忙,虽然侵犯了公民信息,但无法预见到H会实施犯罪行为,因此不应对"重大损失"结果负责。

【问题】我们之前讨论过滥用职权罪的故意是针对客体而非"重大损失"而言,但并非对"重大损失"没有任何主观上的限制。基于责任主义,犯罪嫌疑人对"重大损失"结果虽不需要有明确、具体的认识,但至少应有预见可能性,以免出现客观归罪。因此,C的部分辩解是可取的,关键在于如何在个案中判断对"重大损失"结果的预见可能性。

【解析】关于预见可能性的判断标准,主观说认为,应以行为人的注意能力为标准;客观说认为,应以一般人的注意能力为标准;折中说分支较多,观点则各有不同。笔者赞同主观说的观点,大多数情况下,司法工作人员具有严格的选任条件,对职务行为可能导致后果的认知能力相比普通社会公众要高,因此我们也可以较高的标准衡量司法工作人员对"重大损失"后果是否具有预见可能性。当然也并不能排除特例,总之需要结合具体的案件情况加以区分。例如,当C帮助黑恶势力团伙成员查询公民信息,对之后出现的非法拘禁、故意伤害等犯罪活动,是能够预见的,因此可以将结果归责于行为人。但是如果C帮助朋友查询多年失联的同学、战友的联系信息,结果二人聚会时发生冲突，引发故意伤害案件造成人员伤亡的，则超出了 C 帮助朋友查信息时可能预见的范围，就不能将故意伤害案件结果归责于行为人，C 只构成违纪，但尚未达到追究刑责的程度。这就要求我们在办案过程中，不能仅仅勾勒粗线条的渎职事实，要更为注意深究渎职行为的细节，围绕影响行为人预见能力的因素有针对性地取证，包括请托人的身份、目的、犯罪记录，与当事人之间的关系，以及渎职行为的详细内容、与危害结果之间的联系等。回到本案中，C 如果仅仅提供了被害人的身份信息、电话号码、家庭成员姓名，虽然也可能为 H 实施非法拘禁、强奸提供一定便利，但站在渎职行为人的角度，这一结果超出了实施渎职行为时可能预见的范围，这种情况下就不宜将结果归责于 C。而实际上，C 提供的信息包括住宿、上网、出入境记录，甚至车辆轨迹、卡口信息，足以使 H 充分掌握被害人的日常行动轨迹。即使以普通群众的认知水平，也能够认识到这些信息可能被用于跟踪、绑架、非法拘禁等违法犯罪活动。当然，必须承认这种预见是模糊、不确定的，这正是滥用职权罪的特点，也是处罚相对较轻的原因。反之，如果 C 明知 H 要实施非法拘禁、强奸仍提供被害人行动轨迹信息的话，则构成上述犯罪的共犯，其量刑显然不止法院最终判处的有期徒刑二年，缓刑二年六个月。

43 民警以罚代刑，事后包庇对象被认定为寻衅滋事罪，民警之行为如何定性

【问题】我们之所以提出这一问题，是由于实践认定滥用职权罪或者玩忽职守罪时，存在一种结果归罪的倾向。一旦"事后"认定前案行为人构成寻衅滋事等犯罪，往往会倒查责任，认为"事前"办案的司法工作人员涉嫌滥用职权罪，至少涉嫌玩忽职守罪。在这里，笔者不关注具体个案的处理是否妥当，而是通过这一类型的案件，梳理并分析认定滥用职权罪和玩忽职守

罪时容易忽视的两个问题。

【解析】我们都知道，认定犯罪要做到主客观相统一。但是，什么是主客观相统一，如何才能做到主客观相统一，这个问题的答案并非不言自明。以本题关注的案件为背景，笔者认为主客观相统一，要处理好两对关系：一是处理好"事前"与"事后"的立场差异问题。所谓"事前"是指渎职失职行为发生时，而"事后"则是指侦查、审查、审理相关渎职犯罪时。是否存在渎职失职行为，是否具有故意、过失，都需要"事前"判断。例如，寻衅滋事行为是否构成犯罪，不能仅仅根据"事后"法院将该行为认定为犯罪，就简单地认为从"事前"来看，该行为也同样构成犯罪。尤其对于疑难复杂案件，难以确定一个规范、客观的标准，不同人根据各自的认识背景，可能得出不同的结论。司法实践中，有的案件经过二审、再审，各种观点相互碰撞，难以达成共识，这类案件即使最终作出生效判决，也不能轻易得出不同意见是"错误"的判断。因此，在查办司法工作人员相关职务犯罪时，"事后"的侦查人员容易采纳有利于构成相关职务犯罪的观点，但也应该充分考虑疑难案件的不同意见，防止以"事后"单一视角盲目认定渎职失职行为。二是处理好事实判断与规范评价的问题。这一矛盾点在认定玩忽职守罪等过失犯罪时表现得尤为明显。过失是指应知能知而不知，其中应知具有规范评价的性质，而能知则是建立在对行为人自身能力的事实判断之上，二者不一定完全一致。例如，作为司法工作人员确实应该知道相关犯罪的标准，但如果其确实不知，则要进一步通过证据证明其能够知道，换言之，其不知是自身可以避免的原因所导致的，而不是不可抗拒的客观原因造成的。

总之，在查办相关职务犯罪时，尤其在侦查环节，侦查人员应避免完全倒向有罪推定的视角，采取"事后"的、规范的、有利于构成犯罪的标准辨识犯罪行为，认定主观罪过，而应该注意从"事前"的立场，通过证据排除无罪的辩解。

第三章　徇私枉法罪

44 "前案"犯罪嫌疑人请托司法工作人员徇私枉法的,"前案"犯罪嫌疑人是否能够成为司法工作人员徇私枉法罪的共犯

【案情1】H,某派出所所长;W,某派出所副所长;D,某派出所副所长;L,某派出所民警;Z,某派出所辅警;C,无业,系H弟弟;Z1、L1,无业。

2014年6月起,Z1伙同C、L1先后在某市某酒店、某市某小区等地以"百家乐"形式开设赌场。赌场开设期间,L1通过给付报酬方式笼络Z,Z承诺将其掌握的公安机关查禁行动的信息及时通知赌场。

2014年8月4日,Z1、C、L1在某小区房间内开设赌场,十余名赌客在赌场参赌。当日下午,D接到群众对该赌场的举报,遂安排L带领民警及巡防队员前往调查。Z待L队伍出发后,立即打电话向L1通风报信,L1从赌场内逃离。L等人到达现场后,将该"百家乐"赌场查抄,现场抓获赌客、工作人员共计20余名,查获现金赌资13万余元及大量用于赌博的筹码。与此同时,C、L1、Z1先后赶至某派出所,数次至办公区打探处理意见并找W、D、L等人说情,请求从轻处理。

将抓获的人员关押至派出所留置室后,H召集W、D、L开会商议处理此案,会上L如实汇报了抓赌情况,并说明该赌场开设者为C,与会人员均认为该案为一起刑事案件,但对如何处理未形成一致意见,最后H提出此案

做治安案件处理，罚款30万元，W、D、L考虑到与C熟识且经常接受其吃请，均未提出反对意见。

之后W、D、L让C、L1自行找五六个人以赌场开设者、赌客身份接受派出所询问，制作询问笔录。C、L1为将此案尽快处理完毕，为了避免出现变故追究自身的刑事责任，遂按办案人员的要求积极配合，并按事先的预案，由赌场工作人员冒充赌场老板、赌客接受询问。按照W、D的要求，Z安排辅警先对冒充人员以赌场开设者的身份进行了询问，确定赌场开设者、参赌人员、赌资、赌博方式、无主赌资等细节，又以该笔录为模板，按照其中编造的事实，对其他五人制作了虚假的询问笔录。同时，派出所在未做任何调查询问的情况下，将抓捕羁押在留置室的人员全部释放。

H明知此案为一起刑事案件，为了庇护自己的弟弟C，数日后，在向分局领导汇报中，以伪造的证据材料为依据，谎称"赌博现场被查抄时只抓到6人，现场有大量无主赌资，其他人均逃跑，详细事实无法查明"，拟作罚款处理（按治安案件处理）。最终某公安分局以某派出所呈报的案件事实为依据，裁定对冒充赌场老板、赌客的6人分别作出罚款500元的处罚，对扣押的赌资及238100元无主赌资予以收缴。事后，某派出所将罚款上交某公安分局账户后，由分局返还罚款额度10%的"特情费"（2.9万元）给某派出所，该2.9万元"特情费"除提供赌场"信息"的社区网格员分得500元外，其余部分由D、W、L及参加抓赌的其他民警、巡防队员按不同档次分得。

2018年11月29日，某市人民法院认定"2014年7月至9月，Z1、L1、C三人分别在某市某酒店开设赌场2次、在某市某小区开设赌场2次（其中第2次即为上述被某派出所查处案件）、在某市某公寓开设赌场1次、在某市地下台球室开设赌场2次"。以开设赌场罪，判处Z1有期徒刑三年、罚金25000元；判处L1有期徒刑一年六个月、罚金20000元；判处C有期徒刑一年二个月、罚金20000元。

【案情2】 T，某公安分局治安大队大队长；Z，某公安分局治安大队一级警长；M，待岗职工。

经查，2019年6月，S等人因涉嫌生产、销售不符合安全标准食品犯罪，被市监管局移送公安机关处理。S等为了逃避刑事处罚，由S出资2万元和12条香烟，请托M找到某公安分局治安相关办案人，希望某公安分局将移送的案件线索不作为犯罪处理，退回市监管局。M接受S的请托，出面向某公安分局治安大队大队长T提出不深查稻谷来源等问题和将该案退回市监管局作行政处罚。T接受M请托后，出面介绍M认识承办案件的民警Z。后M当面向T、Z提出不再深入调查该案等请托。在案件办理过程中，T、Z多次接受M的宴请和说情，各收受香烟2条。T、Z在明知S有重大嫌疑的情况下，徇私情私利，不履行全面、客观、及时收集、审查证据的法定职责，仅两次简单询问就以S无违法犯罪事实为由，提请某公安分局对该案作出不立案决定，并将该案退回市监管局。

【问题】 司法实践中，对于具体负有案件查办职责的数名司法工作人员共同徇私枉法的，成立徇私枉法罪共犯不存在争议，但是，对于不具有司法工作人员身份的请托人能否成为徇私枉法罪的共犯，以及何种情况能够成为徇私枉法罪的共犯，需要进一步明确。在【案情2】的案件中，人民法院并没有将S作为徇私枉法罪的共犯处理，这种做法是否合理？另外，"前案"犯罪嫌疑人、被告人教唆司法工作人员徇私枉法的，能否成为司法工作人员徇私枉法罪的共犯，也有研究的必要。在【案情1】的案件中，人民法院以徇私枉法罪对司法工作人员H、W、D、L、Z作出有罪判决，对非司法工作人员，即"前案"的犯罪嫌疑人C、L1以徇私枉法罪的共犯，作出有罪判决，并判处了相对较重的刑罚。为了澄清实践的误解，我们从【案情1】【案情2】的案件出发，对此问题进行分析研究。

【解析】 非司法工作人员可以成立司法工作人员徇私枉法罪的共犯。但是，可以成立不代表一定成立，还需要考虑共犯成立的条件。

首先，由于徇私枉法罪是真正的身份犯，无身份者只能成立该罪的教唆犯或者帮助犯，笔者以常见的教唆犯为例，对共犯成立条件进行分析。第一，被教唆之人必须是司法工作人员，而且必须是具有具体案件查办职责的司法工作人员。第二，成立教唆必须有唆使他人实行犯罪的行为，并且教唆行为必须是唆使他人实施较为特定犯罪的行为。对此，要区分一般的说情和教唆行为。如犯罪嫌疑人家属向办案民警请求对犯罪嫌疑人予以较轻处罚，由于该行为没有明确唆使司法工作人员实施犯罪的指向，不能认定为教唆行为。第三，必须具有唆使被教唆人实施符合构成要件违法行为的故意。教唆人对被教唆人的客观行为要有故意，对行为违法也要明知。如在有的案件中，教唆人请求司法工作人员帮助认定犯罪嫌疑人构成自首等减轻、从轻处罚情节，如果对犯罪嫌疑人是否符合自首条件，即认定自首是否违法没有认识，即使司法工作人员违法认定犯罪嫌疑人构成自首，由于教唆人缺乏引起他人实施符合构成要件的违法行为的故意，也不成立教唆。但是，笔者认为教唆的故意不限于直接故意，在知道被教唆的行为可能涉嫌违法时，只要具有"能合法办最好，违法办也行"的间接故意也属于教唆的故意。

其次，还需要考虑以下两个具体问题：第一，间接教唆人是否能够成为徇私枉法罪的共犯。这里所说的间接教唆指的是这样一种情况：甲请托乙帮助其违法减轻处罚，乙请托司法工作人员丙，最终丙在查办请托案件时，徇私枉法，此时甲作为间接教唆人，是否构成徇私枉法罪的共犯。有的国家刑法对间接教唆构成犯罪作出了明确规定，如日本刑法第六十一条规定，教唆教唆犯的，也同教唆犯一样，按照正犯论处。但是，在刑法没有明确规定时，否定说认为，根据罪刑法定原则，刑法没有明确规定间接教唆犯，间接教唆不可罚。但肯定说认为，法律之所以能够规定间接教唆犯与教唆犯同样处罚，是因为间接教唆犯与教唆犯一样，间接教唆犯就是教唆犯，当然是可罚的。德国刑法没有像日本刑法第六十一条的规定，但判例与通说都认为，不管是间接教唆还是再间接教唆，均应作为正犯的教唆而受处罚。① 间接教唆的问题，并没有引起实践的关注，从掌握的判决情况看，一般较少处罚间接教唆行为。但我们并不赞同这种做法，相反，间接教唆人也通过自身的贡献，与直接教唆人共同教唆司法工作人员实施犯罪，其教唆行为同样应当受到处罚。当然，处罚间接教唆人也要求间接教唆符合上述教唆成立的条件。

第二，被告人或者犯罪嫌疑人本人，教唆司法工作人员枉法的，本人是否构成教唆犯。这里主要涉及刑法理论中"期待可能性"问题。否定成立教唆犯的观点认为，避重就轻是人之本性，被告人或者犯罪嫌疑人本人，为了逃避处罚，教唆司法工作人员实施枉法行为的，即使司法工作人员构成徇私枉法罪，但被告人或者犯罪嫌疑人本人因为缺乏期待可能性，也不构成徇私枉法罪的教唆犯。笔者认为，是否具有期待可能性，不能从被告人或者犯罪嫌疑人的角度分析，而应从国家的立场考虑，照此理解，被告人或者犯罪嫌疑人教唆司法工作人员实施枉法行为，从而获得较轻处罚的，通常情况下并不缺乏期待可能性。但是，司法工作人员已经实施包庇、放纵行为，要求被告人或者犯罪嫌疑人主动抵制、拒绝，否则就成立徇私枉法罪的帮助犯，则是对被告人或者犯罪嫌疑人的过分要求，笔者倾向于不认定此种行为成立徇私枉法罪的帮助犯。

45 行贿人作为徇私枉法罪的共犯，行贿行为与徇私枉法行为如何处罚

【案情】2017 年 7 月 16 日，S 醉酒驾驶机动车撞坏某市高架隔离护栏。后经某市交巡警检测证明，S 醉酒驾驶时血液酒精含量为 199.8 毫克/毫升。某市公安局直属分局于 2017 年 7 月 24 日以 S 涉嫌危险驾驶罪立案侦查，并

---

① 张明楷：《外国刑法纲要（第二版）》，清华大学出版社 2007 年版，第 326、327 页。

于 2017 年 8 月 7 日移送审查起诉。2017 年 8 月 21 日，检察院以 S 涉嫌危险驾驶罪提起公诉。2017 年 10 月 30 日，法院第一次开庭审理该案。

其间，犯罪嫌疑人 Y（无业）受 S 请托后为其寻找立功情节争取免予刑事处罚，通过微信、银行转账的方式，多次接受 S 提供的共 20 余万元资金，并找相关司法工作人员为 S 危险驾驶案说情"打招呼"。其后，Y 找到某市公安局某分局某派出所民警 C 帮忙，C 承诺提供帮助并通过"线人"找寻销售假药的线索。2017 年 11 月 21 日，C 获得确切线索后，通知 Y、S 到场，并在"线人"的带领下一同出警，在某保健店抓获店主 J 并现场查获销售的假药。回到派出所后，C 又单人为 S 制作了报案笔录，并支付"线人"5000 元"线索费"。事后，C 未经领导同意，加盖派出所印章，违反公安机关办案程序规定，擅自向检察院出具了 S 检举 J 销售假药的证明材料。

2018 年 7 月，因法院就 S 立功问题两次开庭未果，C 于 2018 年 10 月 30 日出庭作证证明"S 检举并协助抓获 J"，导致后来庭审中检、法两院认定 S 具有立功情节，对 S 从轻处罚，认定 S 犯危险驾驶罪，被判处拘役两个月，缓刑三个月。

其间，C 收受 Y 为感谢其帮忙提供的钱款、18000 元的超市购物卡、苹果手机等财物，折合共计 3 万余元。

【问题】 这个案件涉及共犯问题与罪数问题。就共犯问题而言，本案法院判决没有司法工作人员身份的 Y 与司法工作人员 C 构成徇私枉法罪的共犯，不存在争议。但是，S 是否因为教唆 Y，而成立 C 的间接教唆犯呢？由于从本案判决认定的事实中，无法看出 S 是否具有教唆 Y 实施徇私枉法行为的故意，不能判断 S 是否成立间接教唆犯。如果 S 故意教唆 Y 通过违法方式，帮助其减轻、免除处罚，笔者认为 S 也可以成立 C 徇私枉法罪的共犯。对此，前一问题已经作出解析，此处不再重复。

此处，我们关注的是 Y 向 C 行贿 3 万余元是否构成行贿罪，徇私枉法罪与行贿罪是否应该数罪并罚。

【解析】刑法第三百九十九条第四款规定，司法工作人员收受贿赂，有前三款行为的，同时又构成本法第三百八十五条规定之罪的，依照处罚较重的规定定罪处罚。将该规定作为注意规定的观点认为，受贿行为与枉法行为之间具有原因与结果的牵连关系，二者之间属于牵连犯，本来就应该择一重罪处罚。但是，受贿罪中"为他人谋取利益"的最低要求是许诺为他人谋取利益，受贿行为与徇私枉法行为应该评价为两个单独行为，对于两个缺乏类型性牵连关系的单独行为，构成犯罪的应该数罪并罚。我们从《司法解释（一）》中也可以得出相同的观点。该司法解释对收受贿赂、滥用职权的，就规定按照数罪并罚。这样理解，只能将刑法第三百九十九条第四款理解为法律拟制规定。

但是这种理解，又会带来另外一个问题。对既受贿又构成徇私枉法罪（共犯）的行为，是按照一罪处罚，还是数罪并罚。对此问题，笔者初步认为，应对刑法第三百九十九条第四款的适用范围进行严格限制。因此，由于受贿又构成徇私枉法罪的共犯的，本来就不符合该条规定的内容，又因为行贿罪"为谋取不正当利益"并不需要实际谋取到不正当利益，当实际谋取到了不正当利益，应该数罪并罚。当然，这样理解，可能会造成对徇私枉法共犯的处罚重于对徇私枉法正犯的处罚，又会导致个案中刑罚不均衡。对此问题，只能留待个案中通过妥当量刑，尽力避免。

46 司法工作人员长期收受他人好处，承诺对他人的违法行为予以"关照"，但在具体实施徇私枉法行为时，并没有受贿，是否适用刑法第三百九十九条第四款择一重罪处罚的规定

【案情】某派出所民警C，从2009年至2016年，多次收受辖区内商户

H"关系费"。2016年1月，C在办理H故意伤害案件时，故意降格处理。法院最终以受贿罪和徇私枉法罪，对C数罪并罚。

【问题】刑法第三百九十九条第四款规定："司法工作人员收受贿赂，有前三款行为的，同时又构成本法第三百八十五条规定之罪的，依照处罚较重的规定定罪处罚"。对于该条司法实践中通常理解为，司法工作人员既有受贿行为，又有徇私枉法行为，同时构成受贿罪与徇私枉法罪时，一概依照处罚较重的罪定罪处罚，这是从字面含义对该款规定作出的理解，但是如此理解该款规定，可能会导致罪刑失当的结果，如司法工作人员同时具有受贿和枉法行为的，按照刑法第三百九十九条第四款定罪处罚，只能认定为受贿罪或者徇私枉法罪一罪，而认定为滥用职权罪则应该以受贿罪和滥用职权罪数罪并罚，显然后者的处罚更加严厉。当然，我们不是认为处罚越重越合理，但是为什么刑法第三百九十九条要在第四款中作出拟制规定，这种规定的合理性在哪儿？如何理解和适用该款规定，才不至于出现罪刑失衡的现象呢？这些问题是需要进一步细致分析研究的。

【解析】与前述司法实践的一般做法不同，刑法理论研究中，对刑法第三百九十九条第四款进行了较为深入的研究。笔者借鉴刑法理论的研究成果，进一步对此问题进行分析，仅供参考。

首先，对受贿罪中"为他人谋取利益"的理解，存在客观说（旧客观说）、主观说、新客观说等观点。传统观点（旧客观说）认为，为他人谋取利益是受贿罪的客观构成要件，如果国家工作人员收受他人财物但事实上并没有为他人谋取利益，则不构成受贿罪。同时认为，为他人谋取利益是否已经实现，不影响受贿罪的处理。有学者针对旧客观说的问题提出了主观说，即为他人谋取利益，只是行贿人与受贿人之间货币与权力互相交换达成的一种默契。就行贿人来说，是对受贿人的一种要求。就受贿人来说，是对行贿人的一种许诺或者答应。因为，为他人谋取利益只是受贿人的心理态度，属于主观要件的范畴,而不像通行观点所说的那样是受贿罪的客观要件。① 而目前的通说是新客观说。该观点认为旧客观说导致对受贿罪的处罚范围过窄,例如,国家工作人员收受财物,但没有实际牟利行为的,按照旧客观说就不构成受贿罪,这显然是不合理的。而主观说也存在一定的缺陷,因为如果把"为他人谋取利益"解释为主观要件,那么国家工作人员主观上就必须实际存在为他人谋取利益的想法,那么,当只是虚假表示为他人谋取利益,而实际上并没有这种意图时,则并不构成受贿罪,这也是不合理的。因此,现在的通说是新客观说,即"为他人谋取利益"的最低要求是许诺为他人谋取利益。② 笔者采取新客观说的观点,那么枉法行为与受贿罪中的"为他人谋取利益"的客观要件之间就不存在法条的交叉竞合,而是两个单独的行为。同时,"徇私"仅是徇私枉法罪的主观动机,与受贿罪的收受财物的行为之间不具有重叠关系,因此徇私枉法罪与受贿罪之间不是法条竞合的关系,而是数个行为构成数个犯罪,实质上应予以数罪并罚。其实,除刑法第三百九十九条规定之罪外,收受贿赂又构成其他渎职犯罪的,按照《司法解释(一)》的规定,均应予以数罪并罚。

其次,既然徇私枉法罪与受贿罪是实质数罪,为什么刑法第三百九十九条第四款要按照一罪定罪处罚呢?有观点认为,受贿行为与徇私枉法行为之间具有牵连关系,按照牵连犯的处罚原则,应该择一重罪处罚。但是,这种观点也存在问题:一是缺少合理的根据,无法解释为什么牵连犯就必须择一重罪处罚,而不能数罪并罚。例如,为了抢劫而盗窃军用枪支,之后又使用盗窃的枪支实施抢劫行为的,如果将两个犯罪行为只认定为盗窃枪支罪或者抢劫罪一罪,显然是不合理的。因此,现阶段要求对牵连犯予以严格限制的观点越来越多。只有在实施某一特定犯罪,必然触犯其他犯罪时才能认定为

---

① 王作富、陈兴良:《受贿罪若干要件之研讨》,载杨敦先等主编《廉政建设与刑法功能》,法律出版社1991年版,第136页。
② 张明楷:《论受贿罪中的"为他人谋取利益"》,载《政法论坛》2004年第5期。

牵连犯，其余的犯罪即便在外观上存在牵连关系也不认定为牵连犯。① 二是即使按照牵连犯"手段—目的""原因—结果"的关系分析受贿行为与枉法行为，在很多情况下，二者之间也缺少牵连关系。例如，事前受贿或为了其他事项受贿，枉法行为与受贿之间缺少直接目的指向，再如，枉法后才受贿的，也难以认为司法工作人员枉法时具有收受贿赂的目的。在这些具体情况下，都难以认为受贿行为与枉法行为之间存在牵连关系。因此，要对刑法第三百九十九条第四款的适用范围进行严格的限制，否则就可能导致罪刑失衡。

最后，笔者认为，只有在先受贿后枉法，且受贿的请托事项直接指向枉法事实（事前受贿），以及受贿与枉法同时发生（事中受贿）时，才能适用该款规定。具体而言，以下几种情况均不适用该款规定：一是索取贿赂的。既然刑法第三百九十九条第四款使用了"收受贿赂"的表述，那么索取贿赂的情形，就不符合该规定。二是事后受贿的。"司法工作人员收受贿赂，有前三款行为的"应理解为，"司法工作人员收受贿赂，又有前三款行为的"，即只有事前和事中两种情况，符合该款规定。三是事前受贿但是与之后枉法行为没有关系的。例如，上述案件即属于该种情况。H 在故意伤害案件发生前即向 C 输送利益，其行贿时无法预见将来会发生故意伤害案件，虽然其后 C 基于之前的关系徇私情包庇 H，但是受贿行为与徇私枉法行为之间缺少直接指向，也不符合该款规定。本案法院也正是按照数罪并罚判决的。

47 如何证明司法工作人员相关职务犯罪的主观构成要件要素

【问题】徇私枉法罪，徇私舞弊减刑、假释、暂予监外执行罪等司法工作人员相关职务犯罪，要求行为具有"徇私"动机，但是，由于"徇私"

---

① 黄国胜：《受贿后实施渎职行为的罪数分析——兼论刑法第 399 条第 4 款的理解与适用》，载《中国刑事法杂志》2010 年第 1 期。

动机属于行为人的内心主观态度,除非行为人自己承认,现有技术不可能深入内心窥探行为人的真实意图、想法。其实,包括犯罪故意在内的主观构成要件的证明,都存在同样的问题。正是由于主观构成要件的证明困难,导致司法实践中过分强调言词证据,而忽视其他间接证据的作用,造成主观构成要件要素的证明方法简单、机械,尤其在无法获取有罪供述的案件中,只能草草结案。笔者就以主观构成要件要素的证明为切入点,对推论方法在证明主观构成要件要素中的作用进行研究、分析。

【解析】采用推论方法证明"徇私"动机,是司法实践中惯用的证明方法,但何谓推论,推论的规则是什么,却仍有必要详细研究。

推论又可以称为刑事推论规则,是指司法人员运用逻辑日常经验法则从已知的基础事实推断出待证事实,并允许犯罪嫌疑人、被告人提出反驳的一种事实证明规则。可见,推论是一种证明方法,并与刑事推定相互区别。刑事推定是指,根据刑事立法、刑事司法解释的规定,通过已有证据推定出行为人具有故意等主观构成要件要素,刑事推定的实质是举证责任的转换与控方举证要求的降低,即当特定事实出现后,控方根据该事实推定行为人主观上具有"应当知道"的心态,进而推定行为人具有故意。此时,举证责任转移至行为人,行为人必须证明其确实没有明知,进而没有故意,才能反驳刑事推定的结论,否则就要承受推定的不利后果。例如,在控方履行证明责任的前提下,行为人不申报就认定行为人在为他人运输毒品,证明责任转移到运输者身上,属于推定明知的情形。因为不排除为他人携带物品的人亲眼看见委托人清点、封装物品,从而认为自己所携带的物品没有法律瑕疵,无须申报。但在证明责任转移的情况下,一旦携带物品的人不能有效履行其证明责任,就要承担推定的后果。[①] 但是,在以推论的方法证明行为人的故意、动机等主观要素时,证明责任始终在控方。控方需要证明的不是行为人"应

---

① 周光权:《刑法客观主义与方法论》,法律出版社2020年版,第213页。

该知道"或者应该具有徇私动机，而是行为人"知道"或者具有徇私动机，行为人不承担举证责任，当控方的证据不能排除合理怀疑时，仅仅凭有限证据证明行为人"应当知道"或者应当具有徇私动机，由于没有达到排除合理怀疑的证明标准，不能认定行为人具有故意或者徇私动机。

那么，对于证明司法工作人员相关职务犯罪的故意、动机的应当采取刑事推论的方法，还是采取刑事推定的做法其实是困扰司法实践的主要问题，突出表现在证明标准的把握上。例如，在办理刑讯逼供案件中，某司法工作人员甲指示下级司法工作人员乙，"想办法把嫌疑人口供拿下来"，乙据此对嫌疑人采取刑讯逼供手段。如果仅仅根据甲的指示内容，按照刑事推论的标准，尚难以证明甲具有要求乙采取刑讯逼供手段的故意，因为，甲的真实意图完全可能是要求乙采取合法手段获取口供，控方仍要补强相应的间接证据以证明甲具有刑讯逼供的故意。但是，如果采取刑事推定的做法，既然已经有一定证据证明甲在当时的情况下，"应当知道"其"想办法把嫌疑人口供拿下来"可能导致刑讯逼供的行为发生，那么甲就具有刑讯逼供的故意，如果甲不能提出反证，就要承受推定的不利后果。两种观点和做法的细微差别，在个案中就会造成罪与非罪的严重分别。

笔者认为，对于司法工作人员相关职务犯罪主观要素的证明，应该采取刑事推论的方法，而不能采取刑事推定的方法，尤其不能将"应当知道"等同于故意。理由如下：一是"应当知道"既可能是应当知道实际也知道，也可能是应当知道而实际不知道，应当知道而实际不知道，是典型的过失，在证据只能证明存在"应当知道"的情况下，不排除实际不知道而仅仅具有过失的情况，对于故意的证明，不能排除合理怀疑。二是刑事推定仅仅在极其有限的情况下才能使用，而且必须具有法律的明确规定。司法工作人员不能自行降低法律规定的证明标准，随意转移证明责任。我国刑事诉讼采取职权模式，即原则上由控方举证，证明犯罪嫌疑人构成犯罪，即使辩方没有提出任何证据，但是控方证据没有达到证明标准时，也不能认定待证事实。而对于司法工作人员相关职务犯罪主观要素的证明责任，刑法并没有刑事推定的规定，司法实践更不能随意降低证明标准，转移举证责任。

在犯罪嫌疑人、被告人闭口不言时，司法工作人员可以采用刑事推论的方式，通过大量间接、繁杂的事实，推论出一个符合日常经验逻辑的待证事实。在这个过程中，司法工作人员要遵守以下规则。

首先，广泛收集与待证事实有关的间接证据，建立一个由间接证据构建的基础事实，这一过程要注意以下几点：一是基础事实要相当可靠。作为推论前提的每一个事实都必须是有证据证明的，是法律上真实存在的，前提事实本身不能是建立在推论基础之上的。例如，在徇私枉法案件中，有证据证明"原案"犯罪嫌疑人家属与办案司法工作人员通过电话，但在没有查明通话内容之前，不能仅通过电话的事实推断犯罪嫌疑人家属请托司法工作人员，进而推断司法工作人员具有徇私动机。否则，就是"多重推断"，导致结论的不周延。二是基础事实必须足够稳定。基础事实不仅要可靠，从刑事诉讼的过程而言，还需要基础事实具有稳定性，即证明基础事实的证据本身要充分，相互之间能够印证，并且符合证据规则。

其次，基础事实与待证事实之间要具有符合逻辑规律的紧密联系。由于推论是从"已知事实"根据经验法则、日常生活逻辑等推断出"未知事实"，作为推论基础的事实必须与推论结果之间具有符合逻辑规律的联系。例如，犯罪嫌疑人A家属B找到某派出所所长甲，请托甲"照顾"A。甲没有任何表态，而是引荐该案件的办案民警乙与A认识，并当着B和乙的面，对乙说"A的案件要依法办"。对于该基础事实，能否推论出甲具有徇私动机，必须根据日常生活经验进行分析。同时，从侦查角度而言，更重要的是将日常生活经验的推论，转化为由证据构建的基础事实的整体之中，尤其是对基础事实的细微刻画，更为关键。例如，甲向乙说话时的语气、语境，甲、乙、B 三人之间的对话互动过程等看似细枝末节，但能够反映人物内心动态的细微场景。

最后，重视犯罪嫌疑人或者被告人的反驳意见。基础事实与待证事实之间仅仅具有"一般""通常"意义上的关系。"证据体系只能使司法人员暂时形成待证事实成立的心证。这种局面会随着反驳而随时消失。当反驳使推定结论出现其他可能性时不能认定待证事实成立。"[①] 因此，在刑事诉讼的任何一个环节，必须对反驳意见充分重视，并进行实质性的审查。我国刑事诉讼中，控方具有查明事实真相排除案件疑点的义务，当犯罪嫌疑人、被告人提出反驳，即使是在没有证据的"幽灵抗辩"的情况下，也应当综合全案证据对反驳意见进行审查，确定是否达到排除合理怀疑的证明标准。而不能因为犯罪嫌疑人、被告人的反驳没有证据支持就不予理睬。

48 为在押人员传递涉案信息的，是否适用徇私枉法罪

【案情】Z 为某看守所巡视民警。2019 年底至 2020 年 8 月，Z 利用职务便利，多次违反规定，超越职权，私自接触、联系在押人员及其亲友，私自为在押人员传递涉案信息，并接受在押人员亲友赠送的物品，严重妨碍刑事诉讼活动的顺利进行，损害司法公信力。本案法院以滥用职权罪，对 Z 作出有罪判决。

【问题】看守所民警徇私情私利，为了达到使犯罪嫌疑人受到较轻处罚的目的，帮助在押犯罪嫌疑人传递涉案信息或者办理假立功检举等情况，实践中偶有发生，对此类案件，看守所民警的行为是否构成徇私枉法罪，存在一定争议。从实践情况看，有的认定为徇私枉法罪，有的认定为滥用职权罪，观点分歧做法各异。

---

① 杜邈：《刑事推定规则的特征类型与司法适用》，载《法律适用》2022 年第 2 期。

【解析】笔者同意本案法院的判决结果，下面将进一步说明理由。

首先，徇私枉法罪保护的法益是"刑事追诉活动的公正性"。我国刑法理论一般认为徇私枉法罪保护的法益是"司法机关的正常活动"。但是，如果如此理解本罪的法益，那么侦查、检察、审判、监管活动都属于司法机关的正常活动，具有上述职责的司法工作人员的行为，符合徇私枉法罪的客观行为，就都可以成立徇私枉法罪。这样，不具有办案资格的司法工作人员，如案件承办人的同事，利用职务便利销毁有罪证据的行为，都可以构成徇私枉法罪，就会造成徇私枉法罪的处罚范围过宽。因此，将徇私枉法罪的法益理解为"刑事追诉活动的公正性"，就意味着只有具有刑事追诉职责的人，才能构成本罪。

其次，不能笼统地说与刑事案件有关的司法工作人员都具有刑事追诉职责，有学者对此作了进一步限制，"只有具体办理特定案件的司法工作人员与对该特定案件的办理具有指示、指挥等权限的司法工作人员，才能成为徇私枉法罪的正犯"。笔者也赞同这一观点。这样徇私枉法罪的主体就仅仅包括两大类：第一，具体刑事案件的办案人，指的是对刑事案件的法律定性、案件处理、调查取证具有支配、控制权力的司法工作人员，如果仅仅对案件办理起到辅助作用，如看管、看押人员、法院记录人员等广义司法工作人员，徇私私放在押人员，或者错误记录导致轻判等，应该认定为私放在押人员罪、滥用职权罪。第二，虽然不具体办理案件，但作为案件指挥人员或者具有审批权限的上级司法工作人员，基于职权，对刑事案件的查办也具有实质影响力，这类人员也属于徇私枉法罪中的司法工作人员。

就上述案件而言，看守所监管民警虽然负有监管职责，属于司法工作人员，但是其对刑事案件的定性、处理没有实质影响力，属于刑事案件办理过程中的辅助人员，不属于徇私枉法罪的主体。

49 民警收受贿赂，未通知司法行政部门收监执行社区矫正人员，是否构成徇私枉法罪

【案情】Z时任某派出所所长，在办理L涉嫌妨害公务罪过程中，发现L正在缓刑考验期间，Z接受他人请托，将应该作为犯罪处理的案件，降格为治安案件，仅对L作出行政拘留十日并处罚款500元的处罚，且没有将治安处罚情况告知司法行政部门，导致L的缓刑未被撤销。该案件法院以徇私枉法罪对Z作出了有罪判决，判处有期徒刑二年。

【问题】本案中Z对犯罪嫌疑人涉嫌妨害公务罪的行为降格处理，仅对L作出行政拘留十日的治安处罚，且没有将治安处罚的情况通知司法行政机关，导致L因超过追诉期限而没有受到处罚，同时又逃避收监执行。但判决只是认定Z对明知有罪的人故意包庇不使他受追诉，构成徇私枉法罪，而没有评价未将治安处罚情况通知社区矫正机关的行为。如何看待Z的后一行为，本案以Z同时构成徇私枉法罪与滥用职权罪数罪并罚，还是以徇私枉法情节严重评价Z的行为更为合适？

【解析】笔者认为，本案中认定Z的行为构成徇私枉法罪是正确的，但是需要进一步说明认定的理由，进而避免遗漏罪行，造成相似情况的处罚漏洞。

第一，根据刑法第七十七条第二款的规定，被宣告缓刑的犯罪分子，在缓刑考验期限内，违反法律、行政法规或者国务院有关部门关于缓刑的监督管理规定，或者违反人民法院判决中的禁止令，情节严重的，应当撤销缓刑，执行原判刑罚。本案中，Z除徇私枉法行为外，还没有将行政处罚情况告知司法行政机关，可能导致应被依法收监执行的罪犯没有收监执行，对于该行为需要单独评价。

第二，没有将治安处罚情况告知司法行政机关的行为，违反了公安民警的相关职责。根据社区矫正法第二十六条第一款"社区矫正机构应当了解掌握社区矫正对象的活动情况和行为表现。社区矫正机构可以通过通信联络、信息化核查、实地查访等方式核实有关情况，有关单位和个人应当予以配合"，第三十二条"社区矫正对象有被依法决定拘留、强制隔离戒毒、采取刑事强制措施等限制人身自由情形的，有关机关应当及时通知社区矫正机构"以及治安管理处罚法第九十五条"治安案件调查结束后，公安机关应当根据不同情况，分别作出以下处理……（四）发现违反治安管理行为人有其他违法行为的，在对违反治安管理行为作出处罚决定的同时，通知有关行政主管部门处理"的规定，本案中Z有职责将罪犯受到行政拘留治安处罚情况，告知司法行政机关，但其没有履行该职责，存在渎职行为。

第三，没有收监的结果，属于"其他致使公共财产、国家和人民利益遭受重大损失的情形"，应当作为滥用职权行为造成的重大损失。从体系化解释的角度出发，当某种结果是具体的渎职犯罪所要禁止、避免的结果时，这一结果同样也是滥用职权罪所要禁止、避免的。根据《司法解释（一）》第二条第二款"国家机关工作人员滥用职权或者玩忽职守，因不具备徇私舞弊等情形，不符合刑法分则第九章第三百九十八条至第四百一十九条的规定，但依法构成第三百九十七条规定的犯罪的，以滥用职权罪或者玩忽职守罪定罪处罚"的规定，当出现第三百九十八条至第四百一十九条规定的具体渎职行为和结果，但不具有徇私舞弊情节时，可以认定为滥用职权罪或者玩忽职守罪，那么，只要应该收监而没有收监的结果，是具体渎职犯罪所要避免的结果，或者与具体渎职犯罪所要避免的结果性质相同、严重程度一致，就可以解释为《司法解释（一）》中"其他致使公共财产、国家和人民利益遭受重大损失的情形"。笔者认为，应当撤销缓刑收监执行而未撤销缓刑收监执行的结果，与不应当暂予监外执行而予以监外执行或者应当撤销暂予监外执行而没有撤销的情况违法程度一致,既然后者是徇私舞弊暂予监外执行罪所要避免的结果,与其性质一致的前者,也是滥用职权罪的重大损失,所以,Z也涉嫌滥用职权罪。

从本案看,Z基于包庇罪犯的故意,实施了数个违反职责的行为,最终评价为一个徇私枉法罪并不能全面评价所有犯罪行为。从这个案件中,我们也可以看出,全面、准确地认定渎职犯罪的关键在于正确把握国家机关工作人员的职责,以违反职责的数量作为评价渎职行为数量的依据,只有这样才能既不遗漏犯罪行为,又避免对行为人的重复评价、重复处罚。

50 为帮助吸毒人员逃避强制隔离戒毒,虚构刑事案件的行为如何定性

【案情】S系某公安分局禁毒大队教导员。2016年,X因吸毒被处以强制隔离戒毒二年,X的父母为让X逃避强制隔离戒毒,向S行贿9万元。S遂授意他人伪装被害人,报假案编造X诈骗1万元事实,以X涉嫌犯罪为由外提出所,提前解除强制隔离戒毒。

【问题】本案是较为典型的渎职犯罪类型。争议在于S应当构成何罪,从事实来看,S明知X没有犯罪事实,故意使其受追诉,应当构成刑法第三百九十九条规定的徇私枉法罪。但实践中有观点认为,2006年《立案标准》中徇私枉法罪的第一款是:对明知是没有犯罪事实或者其他依法不应当追究刑事责任的人,采取伪造、隐匿、毁灭证据或者其他隐瞒事实、违反法律的手段,以追究刑事责任为目的立案、侦查、起诉、审判的。S的犯罪目的是帮助X逃避强制隔离戒毒而非追究刑事责任,因此只能构成滥用职权罪。

【解析】我们评价一个行为是否构成犯罪,应当通过刑法原文来观察,

刑法第三百九十九条对徇私枉法罪的表述是：司法工作人员徇私枉法、徇情枉法，对明知是无罪的人而使他受追诉、对明知是有罪的人而故意包庇不使他受追诉，或者在刑事审判活动中故意违背事实和法律作枉法裁判的。只要司法工作人员明知是有罪的人而不立案、侦查、起诉、审判，或者明知是无罪的人而立案、侦查、起诉、审判的就具有徇私枉法的故意，并不以特定的犯罪目的为构成要件。如果从刑法原文的角度来把握，S应当构成徇私枉法罪。因此，当司法工作人员虚构事实伪造证据，对无罪的人立案侦查，已经具有枉法行为和故意，当具有徇私情节时，构成徇私枉法罪。而且《立案标准》作为司法解释，是对实践中常见的应予追诉情形及模糊问题进行归纳，如徇私枉法罪立案标准相比刑法原文更为详细地描述了徇私枉法行为的类型，如伪造、隐匿、毁灭证据以及应当采取强制措施而不采取强制措施，或者虽然采取强制措施，但中断侦查或者超过法定期限不采取任何措施，实际放任不管，以及违法撤销、变更强制措施等，也明确了"追诉"的范围，不仅涵盖立案、侦查、起诉、审判诉讼阶段，也包括采取强制措施活动。司法解释是沟通立法与司法的桥梁，而非对刑法原文的再定义。更何况《立案标准》为了避免归纳得不周延，设置了"其他徇私枉法应予追究刑事责任的情形"作为"兜底条款"。因此，该司法解释规定"涉嫌下列情形之一的，应予立案"，不意味着只有下列情形才能立案，除此之外就不能立案，而是在提示司法人员，当实践中出现的情形在违法与责任程度上达到甚至超过了司法解释规定的情形时，同样应该立案。徇私枉法罪所侵害的客体是司法机关的正常活动，行为人不论出于何种目的追诉无罪的人，对客体的侵害别无二致。因此，本案适用徇私枉法罪并无不妥，最终S也被人民法院以徇私枉法罪定罪处罚。

51 派出所民警受人之托，违法出具调取证据通知书，帮助犯罪分子将犯罪证据调取后藏匿，如何定罪

【案情】L系某派出所所长。2017年，C因为伪造承兑汇票被银行发现，C为逃避司法机关追究，通过关系找到L，以10万元感谢费为条件，请托L将两张票据从银行调回。L利用调取证据文书，从银行调取两张伪造的票据后藏匿，帮助C逃避追诉。

【问题】徇私枉法罪的主体是司法工作人员，根据刑法第九十四条之规定，司法工作人员是指具有侦查、检察、审判、监管职责的工作人员。目前主流的观点认为，评价是否具有上述职责不能唯身份论，而是要放在具体事件中观察。从案情来分析，C伪造承兑汇票刚刚被发现，公安机关还没有接到报案，L在此时能否视为具有侦查职责？另外，徇私枉法罪通常表现为办案人员有案不立、压案不查，而本案则是隐匿证据帮助嫌疑人逃避追诉，似乎与包庇、帮助伪造、毁灭证据行为界限不清。但这并不是问题的关键，因为如果能够认定民警的行为构成徇私枉法罪，即便同时符合包庇罪或帮助毁灭、伪造证据罪的犯罪构成，根据想象竞合择一重罪处罚也应当构成徇私枉法罪。所以，问题的关键，一是派出所所长对本案是否具有侦查职责，二是这类客观行为能否评价为徇私枉法。

【解析】关于L是否具有侦查职责的问题。笔者认为，侦查职责的产生，并不以接到报案为前提。根据刑事诉讼法的规定，公安机关或者人民检察院发现犯罪事实或者犯罪嫌疑人，应当按照管辖范围，立案侦查。可见公安机关对自行发现的犯罪事实或犯罪嫌疑人，同样具有侦查职能。即便不属于本单位辖区，根据《公安机关办理刑事案件程序规定》第一百七十五条之规定，经过审查，认为有犯罪事实，但不属于自己管辖的案件，应当立即报

经县级以上公安机关负责人批准,制作移送案件通知书,在二十四小时以内移送有管辖权的机关处理。由此可以得出,派出所所长 L,符合徇私枉法罪的主体,在得知 C 伪造承兑汇票时,即产生了对 C 进行刑事追诉的义务。即使没有后续帮助藏匿证据的行为,仅凭 L 接受请托后有案不立、有罪不查这一事实,也能构成徇私枉法罪,更何况还有藏匿证据的行为。虽然 L 调取证据从表面看来似乎是在"追诉"犯罪,但我们评价渎职行为不能只见表现,更要关注实质。与一般的调查取证行为不同,L 调取证据的目的是防止其他办案机关、办案人员获取有罪证据,而自己掌握证据后继续有罪不纠,以达到帮助 C 逃避司法机关追诉的目的。符合 2006 年《立案标准》中徇私枉法罪第二款之规定:对明知是有犯罪事实需要追究刑事责任的人,采取伪造、隐匿、毁灭证据或者其他隐瞒事实、违反法律的手段,故意包庇使其不受立案、侦查、起诉、审判的。因此,应当以徇私枉法罪追究刑事责任。最终人民法院以徇私枉法罪判处 L 有期徒刑一年。

52 "徇私"动机在认定徇私枉法罪时的作用

【案情】D 系某县公安局政工部副主任,在办理 L 故意伤害 Y 案件过程中,组织 L 与 Y 达成调解,Y 拒绝后,D 使用手铐将 Y 锁在公安局扣留,Y 迫于压力同意调解结案。同日,D 收受 L 方馈赠的一条香烟。

【问题】本案的事实部分较为清晰,问题在于徇私情节的认定。D 在事后收受 L 馈赠的香烟,是否能认定为具有徇私情节?犯罪嫌疑人到案后,辩称自己认为 L 的犯罪情节显著轻微,所以调解结案,没有进行刑事追诉。辩护人也提出本案证明 D 为徇私利的证据不足。如何看待这些辩解?进一步引申,是不是存在收受好处的行为,即可作为徇私枉法罪的"徇私"情节?

【解析】徇私枉法罪不是"徇私"与"枉法"的简单组合。在研究本罪过程中，不能将"徇私"与"枉法"二者相割裂，认为兼具"私情私利"与"违法办案"事实，即可适用徇私枉法罪。这种观念的本质是把"徇私"误解为客观要件，而按照通说"徇私"是犯罪动机，是促使实施犯罪行为的内心起因。例如，A 与 B 是朋友关系，A 在办理 B 案件的过程中错误适用法律，导致 B 逃避追诉。A 同时符合"私情"与"违法办案"两大要素，但我们仍然需要观察，A 是基于徇"私情"的动机而实施"违法办案"行为，还是仅仅因为能力不足、办案水平不高。如果是后者，则应适用玩忽职守罪或者仅仅作为司法错案处理。当然，我们支持推定徇私的方法，如果查明 A 完全知道类案应该如何办理，或者正确处理过类似案件，但唯独处理 B 时错误适用了法律，结合 A 与 B 是朋友关系的客观事实，可以推定 A 是基于私情而枉法，从而适用徇私枉法罪。但在本案中，D 是在实施枉法行为后收受一条香烟，事后行为不足以反映事发时的犯罪动机，也没有证据证明 L 与 D 事前约定好处。办案部门在事实认定和证据方面确有不足之处，主要问题是没有查明 D 的作案动机，没有甄别 D 是故意侵害司法公正还是因为法律理解不到位、执法行为粗暴导致的错案。虽然从常理推断，本案中 D 的"调解"行为十分积极，为此不惜滥用警械，一再对被害人施加压力，应当存在深层次的内心起因，但推理不能替代证据。即便推定徇私动机，也应当有具体的指向，明确是为了朋友关系、领导面子还是收受贿赂，仅仅根据一条香烟，很难信服于人。办理此类案件，不仅仅要查明存在利益、人情往来，更要注意与枉法行为之间建立联系，只有基于利益、人情而实施枉法行为的，才能适用徇私枉法罪。

53 徇私情私利违规返还扣押财物的行为如何定性

【案情】K 系某市公安局巡警支队大队长，2014 年 K 在办理一起组织、领导传销活动案件过程中，接受嫌疑人亲属 110 万元人民币，包庇犯罪嫌疑人 D、Z、X 等不移送审查起诉。办案期间，犯罪嫌疑人 W、X 为要回扣押车辆，分别给予 K 10 万元、25 万元人民币，K 遂将扣押的车辆返还亲属。

【问题】本案中，K 包庇犯罪嫌疑人不受刑事追诉，构成徇私枉法罪无疑。但人民法院将 K 返还嫌疑人被扣押车辆的行为也评价为徇私枉法事实，可能引发一定的争议。

【解析】徇私枉法罪是指司法工作人员徇私枉法、徇情枉法，或者在刑事审判活动中故意违背事实和法律作枉法裁判的行为。因此，这一问题的关键在于返还的车辆的性质，这辆车是不是证明 W、X 涉嫌犯罪的证据，是 W、X 违法所得还是 W、X 的个人财产。如果是涉嫌犯罪证据，那么将犯罪证据返还给犯罪嫌疑人意味着有隐匿、毁灭证据行为，可以构成徇私枉法罪；如果车辆是违法所得，那么将违法所得退还家属的行为应属于滥用职权罪，但能否构成犯罪关键还要看是否造成了"重大损失"，若嫌疑人的财产足以支付罚金和赔偿被害人损失，则不能作为犯罪处理，若返还家属后，财产被转移导致无法支付罚金和赔偿被害人损失，差额达到"重大损失"的，构成滥用职权罪，兼有徇私舞弊情形的，应加重处罚；如果 W、X 被扣押的是个人合法资产，返还是 K 的应尽之责，本身不构成犯罪，只有收受贿赂的行为成立受贿罪。

54 如何认定徇私枉法罪中"有罪的人"

【案情】民警 H 在执行查处酒驾任务时，查获一名涉嫌醉酒驾驶的司机 Q，现场呼气式酒精含量检测结果显示为醉驾。H 安排同事将 Q 带至医院提取血样（第一次）。Q 通过社会关系找到 H，请求 H 想办法从轻处理。H 接受请托，安排他人将第一次的血样丢弃，在事发 4 小时后再次提取 Q 的血样，封存后送检。经鉴定，送检的第二次血样酒精含量为 78.5 毫克/100 毫升。人民检察院依据检测结果对Q作相对不起诉处理。

【问题】徇私枉法罪的罪状是"司法工作人员徇私枉法、徇情枉法,对明知是无罪的人而使他受追诉、对明知是有罪的人而故意包庇不使他受追诉,或者在刑事审判活动中故意违背事实和法律作枉法裁判的行为"。2006年《立案标准》进一步将"轻罪重处理""重罪轻处理"纳入徇私枉法罪的范围。然而,根据刑事诉讼法第十二条之规定,未经人民法院依法判决,对任何人都不得确定有罪。本案中,Q被人民检察院作出相对不起诉处理。既然如此,H的行为是否属于"对明知是有罪的人而故意包庇不使他受追诉"或者"使罪重的人受较轻的追诉"?除相对不起诉外,实践中还有很多因证据不足导致无法追诉的案例,如故意伤害案件时隔久远,无法作出伤情鉴定的,酒驾血样被彻底销毁,无法还原案发时酒精含量的,客观上已不可能判决有罪。对于此类案件可否认定"重罪轻判"?

【解析】正如刑法中"犯罪分子"的称谓,公认不仅包含罪犯,有时还指犯罪嫌疑人和被告人。基于同样的道理,徇私枉法罪罪状中"有罪的人"指的是有犯罪嫌疑的人而非确认有罪的人,这一点曾经有所争议,但越来越趋于共识。本罪"有罪的人"指的是有犯罪嫌疑的人。当然,所谓有犯罪嫌疑,也不能停留在推理或猜测,需要一定证据支持。本案中,H对Q呼吸检测后,已能初步判断Q是醉酒驾驶机动车,涉嫌危险驾驶罪,正是由于H伪造、销毁证据的行为,才导致Q得以逃避刑事处罚,不影响徇私枉法罪的成立。本案案情相对简单,走出个案,我们认为实践中判断"有罪的人"可以分以下两种情况讨论。

(一)事后被确定有罪

事后被确定有罪当然是证明犯罪结果的最有力证据。不过,所谓"有罪的人"并不仅仅要求有犯罪结果,还要求行为人对此有认识。事后被确定有罪,只能满足前者,还需要解决主观层面的问题。不能仅凭事后的客观结果去推定事前的主观认识。可以通过以下几个角度观察：（1）按照事发时已有的证据，以司法工作人员的常识能否判断出包庇对象有犯罪嫌疑。至于这种嫌疑达到什么程度，我们很难给出一个量化的标准。不过并不需要达到足以移送起诉或者定罪量刑的程度，一般而言，至少要略高于应当立案侦查的程度。（2）行为人是否接受过原案嫌疑人及亲友希望从轻、减轻或逃避处罚的请托，如果有，则一般应当认识到存在犯罪嫌疑。（3）对比行为人经办的其他案件，案情相近的，有没有列为犯罪嫌疑人。总体而言，只要排除了认识水平不足的因素，事后被判有罪的，通常可以认为符合罪状"有罪的人"。

（二）事后无法被判有罪

这种情况相对复杂，如果枉法事实不存在，渎职行为也就无从谈起。关键是查明无法被判有罪的原因，大致可分为四类：（1）已查明不存在犯罪事实；（2）还原全案证据后发现事实存疑；（3）全案事实清楚，但因超过时效等原因无法追诉；（4）关键证据灭失，全案证据不足。前两种情况应当认定为不存在枉法事实，即使行为人有包庇意图、实施了包庇行为，但因为没有客观有罪事实，不能主观归罪。当然，如果行为人没有包庇故意，是基于相信嫌疑人无罪才帮助其逃避追诉的，也不能构成犯罪。第三种情况则不影响徇私枉法罪成立，并不存在争议。至于第四种情况，从理论上讲，因渎职行为导致关键证据灭失的，不影响定罪。但在实践中要具体情况具体分析，要明确关键证据的内容，如行为人将书证、物证毁灭的，需要有旁证，如证言证明被销毁的证据具体是什么、是无罪证据还是有罪证据。如果是据以定罪的证据被行为人销毁，可以构成徇私枉法罪。如果是被隐藏、毁灭作用待定的证据，如还未作出伤情鉴定、血液酒精含量检测等，工作将更为烦琐。这种情况也是工作中较为常见的，如以调解处理故意伤害类案件，不给被害人作鉴定的；还有抓获酒驾嫌疑人后调换血样的。则需要考虑以下几方面因素：（1）有条件鉴定的，要补充鉴定，这通常限于伤情、财产损失鉴定，即使多年后鉴定无法准确还原损害的成因、程度，至少能够印证犯罪结果存在。但是像血检、尿检一般是难以还原的。（2）询（讯）问原案经办人或鉴定人员，对案情作出专业判断。例如，伤害案件，即便没有作出鉴定，很多情况下根据办案人员的常识，也能初步判断出是否构成轻、重伤。（3）询（讯）问原案犯罪嫌疑人、被害人、证人，是否存在涉嫌犯罪事实等。

55 如何理解徇私枉法情节严重的情形

【案情】某县检察院在办理Z聚众斗殴案件过程中，该院检察长H经人介绍认识Z，并受Z请托，答应帮助Z从轻处理。其后，在某县检察院检委会多数意见同意对Z提起公诉的情况下，H违反规定，决定采纳少数无罪观点，最终对Z作出存疑不起诉。其后，Z组织、领导的黑社会性质组织在某县及其周边地区实施违法活动，长期未被打击处理，致使当地市场经济和社会生活秩序遭到严重破坏，侵害了公民的合法权益。法院认定H的行为构成徇私枉法罪，同时"情节严重"，判处H有期徒刑七年。

【问题】目前，司法解释仅对滥用职权罪和玩忽职守罪适用加重法定刑的情节作出了规定，而对包括徇私枉法罪在内的大多数渎职犯罪适用加重法定刑的情节没有作出规定，这就导致司法实践对"情节严重""情节特别严重"把握不准，也较少适用加重法定刑情节，一定程度上导致渎职犯罪罪责刑不统一。那么，应该如何理解适用加重法定刑的情节呢？我们就以徇私枉法罪为例，对此问题进行研究。

【解析】由于目前尚没有司法解释对哪些情节属于徇私枉法罪的加重处罚情节作出规定，因此，司法实践中因为徇私枉法有"情节严重""情节特别严重"而适用加重法定刑的案件相对较少。出现这一情况，从司法工作人员的角度看，可以将原因归结于司法解释的缺位，但是从对法律的理解和适用的角度而言，刑法规定并非只有依赖于司法解释才能具有效力，法律的理解与适用是司法人员充分释法说理能动履职的过程，甚至可以说，只有司法实践积累足够的实践素材，司法解释的制定才有根据，而不至于"闭门造车"，导致司法解释与实践情况脱节。因此，完全依赖于司法解释才会适用法律，在一定程度上反映了司法人员解释法律、适用法律的能力仍需要提升。此处，我们结合司法实践案例，对徇私枉法罪加重处罚情节进行分析研究，希望能够启发司法实践对此问题的探索。当然，我们的研究，仍然是基于现有实践样本展开的，视角仅集中在本案中"放纵犯罪"的徇私枉法行为，而对于其他类型的徇私枉法行为，将来随着实践样态的不断充实而不断完善丰富。

按照罪责刑相统一的要求，刑罚的轻重由罪责轻重决定，而责（责任）即非难可能性，是对罪即不法行为的非难，非难的有无及程度，又取决于行为的违法性。换言之，如果行为的客观违法程度较低，就不能以行为人的主观恶性大、目的卑劣等理由，而认为行为人更值得非难，从而适用加重处罚情节。如果承认上述观点，那么，徇私枉法罪"情节严重""情节特别严重"实质就是影响"罪"的严重程度的情节，即由于某种客观事实的出现，导致徇私枉法罪的违法性程度增加。而违法性的本质是法益侵害，违法性的增加也就意味着法益侵害程度增加，如此理解，已经划定了可以被视为"情节严重""情节特别严重"情形的基本框架，剩下的就是通过这一框架，对实践发生的案件进行"筛选"，"过滤"出符合条件的加重情形。

以本案为例，徇私枉法行为构成犯罪，同时又造成其他犯罪的，这一犯罪结果的出现，客观上增加了徇私枉法行为的违法程度。因为只有具有严重社会危险性的行为才能构成犯罪，而当徇私枉法行为不仅放纵了已有犯罪，又导致再犯新罪，将再犯新罪的法益侵害结果归责于徇私枉法行为，升高徇私枉法行为的违法性，从而加重对徇私枉法行为的处罚就具有合理性，这也是本案的裁判逻辑。当然，后罪的违法性越重，或者说后罪被判处的刑罚越重，导致徇私枉法罪的违法性也就越重，可能适用"情节特别严重"的情形。例如，后罪是故意杀人与后罪是盗窃，徇私枉法罪的违法性一定是存在差异的。另外，徇私枉法的次数、涉及的人数也能够反映徇私枉法行为对法益侵害的程度，相应地，多次或者对多人实施徇私枉法行为，也可能适用"情节严重""情节特别严重"。

56 法官徇私利，在法定刑幅度内判处刑罚，是否构成徇私枉法罪

【案情】G因涉嫌故意伤害罪被起诉至某法院，该案件由法官H担任审判长，因受到他人请托，H在该案件的多个情节中，均对G从轻量刑。最终G被判处有期徒刑一年八个月。本案检察机关以H涉嫌徇私枉法罪立案侦查并提起公诉，法院最终以H构成徇私枉法罪作出有罪判决。

【问题】从"前案"G故意伤害罪的判决情况看，G的行为按照刑法规定，应当在三年以下有期徒刑、拘役或者管制的幅度内量刑。H受人请托，判处G一年八个月有期徒刑，没有超越法定量刑幅度。本案中H的辩护人也提出，在G涉嫌犯罪案件中，不存在重罪轻判的情形。而检察机关在（询）讯问H及合议庭其他法官时，均证实"这个案件如果按正常情况会判两年六个月。最后判了一年八个月，轻判了将近一年"。但是，无论是两年六个月的刑期还是一年八个月的刑期，均在法官量刑自由裁量权的范围之内，在这种情况下，以徇私枉法罪等相关渎职犯罪追究法官滥用自由裁量权行为刑事责任，应该注意哪些方面呢？

【解析】按照笔者的观点，所谓的"自由裁量权"规定并非法律授权，司法工作人员可以履行职责也可以不履行职责，或者如何履行职责由司法工

作人员自行决定，相反，由于客观情况复杂多变，难以事先通过法律规定一个明确标准，只能授权司法工作人员在具体情况下，发挥主观能动性，选择最优做法。这样理解，在追究滥用自由裁量权行为刑事责任时，必须首先确定一个"最优做法"，而对于追究滥用量刑裁量权行为的刑事责任，标准刑期的确定同样是关键。笔者认为，标准刑期的确定，应该区分两种不同情况。

第一，存在规范标准的，以规范标准确定标准刑期。这里又包括两种情况。一是刑法规定了多个量刑幅度时，超越法定量刑幅度量刑的，包括重罪轻判、轻罪重判。例如，受贿40万元，根据刑法和相关司法解释，应该在三年以上十年以下有期徒刑幅度内量刑。如果在没有减轻处罚情节而判处三年以下有期徒刑，或者判处十年以上有期徒刑，均属于超越法定量刑幅度量刑的情况。二是不符合量刑规范化指导意见的情况。

第二，与上述具有规范标准的情况不同，在规范标准幅度之内量刑，如何确定标准刑期，进而追究司法工作人员徇私枉法罪的刑事责任呢？笔者认为，此时应该以涉案司法工作人员同类的一般司法人员的客观标准确定标准刑期。具体而言，通过比较涉案司法工作人员办理的同类案件、同一法院其他司法人员办理的同类案件的刑期，确定一个合理的标准刑期。我们从上述案例中能够发现，人民法院认定H构成徇私枉法罪，也是基于同样的理由，采取同样的判断逻辑。即通过侦查取证，确定标准刑期，当实际判处的刑罚低于该刑期时，即使仍然处于量刑裁量幅度之内，仍认为存在枉法行为，当H也明知实际判处的刑期低于标准刑期时，可认定其构成徇私枉法罪。

57 罚款后将涉嫌刑事犯罪的案件降格为治安案件,将罚款上交单位"小金库"的行为是否构成徇私枉法中的"徇私"

【案情1】某派出所所长M在对辖区内存在违法经营的场所和人员进行查处时,采取收取罚款的方式,将追究刑事责任的案件降格为治安案件处理。罚款作为某派出所"小金库",由所长M支配和使用。法院判决M构成徇私枉法罪。

【案情2】某派出所辖区内发生了多起刑事案件,该派出所所长L为了避免刑事案件发案率过高影响派出所考评,将本应作为刑事案件处理的案件降格为治安案件。本案法院判决L构成徇私枉法罪。

【问题】有的观点认为,徇私枉法罪中的"徇私"指的是徇私情、私利,所谓"私情""私利"指的是个人之私,即司法工作人员为了个人情谊、利益而枉法,如果不是为了个人利益,而是为了"单位"利益,则不属于徇"私",不构成徇私枉法罪。这种观点具有一定的代表性,一定程度上影响着相关案件的认定。但是,为什么徇私枉法罪中"徇私"只能是个人情谊、利益,而不能是所谓的单位之私呢?徇单位之私与徇个人之私二者之间在社会危害性上是否存在明显差异,以至于后者可以构成犯罪而前者无法构成犯罪,还是由于"私"的表述只能解释为个人,将单位利益解释为"私"的内容违反了罪刑法定原则?这些问题都是我们正确理解徇"单位"之私是否构成徇私枉法罪的关键。

【解析】笔者认为,无论徇个人之私,还是徇所谓"单位"之私,都属于徇私枉法罪的徇私,没有必要也没有理由将徇私枉法罪的徇私限定为所谓"徇个人之私",理由如下。

首先,从文义解释分析,与徇私有关的"私"在与"公"相对的意义上可以理解为属于个人的或为个人之意。而"公"在与"私"相对的意义上则指属于国家或集体的。可见,"私"是与"公"相对而言的,也就是说只要不是"为公",就可以认为是徇私。徇私枉法罪保护的法益是公共利益、国家利益,而不是指单位利益。与国家利益相比,任何单位的利益仍然是私利。因此,即使对"私"做形式理解,也没有必要将"私"限定为个人之私,完全可以在与国家利益相对的意义上,将徇"单位"之私也认定为徇私。

其次,沿着本罪保护的法益进一步分析,为了单位的利益枉法与为了个人的私利枉法,对于国家利益的侵害是否具有刑法意义上的明显差异,以至于二者之间存在罪与非罪的差别?其实如果从被侵害的国家利益角度观察,无论出于何种原因,司法工作人员故意枉法对本罪的法益侵害程度都是相同的,不可能认为为了个人利益枉法比为了单位利益枉法,对国家法律的公平、公正执行侵害程度更重,或者说为了单位利益枉法情有可原。这种说法和立场,其实是将单位小团体的利益凌驾于国家利益、公共利益之上,必须予以坚决制止,甚至可以认为,徇"单位"之私而枉法的行为更加具有预防必要性,更应该构成徇私枉法罪。

最后,有些所谓的徇"单位"之私,不过是徇个人之私的借口、托词而已,如【案情1】中,所长的动机是支配、使用"小金库"的资金,而【案情2】则是追求个人政绩,都是"私念"而非"公心"。

因此,基于上述理由,笔者同意【案情1】【案情2】的判决结论,认为徇"单位"之私,也构成徇私枉法罪。

58 按照上级指示故意包庇犯罪嫌疑人的行为是否构成徇私枉法罪

【案情】2014年9月30日晚,Z等对某公司项目部实施打砸。案发后,时任某派出所警务二队队长 D 带领民警出警到达现场，对现场进行勘验，并制作了笔录。该案作为行政案件受案后，案件承办人 D 听从所长 W 的指示，未对案件开展实质性的调查工作，在被害方已提供工程预算书、围挡广告制作结算清单等报损材料，证明涉案被损毁财物价值远超刑事立案标准的情况下，仍未按照规定对被损财物的价值进行鉴定，致使 Z 等人的故意损害财物行为得不到及时查处与刑事追究。直至 2018 年 9 月，因扫黑除恶专项斗争活动，该案才得以刑事立案侦查。法院最终认定 D 构成徇私枉法罪。

【问题】通常认为"徇私"枉法，指的是徇私情、私利，而对于按照上级指示是否能够认定为徇私枉法罪中的徇私动机，实践中存在争议。从本案的判决书认定的事实分析，法院认定 D 的徇私情节是"听从某派出所所长 W 的指示"，那么，是否可以将上级指示作为徇私情节呢？

【解析】笔者同意本案法院的观点和最终认定 D 构成徇私枉法罪的判决，并认为"徇私"枉法不仅包括收受好处、意图谋取个人利益等私情、私利，执行上级明显违法的指示，也属于"徇私"动机，理由如下。

第一，有学者指出，之所以徇私枉法罪要求枉法行为必须基于"徇私"动机，目的是将过失造成的错误追诉情形排除在徇私枉法罪之外，换言之，"刑法要求'徇私枉法''徇情枉法'，旨在将司法工作人员因法律水平不高、事实掌握不全而过失造成的错判排除在本罪之外。因此，只要排除了因为法律水平不高、事实掌握不全而过失造成错判，一般便可以认定为'徇私枉法''徇情枉法'"。[①] 如此理解徇私情节，徇私只是表示故意枉法。因此，可以认为这是徇私情节的最大范围，那么，不论是上级领导指示，还是基于其他理由，只要明知行为枉法仍有意为之，都可以构成徇私枉法。这种观点具有相当的合理性。

第二，司法实践并没有完全采用上述最大范围认定的徇私的观点，有观

---

① 张明楷：《刑法学》，法律出版社 2003 年版，第 949 页。

点认为，徇私只能是基于为个人谋取私情、私利，甚至狭义地将"私"理解为，财物、职位、荣誉等能给行为人带来现实满足感、获得感的"好处"，执行上级指示当然不属于徇私动机了。但是如此理解，过分限制了徇私枉法罪的处罚范围，导致大量"听命"枉法的行为得不到应有的惩罚，而这类行为同样具有严重的社会危害性，严重侵害了司法活动的公平、公正，具有动用刑法处罚的必要。所以，不能不当解释刑法规定，人为造成处罚漏洞。

第三，笔者提倡适当放宽徇私情节的内容，但同时考虑到现阶段将徇私等同于谋取利益的观点在实践中仍然很普遍，笔者按照实践观点理解"按照上级指示"中的"徇私"。其实，只要不将"徇私"狭义地理解为谋取个人利益，"按照上级指示"同样也可以解释为徇私情、私利。之所以"按照上级指示"是否能够认定为徇私存在争议，主要由于将"上级指示"错误地理解为正常的工作关系，进而认为下级执行上级决定、命令是下级履职的当然要求，特别是人民警察法第三十二条还规定："人民警察必须执行上级的决定和命令。人民警察认为决定和命令有错误的，可以按照规定提出意见，但不得中止或者改变决定和命令的执行；提出的意见不被采纳时，必须服从决定和命令；执行决定和命令的后果由作出决定和命令的上级负责"。但是，这种理解首先在前提设定上就已经出现错误。虽然下级执行上级指示、命令，是正常的工作要求，但是下级执行上级违法的指示、命令，并不是正常的工作要求，任何上级均无职权要求下级违法履职。因此，人民警察法在第三十二条之后，紧接着规定："人民警察对超越法律、法规规定的人民警察职责范围的指令，有权拒绝执行，并同时向上级机关报告。"可见，执行上级违法指示已经超出了工作关系，并非"因公枉法"，实质上仍然是为了个人利益，不愿意冒犯、得罪上级，或者碍于领导情面等，本质仍是徇私情、私利，可以构成徇私枉法罪。

59 "恻隐"是否属于徇私枉法中的徇私情节

【案情】2018年冬天的一天，某派出所所长W带领民警下乡返回派出所途中，发现两名可疑人员携带枪支，遂开展抓捕行动。其中一名可疑人员M在逃跑时将枪支扔向地面，枪支击发打伤W右脚脚趾。两名嫌疑人到案后，M的父亲主动赔偿W 2万元作为医疗费及相关损失，随后W将M释放，并再未对该案件立案侦查。检察机关以W涉嫌徇私枉法罪立案侦查，W辩称其事后没有立案办理是因为考虑到伤人者系家里唯一的劳动力，是唯一的经济来源，同样出身农村的W动了"恻隐"之心，在情理和法律面前作出了错误的选择。法院则认为，W在侦查涉嫌非法持有枪支案的工作中，作为司法机关工作人员应当严格按照法律规定履行法定职责，但却作为受害者收到M家属的所谓赔偿金后对M动了"恻隐"之心而怠于职守，徇私枉法动机明显，最终认定W构成徇私枉法罪。

【问题】本案的焦点在于"恻隐"是否属于徇私动机，由于动机属于内心主观要素，行为人是否出于"恻隐"或者其他原因而故意枉法，很难通过客观证据证明，这就导致在无法查明收受好处、谋取利益时，行为人辩解出于"恻隐""同情"甚至"泄愤"等动机而枉法时，是否能够认定为徇私枉法。这与"按照上级指示"枉法的情况又有不同，在基于"恻隐""同情""泄愤"动机枉法的情况中，行为人获得的是心理的满足，而非外在领导的关照、帮助等，这种心理的满足是否属于"徇私"枉法呢？

【解析】前文介绍了刑法理论界对徇私动机的观点，如果按照最大范围的徇私标准，将徇私理解为故意枉法的同位语，那么，无论出于什么理由而故意枉法，都可以认定为徇私枉法。当然，基于"恻隐""同情""泄愤"等主观动机而枉法，也具有徇私动机。

而如果采取最小范围的徇私标准,将徇私情、私利狭义地理解为,财物、职位、荣誉等能给行为带来现实满足感、获得感的"好处",那么,内心的满足难以客观化,无法认定为徇私情节。

笔者认为,基于内心满足的"恻隐""同情""泄愤"同样属于徇私动机,理由如下。一是徇私是枉法的动机和原因,作用在于将因为工作失误、水平能力不高等非故意的枉法行为排除刑罚处罚范围,从这一角度理解徇私,并不需要对徇私本身的内容进行过度的限制,也就是说"徇私"不是与"因公"相对应的,不存在"因公"枉法,无论出于何种理由,只要在某种动机之下,故意枉法,均构成徇私枉法。当然,这一观点属于最大范围的徇私观点,代表了徇私动机认定的方向。二是如果不将徇私动机狭义地理解为现实利益的获得,而认为内心情绪的满足对行为人而言同样也是一种精神利益的获得,那么,"恻隐""同情""泄愤"等都是主观情感的获得和宣泄,都是一种私情的满足,属于徇私动机。

从本案法院判决的观点看,并没有对"恻隐"满足了何种利益进一步论述,而直接认为"恻隐"就是一种徇私动机,可以认为其采用的就是最大范围的徇私观点,这种观点和做法代表了徇私动机认定的实践观点,具有很强的引领意义,为实践充分、全面认定徇私动机做了有益的尝试。

60 如何理解徇私枉法罪中司法工作人员的"刑事追诉职责"

【案情1】某派出所辅警W在协助抓捕犯罪嫌疑人时,因其中一名犯罪嫌疑人为其朋友,故在押解途中,将犯罪嫌疑人放走。

【案情2】Z为某派出所民警,明知派出所辖区内某洗浴中心的经营项目涉嫌违法犯罪,因徇私情,没有上报或者查处。

【问题】上述两个案件,人民法院均认为司法工作人员Z和W构成徇私枉法罪。在【案情2】的案件中，Z虽然是某派出所民警，但并不负责刑事案件的查办，洗浴中心也不在其具体分管的片区，辩护人据此提出，Z不具有刑事追诉职责，不构成徇私枉法罪的辩护意见，而审判机关认为，Z具有警察身份，洗浴中心又位于该派出所辖区内，该派出所所有民警均对洗浴中心的违法活动具有查禁职责，因此Z构成徇私枉法罪。可见，在该案件中如何理解徇私枉法罪中司法工作人员的"刑事追诉职责"成为关键环节。而在【案情1】的案例中，抓捕、押解犯罪嫌疑人是否属于"刑事追诉职责"，也有研究的必要。

【解析】徇私枉法罪是指司法工作人员徇私枉法、徇情枉法，对明知是无罪的人而使他受追诉、对明知是有罪的人而故意包庇不使他受追诉，或者在刑事审判活动中故意违背事实和法律作枉法裁判的行为。如果从文字的表面含义理解，该条并没有对司法工作人员的职责内容进行限制，这也就意味着在刑事案件的诉讼过程中，参与诉讼的所有司法工作人员均符合徇私枉法罪的主体要求。例如，【案情1】的案件中，负责抓捕、押解犯罪嫌疑人的司法工作人员私放在押人员的，也可以构成徇私枉法罪。这种观点实际上脱离了司法工作人员的职责内容认定枉法行为。

渎职犯罪是典型的义务犯，只有负有特定职责的人才能违反职责要求，构成渎职犯罪。对于特定职责的理解，包括两个方面的问题：职责的内容和职责的特定化程度，这两点也是认定徇私枉法罪时需要考虑的问题。笔者将结合具体案件分别进行分析研究。

第一，徇私枉法罪的职责内容。与所有渎职犯罪一样，徇私枉法罪是以行为违反"前置法"为必要条件的，即行为违反职责规范是构成徇私枉法罪的前提。但是，刑事案件从侦查、起诉、审判的全流程中，参与刑事诉讼的司法人员众多，职责内容也各不相同，是否只要参与刑事诉讼的司法工作人员违反职责的行为，都是徇私枉法犯罪行为呢？例如，审理案件的法官重罪轻判、轻罪重判的属于徇私枉法罪没有争议，而负责押解的司法警察私放被告人的，应认定为私放在押人员罪，而不能认定为徇私枉法罪。可见，并非参与刑事诉讼活动中的任何司法工作人员的渎职行为均能认定为徇私枉法罪，而是要结合每名司法工作人员的职责内容区别对待。这一点在办理公安机关工作人员涉嫌徇私枉法罪的案件中尤为重要。但是，由于侦查环节的职责相对复杂，明确区分也相对困难。例如，【案情1】中的W在抓捕过程中，私放犯罪嫌疑人的行为，应该与法官的枉法裁判行为作相同评价，还是与司法警察私放在押被告人作相同评价呢？笔者认为，徇私枉法罪的"前置"职责应该限定于刑事案件实质处分职责，即决定罪与非罪、轻罪重罪的职责，这一点不仅是区分审判阶段审判人员与司法警察渎职行为法律定性的关键因素，也是认定一切司法工作人员徇私枉法罪的关键。对于具体的徇私枉法行为，不论有案不立、压案不查或者对无罪的人立案侦查，其本质都是有罪变无罪，无罪变有罪。因此，只有具有法定刑事追诉职责的司法工作人员才能成为徇私枉法罪的主体。【案情1】中W的行为更宜认定为私放在押人员罪。

第二，应该在哪个层面把握刑事追诉职责，也是需要考虑的问题。对此张明楷教授认为，只有具体承办案件和指示、指挥承办案件的司法工作人员，才能成为本罪的正犯。[①] 换言之，刑事追诉职责并非从作为公安机关工作人员均有职责查处犯罪的一般角度理解，而是衡量具体案件中是否具有刑事追诉职责，只有具体的案件承办人，以及对具体案件的处置具有指示、指挥权的管理人员才能成为本罪的主体。之所以如此限制徇私枉法罪，是由于相对于滥用职权罪而言，徇私枉法罪处罚较重，如果将违反抽象的刑事追诉职责也作为本罪的"前置"职责，会导致刑罚轻重失衡。例如，A区的公安人员甲发现B区某场所存在组织卖淫犯罪行为没有上报，与负责该场所监管

---

① 张明楷：《刑法学（下）》，法律出版社2016年版，第1255页。

的公安人员乙发现场所组织卖淫行为没有查处，两种情况中，甲和乙查禁犯罪的职责要求是不同的，乙的违法性程度明显重于甲的违法性程度，如果将二者"一视同仁"，均评价为徇私枉法罪，在一定程度上，就导致徇私枉法罪成为刑事诉讼活动中，司法工作人员涉嫌渎职犯罪的"兜底条款"，模糊了滥用职权罪与徇私枉法罪的界限，造成刑罚轻重缺乏合理依据。因此，笔者认为具体把握徇私枉法罪的"前置"职责，将本罪主体限定为具体案件承办人、指挥指示人是合理的。

61 利用职务影响力干预案件查办，是否构成徇私枉法罪

【案情】L是某公安分局党委委员、副局长，但其并不分管侦查工作。某公安分局下设的某派出所在办理W涉嫌妨害公务犯罪案件时，L受他人请托，利用其职务影响力和压力，干预辖区内派出所办案，要求派出所将已经涉嫌犯罪的行为以调解方式结案，法院判决L构成徇私枉法罪。

【问题】《领导干部干预司法活动、插手具体案件处理的记录、通报和责任追究规定》《司法机关内部人员过问案件的记录和责任追究规定》（以下简称"两个规定"）的颁布，利用职务影响力"打招呼"干预司法办案的行为受到了更高程度的重视，干预过问案件行为得到有效遏止，一批相关案件得以查处。但是，在追究刑事法律责任的过程中，对于司法机关内部领导干预过问案件行为的定性却存在一定的争议。有的观点认为，应该认定为徇私枉法罪；而有的观点则认为，应该认定为滥用职权罪。从规范法律适用的角度来看，有必要对这一问题进行研究，为此类行为的认定提供参考借鉴。

【解析】渎职犯罪以行为违反职责为前提，除了滥用职权罪和玩忽职守罪以外，每一项渎职犯罪，都是根据不同的职责领域所进行的具体划分。因此，将滥用职权罪、玩忽职守罪作为兜底罪名，就是因为这两个罪名并没

有限制特定的适用领域。相对而言，徇私枉法罪的适用领域则更加具体、特定。徇私枉法罪限定于履行刑事案件侦查、检察、审判过程，主体必须是在该过程中具有相关职责的人员。

刑法作为所有部门法的后盾和保障，其所规制的并非单纯违反刑法的行为，而是因为行为对民商法或者行政法、经济法等"前置法"的违反达到了严重程度，单靠"前置法"难以有效规制，而需要动用最具有强制力、制裁方式最为严厉的刑法。"前置法"的内容决定了违反"前置法"行为的性质。[①] 这一观点同样适用于渎职犯罪。行为人违反的"前置法"内容不同，也决定了其涉嫌的具体渎职罪名不同。例如，徇私枉法罪与徇私舞弊不移交刑事案件罪。两者均包括对涉嫌犯罪的人给予包庇的情形，但前者违反的是刑事诉讼法和刑事实体法，侵犯的客体是司法机关的正常活动，而后者违反的是行政法律、法规，侵犯的客体是行政机关的行政管理、行政执法活动的适正执行。因此，两罪是截然不同的。同理，司法工作人员利用职务影响力插手、干预刑事案件的处理，构成何种犯罪，关键在于司法工作人员违反了什么职责。如果司法工作人员对刑事案件具有管理职权，如分管刑事案件的领导，利用其具有的决定权干预案件查办的，如果具有徇私情节，构成徇私枉法罪，因为此种情况，司法工作人员不是违反了不得干预过问案件的规定，而是违反了刑事案件办理、定性的刑事法律。徇私枉法罪的主体仅指具有具体查办和指挥案件职责的司法工作人员。[②] 而不具有刑事案件管理职权，也不可能违反刑事案件定性、处置的职责，其干预、过问案件的行为，违反的是防止干预司法"两个规定"等行政管理规定，结合具体情况宜认定为滥用职权罪或者司法工作人员徇私枉法的共犯（教唆犯），而非徇私枉法罪的实行犯。

[①] 田宏杰：《规范关系与刑事治理现代化的道德使命》，人民法院出版社2020年版，第412页。
[②] 张明楷、劳东燕、吴大伟等：《司法工作人员犯罪研究》，中国人民大学出版社2008年版，第140~141页。

62 徇私枉法行为同时又构成包庇、纵容黑社会性质组织罪时，该如何定罪

【案情1】L任某派出所民警期间，结识黑社会性质组织团伙成员J（已判决），在案件办理过程中，徇私枉法，包庇、纵容黑社会性质组织成员Z、C（上述二人均已判决）的犯罪事实，致使Z、C未被追诉。

1. Z于2010年1月7日因涉嫌故意伤害罪被某派出所立案侦查，但因其潜逃而未能执行刑事拘留。2016年5月11日，Z返回居住地后，L作为承办案件民警，没有依法对Z采取刑事拘留强制措施，而是组织双方当事人和解，并以此为由，为Z办理了取保候审手续，并没有继续侦办该案件。

2. 2017年7月3日，C因涉嫌故意伤害罪被某派出所立案侦查，C畏罪潜逃。2017年11月7日，C投案自首。L明知C属于累犯且被害人伤情可能构成重伤，仍以组织双方和解为由，为C办理了取保候审手续，此后没有继续侦办该案件。

3. 2017年10月至2018年2月，C在L辖区开设赌场，并以给予L好处的方式换取L的保护。L在此期间放松对相关地点的日常巡逻，通风报信，使得C的违法犯罪活动没有及时受到法律追究。

【案情2】某派出所所长H，在对"M被故意伤害案"立案后，不进行伤情鉴定，并以"双方自行和解"为由撤销案件。A等数十名犯罪嫌疑人故意伤害致使两人重伤、两人轻伤的犯罪行为没有受到法律制裁，后又实施了一系列犯罪行为，致使该犯罪集团进一步发展壮大，最终发展成为黑社会性质组织。检察机关以H滥用职权罪，包庇、纵容黑社会性质组织罪移送起诉，法院以包庇、纵容黑社会性质组织罪作出有罪判决。

【问题】【案情1】中，检察机关以L徇私枉法，对明知是有罪的人故意

包庇不使他受追诉，同时又包庇、纵容黑社会性质组织成员，提起公诉。而法院在判决中，仅仅认定了 L 立案后采取违反法律的手段，变更、撤销强制措施，致使犯罪嫌疑人实际脱离司法机关侦控，同时又对明知有犯罪事实需要追究刑事责任的人，采取隐瞒事实、违反法律的手段，故意包庇使其不受立案、侦查，其行为已构成徇私枉法罪，作出有罪判决，并判处 L 有期徒刑二年六个月，缓刑四年，而没有评价包庇、纵容黑社会性质组织成员的行为。由于本案中，没有证据证明 L 明知 Z、C 为黑社会性质组织成员，因而缺少故意包庇黑社会性质组织或者纵容黑社会性质的组织进行违法犯罪活动的主观心理状态。所以，法院以徇私枉法罪作出有罪判决，具有一定合理性。但是，本案引发我们的思考，徇私情、私利包庇、纵容黑社会性质的组织，应该如何定罪处罚呢？【案情2】中，人民法院认为滥用职权罪与包庇、纵容黑社会性质组织罪是想象竞合关系，应该从一重罪处罚。这一观点是否同样适用于徇私枉法罪与包庇、纵容黑社会性质组织罪的关系呢？

【解析】包庇、纵容黑社会性质组织，同时涉嫌徇私枉法罪与包庇、纵容黑社会性质组织罪该如何处理呢？理论上存在法条竞合说和想象竞合说两种观点争议。笔者将从法律适用与侦查取证两个方面，对这一问题进行分析。

在法律适用方面，笔者认为徇私枉法罪与包庇、纵容黑社会性质组织罪之间是想象竞合关系，具体理由如下。

第一，由于不同学者对于想象竞合与法条竞合的理解不同，如何区分想象竞合与法条竞合，是一个难题。例如，有的学者认为法条竞合包括法条间的交叉关系，而徇私枉法罪与包庇、纵容黑社会性质组织罪之间存在法条交叉关系，因此两罪之间是法条竞合关系。"当两罪在基本刑的范畴内发生竞合时，根据'重法优于轻法'原则，前罪（包庇、纵容黑社会性质组织罪）

属于重法，应定为该罪。"① 但是，说两罪在基本刑以内是法条竞合，而在加重情节时，是否还是法条竞合呢？我们理解的法条竞合关系，是刑法条文之间的静态关系，不需要考虑案件的具体事实，就可以事先得出法条之间的适用规律，而想象竞合则需要考虑具体案件情况，决定适用哪种法条定罪处罚。如果说只在基本刑的幅度内二者是法条竞合关系，实际上，仍然是在具体案件中，考虑案件的情况，判断具体行为应该适用哪个幅度的刑罚，进而确定适用哪个罪名，这是典型的想象竞合判断方式。

第二，法条竞合的处理原则上按照特别法优于普通法、特殊情况下重法优于轻法的原则。从最终的效果看，如果在法条竞合关系中，采取重法优于轻法，与想象竞合"择一重"处罚没有差别。包庇、纵容黑社会性质组织罪的刑罚设置除了基本刑以外，还有"情节严重"这一量刑情节。徇私枉法罪则在基本刑的基础上设置了"情节严重""情节特别严重"两档法定刑。由于刑法修正案（八）提高了包庇、纵容黑社会性质组织罪的刑期，并且《最高人民法院关于审理黑社会性质组织犯罪的案件具体应用法律若干问题的解释》对包庇、纵容黑社会性质组织罪"情节严重"的情形进行规定，而未对徇私枉法罪的"情节严重""情节特别严重"情形作出规定，因此，当具体案件的行为同时符合两个罪名时，应该按照想象竞合的规定，适用较重的罪名，尤其包庇、纵容黑社会性质组织罪具有"多次实施包庇、纵容行为的"等"情节严重"的情形，应该适用五年以上有期徒刑的法定刑幅度时，不能将多次徇私枉法行为认定为徇私枉法罪，进而在五年以下定罪处罚，导致罪刑失衡。

当黑社会性质的组织成员实施犯罪行为时，司法工作人员徇私情、私利，明知存在犯罪行为和犯罪嫌疑人，而包庇、放纵的，在构成徇私枉法罪

---

① 王秀梅、司伟攀：《"扫黑打伞"刑法适用问题研究》，载《上海对外经贸大学学报》2020年1月（第27卷第1期）。

的同时，也可能构成包庇、纵容黑社会性质组织罪，取证的关键在于司法工作人员是否对"黑社会性质组织"具有认识。

而组织总是通过具体的组织成员实施违法犯罪行为，因此当司法工作人员对组织的性质及组织成员身份"知道或者应当知道"时，其对该组织成员犯罪行为的包庇、纵容，就可能涉嫌包庇、纵容黑社会性质组织罪。

有观点进一步指出，只要司法工作人员具有"行为人所属的外行人领域的平行评价"，即可认定其对黑社会性质组织有认识，无论是明确的认识还是不明确的认识。[1] 这一观点不仅仅从刑法理论为认定包庇、纵容黑社会性质组织罪的主观罪过提供了指引，同样也为侦查取证提供了指引。在证明司法工作人员的主观故意时，要注意客观证据的收集，采用推定的方法，从客观推知主观故意。例如，调取黑社会性质组织成员违法犯罪查处记录，公众对该组织的评价、认识，以及其他司法工作人员对该组织性质的评价等，当通过客观证据的综合分析研判，能够推出司法工作人员对黑社会性质组织具有认识的可能性，甚至具有明确的认识时，那么，除非司法工作人员存在特殊情况，造成其认识能力低于"外行人领域的平行评价"，例外的否定具有故意的推断。除此之外，就可以认定其具有包庇、纵容黑社会性质组织罪的故意。

63 如何理解徇私枉法罪与滥用职权罪的关系

【背景】通常认为，徇私枉法罪与滥用职权罪之间是法条竞合的关系，徇私枉法罪是特殊法条，而滥用职权罪是一般法条。这种观点是否正确，如果这样理解两罪的关系，是否符合刑法规定，是否有利于司法实践认定犯

---

[1] 张明楷、劳东燕、吴大伟等：《司法工作人员犯罪研究》，中国人民大学出版社2008年版，第232页。

罪。也许正是由于法条竞合的观点长期存在，以至于理论与实践都习以为常，不加研究和批判地一概承认，反而带来了很多无法妥善解决的问题。

【问题】 采取法条竞合的观点，最根本的目的在于解决由于法律规定造成个罪之间存在相互重合关系时的罪名的适用问题，也就是说为了避免将一个渎职行为既评价为徇私枉法罪，又评价为滥用职权罪，以至于重复评价。成立法条竞合的前提是，法律规定之间存在重合关系。那么，徇私枉法罪与滥用职权罪之间具有重合关系吗？另外，如果认为徇私枉法罪是特殊罪名，就意味着所有符合徇私枉法罪的行为同时也符合滥用职权罪，而滥用职权罪需要发生重大损失，那么，徇私枉法罪的既遂是否也需要发生重罪轻判、轻罪重判等现实结果呢？这些问题，都是解释徇私枉法罪与滥用职权罪关系时，需要具体考虑的。

【解析】 我们认为徇私枉法罪与滥用职权罪之间不是法条竞合关系，当一个行为同时符合两罪时，应该按照想象竞合处理，认定徇私枉法罪。

第一，不应该将徇私枉法罪与滥用职权罪理解为法条竞合关系，否则，就会与刑法徇私枉法罪的规定相冲突，人为地限制了徇私枉法罪的成立范围。根据刑法第三百九十九条第一款的规定，司法工作人员徇私枉法、徇情枉法，或者在民事、行政、刑事审判活动中故意违背事实和法律作枉法裁判的构成徇私枉法罪。《立案标准》对徇私枉法罪作了进一步解释。从法律和司法解释的规定看，徇私枉法行为一经作出并完成，即司法工作人员只要对明知是无罪的人实施了足以使其受到追诉的行为，或者对明知是有罪的人实施了足以使其不受到追诉的行为，或者实施了违背事实与法律的裁判行为，完成了相关行为，无论上述行为是否达到目的，是否出现了实际结果，均为该罪既遂。相反，如果认为徇私枉法罪与滥用职权罪之间是法条竞合关系，徇私枉法罪是在滥用职权罪的基础上，增加了特殊的构成要件，那么只有造成实际结果，才能构成徇私枉法罪，而当司法工作人员完成了枉法行为后，尚未产生实际结果前被发现，此时就不能认定为徇私枉法罪，或者虽然造成了实际结果,而在检察机关立案侦查前,违法结果被及时纠正,也可能导致无法追究刑事责任。这是非常不合理的,也与司法实践做法不一致。

第二,如果承认徇私枉法罪是行为犯,只要求具有徇私枉法行为,而不要求实际造成放纵犯罪、重罪轻判、轻罪重判等结果。那么,徇私枉法罪不是在滥用职权罪的基础上增加了特殊的构成要件——徇私动机,两罪的犯罪构成要件之间并不存在包容、重合关系。虽然在实践中大部分的徇私枉法行为,都造成了现实结果,同时构成滥用职权罪,但这不是由于两罪法律条文竞合造成的,而是具体案件中的具体行为导致一个行为同时符合两个罪名,这属于典型的想象竞合关系,而非法条竞合关系。

第三,徇私枉法罪是通过禁止行为而防止结果,放纵犯罪、重罪轻判、轻罪重判等结果是法律所要禁止的,而且由于结果非常严重,法律将禁止的范围提前至对行为的禁止,而不需要等待结果发生后再追究责任,以实现对利益的最大保护。因此,放纵犯罪、重罪轻判、轻罪重判等结果,也是法律禁止的重大损失结果,根据体系解释的理由,徇私枉法罪禁止的结果,同样也是滥用职权罪禁止的结果,属于滥用职权罪司法解释中"其他致使公共财产、国家和人民利益遭受重大损失的情形"。

综上,徇私枉法罪与滥用职权罪之间不是法条竞合关系,当司法工作人员不具有徇私动机而具有枉法行为时,不必然构成滥用职权罪,只有出现放纵犯罪、重罪轻判、轻罪重判等现实结果时,才能认定为滥用职权罪。因此,《司法解释(一)》第二条第二款"国家机关工作人员滥用职权或者玩忽职守,因不具备徇私舞弊等情形,不符合刑法分则第九章第三百九十八条至第四百一十九条的规定,但依法构成第三百九十七条规定的犯罪的,以滥用职权罪或者玩忽职守罪定罪处罚"的规定,并不是对法条竞合现象的描述,而是明确表达了具体渎职犯罪所要禁止、避免的结果,也可以成为滥用职权罪的重大损失结果。

第四章　民事、行政枉法裁判罪

64 违反法定程序裁判的，是否构成民事、行政枉法裁判罪

【案情】C作为主审法官，在审理一起民事纠纷案件期间，徇私情、谋私利，违反民事诉讼法和《诉讼费用交纳办法》的相关规定，在原告增加诉讼请求后并未补交诉讼费，也没有办理缓交减交手续的情况下，未按照法律规定将原告增加的诉讼请求按自动撤诉处理，而且违反民事诉讼法有关回避的规定，在明知原告代理律师是其妻弟的情况下，应当回避而没有回避，并且在合议庭没有合议的情况下，就将案件制判、宣判，并将判决书送达当事人。

C作为主审法官，明知原告没有提供足够的证据证明所借款项已实际交付，仍违反《最高人民法院关于审理民间借贷案件适用法律若干问题的规定》相关要求，支持了原告的诉讼请求。

【问题】在这个案件中，作为主审法官的C存在四项违反法律和相关规定的行为：（1）对于原告增加诉讼请求，法官C没有要求原告补交诉讼费，也没有按照撤诉处理；（2）应该申请回避而没有回避；（3）没有经过合议，就制作判决书，并宣判；（4）在证据不足的情况下，仍支持原告的诉讼请求。对于上述四项违法、违规行为，审理C民事枉法裁判的法院，没有进一步区分，而认定C在民事审判活动中，徇私情、谋私利，故意违反法定程序，错误适用法律，作出枉法裁判，侵犯了国家司法机关的正常秩序，其行为构成民事枉法裁判罪。可见，从判决的立场看，C的每一个违反程序规定

的行为都属于民事枉法裁判行为，但是，我们认为对于违反法定程序的行为，不能一概认为都构成民事枉法裁判罪，否则就会导致成立犯罪的范围过宽，混淆了罪与非罪的界限。

【解析】对于民事枉法裁判罪而言，"枉法"是否包括违反程序法，是存在不同观点的。有的观点认为，本罪所说的"违背法律"仅包括实体法，而不包括程序法。[①] 相反的观点则认为，"故意违反程序法进行裁判的行为也可成立民事、行政枉法裁判罪"。[②] 而从司法解释的立场看，《立案标准》中民事、行政枉法裁判案的立案标准第六项规定了"故意违反法定程序"而枉法裁判的情形，如果对这一司法解释作形式理解，违反程序法的行为当然也是民事、行政枉法裁判罪中的枉法行为。但是，笔者认为枉法行为包括或者不包括程序法的观点都过于片面。对于违反程序法的行为是否构成民事枉法裁判罪，必须根据个案情况，进行综合分析。

首先，要看所违反程序法的具体内容，是否为了保护诉讼当事人的利益。例如，本案中，要求追加起诉必须补交诉讼费的规定，并不是对案件当事人的实体权利进行审理，进而作出判决或者裁定，缴纳诉讼费仅仅是从诉讼经济角度，方便法院对起诉活动进行管理，从这个角度分析，虽然本案中法官C确实没有要求原告补交诉讼费，但是因此认定C的行为构成民事枉法裁判罪是不合适的。换言之，只有程序法目的在于维护司法公正，进而保护诉讼当事人合法权益免受不当侵害时，违反这样的程序法才有可能构成本罪。

其次，如果按照上述标准，回避的规定、合议的规定都与司法公正相关，违反这种类型的程序法是否一定能够成立本罪呢？笔者认为，无法得出绝对肯定的答案。在违反此类程序规定的案件中，可能存在虽然违反程序规

[①] 李恩民：《违反程序法不是枉法裁判罪的构成要件》，载《检察实践》2001年第5期。
[②] 张明楷等：《司法工作人员犯罪研究》，中国人民大学出版社2008年版，第151页。

定，但是实际裁判活动符合实体法律规定，裁判内容实体合法。其实，从回避、合议等规定的内容分析，此类规定具有明显的手段性质，即防止审判受案外利益干扰或者个人独断影响，造成认定事实、适用法律错误，但如果认定事实和适用法律没有错误，一概将违反程序法的行为都认定为民事、行政枉法裁判罪，就混淆了犯罪与一般违法、违纪的界限，过分扩大了刑罚处罚范围，有违刑法谦抑性原则。如此理解能够成为民事、行政枉法裁判罪依据的程序法，只能是直接指向事实认定和法律适用的程序性规定，如诉讼保全规定、证据采信规定等。

最后，对于追加起诉不补交诉讼费的行为，确实导致国家诉讼费用的损失，如果对法官的行为一概不予刑事处罚，可能导致国家重大财产损失，也不合理。笔者认为，虽然行为发生在诉讼环节，但是并非对当事人诉讼权利的侵害，也没有侵害司法审判的公正性，该行为不应认定为民事枉法裁判罪，如果造成诉讼费损失数额超过30万元，可以认定为涉嫌滥用职权罪。

虽然本案详细描述了C法官违反的程序法，但是作为本案实际成立民事枉法裁判罪依据的程序法，只能是C违反证据采信标准，在证据不足的情况下，仍支持原告的诉讼请求。

65 成立民事、行政枉法裁判罪是否以"原案"改判为前提

【案情】2019年10月，L与G因工程结算产生纠纷，L的代理律师D与法官H商议后，将与案件无关的S列为被告人之一，以使H所在法院取得对该案的管辖权，后该案由法官H独任审判。H明知没有管辖权，违规制作了民事裁定书及协助执行通知书，冻结了G在某公司的997万元股权，后G提起管辖权异议，法官H裁定驳回G的管辖权异议，又以S传唤不到需公告送达法律文书为由拖延办案期限，致使G股权被冻结。2020年5月23日，

检察机关以 H 涉嫌民事、行政枉法裁判罪立案侦查。2020 年 7 月 3 日，中级人民法院作出民事裁定，指定对"原案"有管辖权的人民法院重新审理。

【问题】该案件由于原审法院没有管辖权，因此上级法院作出民事裁定，指定有管辖权的法院重新审理，检察机关对犯罪嫌疑人 H 立案侦查审理结果时审理结果尚没有作出，H 涉嫌民事、行政枉法裁判罪案件，是否需要等待民事案件的判决结果作出之后才能处理？

【解析】刑法是其他法律的保障法，这就意味着违反刑法的行为，一定也违反民法、行政法等法律，但是违反民法、行政法等法律的行为不一定能够作为犯罪处理。按照这一原则，在查办民事、行政枉法裁判罪时，逻辑上只有首先能够确定行为违反民法、行政法等法律，进而才能追究行为人的刑事责任。而对于行为是否违反民法、行政法最为可靠的证据就是原裁判结果被后续诉讼活动纠正。但是，正是由于这种观点，导致实践中存在两种极端做法：第一，"原案"未被改判之前，不能追究行为人的刑事责任；第二，"原案"一旦改判，原审法官就涉嫌民事、行政枉法裁判罪，至少有成立玩忽职守罪的可能。

其实，对于刑事案件而言，原案改判的事实仅仅是证明枉法行为的证据之一，在尚未改判之前，如果通过检察机关的调查取证，能够达到证明原案存在枉法行为的刑事证明标准，同样可以认定民事、行政枉法裁判罪，而且刑事证明标准强于民事证明标准，既然在刑事上能够认定存在枉法行为，在民事、行政案件中必然也能够认定。因此，只要能够达到排除合理怀疑的刑事证明标准，无须"原案"改判，一样可以对民事、行政枉法裁判行为予以刑事处罚。在本案中，人民法院并没有等待原审民事案件改变管辖后重新作出判决，即判决 H 构成民事枉法裁判罪。因为法官 H 明知 S 与案件毫无关系，仍将 S 作为案件被告人而枉法裁判的事实已经查实，即使重新审理尚未作出判决，H 涉嫌民事枉法裁判罪的事实已经达到事实清楚、证据确实充分的证明标准。

同时，也不能排除有些民事案件，因为涉及的法律关系复杂、专业性强、诉讼程序复杂，在这种案件中，即使原案最终改判，仅仅以此事实推定行为人存在枉法裁判的故意仍然不充分，不能排除因为法律理解差异等原因而导致各诉讼阶段判决结果不同。

66 如何区分故意枉法与事实认识分歧、法律理解差异

【案情】2014年4月9日，M向法院起诉，请求确认被告Z公司与C等签订的《房屋买卖合同》无效，并请求法院确认其对涉案房屋具有优先购买权。为获得有利判决，被告Z公司法定代表人多次送给主管民事审判工作的法院副院长X香烟、现金等财物，请托X照顾Z公司。在审理过程中，原告M提出，其同意在"C等购房合同约定的基础上延长付款时间三个月"。审理该案的合议庭认为，虽然M提出延期三个月付款，但仍属于"同等条件"下具有优先购买权的情形，应该支持M的诉讼请求，并将此合议庭意见上报X审批。由于X收受Z公司好处，其提出M延期三个月付款，已经不属于"同等条件"下具有优先购买权的情形，应该驳回M的诉讼请求，并指令合议庭重新作出合议意见。其后，合议庭按照X的要求判决驳回M的诉讼请求。M不服一审判决提起上诉，二审撤销一审判决，改判M对涉案房屋具有优先购买权。

【问题】在民事、行政案件中，很多情况下并没有给出明确的裁判标准，判决的内容往往取决于法官对事实和法律的认识、看法，这就给民事、行政枉法裁判罪的认定提出了一个难题：如何区分故意枉法与民事审判中难以避免的观点分歧。

【解析】对于何为"枉法裁判"，不仅实践中认识不一，而且理论中也

存在不同观点。客观说认为，当裁判在客观上超越了法律裁量的范围之时，便可以认定为枉法。主观说认为，枉法取决于法官在适用法律时是否有意识地违背自己的法律确信，在得出肯定回答的情况下，即使裁判结果在客观上符合法律规定，也成立枉法裁判。义务侵害说认为，枉法的本质在于裁判者侵害了其履行的职责，具体而言，在法律规范、事实认定存在多重可选择的方案时，如果裁判者是出于与案件事实无关的考虑而作出裁判的，即使在客观上不违背法律裁量范围，也成立枉法。这一观点在理论上也得到越来越多的支持。①

为了能够更加清晰地辨识三种学说在实践中的差异，笔者将三种理论观点带入本案中，看看不同观点会导致哪些实际差异。

1. 如果采取客观说的观点，虽然二审判决认为"延期付款三个月"不影响优先购买权，但法律上对此问题没有明确的规定，缺少客观的标准，就无法认定为"枉法裁判"。本案中 X 及其辩护人也是以此作为辩护理由。

2. 如果采取主观说的观点，是否构成"枉法裁判"关键在于 X 内心是否认为否定 M 的优先购买权是违法的，如果 X 认为违法，即使法律对此没有规定，甚至法律认为不违法，仍然成立枉法裁判。可见，这种观点具有明显的主观归罪倾向，已经很少有人主张了。

3. 如果采取义务侵害说的观点，M 是否具有优先购买权虽然属于法官裁量的范围，但是 X 否定 M 的优先购买权的原因，在于其收受被告方 Z 公司的好处，出于徇私动机，此时即使裁判结论本身属于裁量范围内的结论，但 X 仍然成立民事枉法裁判罪。

对于我国司法实践而言，从形式上看，似乎采取的是客观说的观点，如本案中，法院判决 X 构成民事枉法裁判罪时，特意在起诉认定的事实中增加了二审法院改判的内容，"客观"上确定原审错误。但是，如果深入分析，

---

① 张明楷等：《司法工作人员犯罪研究》，中国人民大学出版社 2008 年版，第 152 页。

仍然不难看出，司法实践实质采取义务侵害说的观点。例如，本案中判决认定 X 徇私情、谋私利，故意错误适用法律枉法裁判，考虑的就是虽然存在法律适用争议，但 X 不选择支持合议庭的意见，作出对请托人不利的判决，是因为收受了被告 Z 公司的好处，考虑了案外因素，已经违反法官的义务，因此构成"枉法裁判"。

可见，虽然成立民事、行政枉法裁判罪，徇私情节不是必要条件，但是由于民事、行政审判活动的特殊性，在认定"枉法裁判"时，仍需要考虑是否存在徇私情节，将犯罪行为与事实认识分歧、法律理解差异进行区分。

67 枉法调解是否构成民事枉法裁判罪

【案情1】S 中学校长 Y 向 M 公司借款，并用该校的教学楼作抵押担保。由于该房产系公益产业，不能作为借款抵押物，M 公司股东 A 与时任某法院法官 G 商议后，通过民事诉讼的方式，查封并处分 Y 提供的房产，以确保 M 公司出借资金的安全。2012 年 12 月，M 公司以被告 Y 不配合产权登记为由，在借款期限内，向法院提起民事诉讼。G 作为该起案件承办法官，在未经合议庭合议，当事人未参与调解的情况下，私自制作合议笔录、调解笔录，并以此作出了民事调解，并裁定对教学用房进行查封。

【案情2】2007 年 2 月，法官 C 在其审理原告 L 诉 H 公司民间借贷纠纷一案中，故意违反法定程序，与原告 L 丈夫 Q 串通，无管辖权受理案件。在原被告及其诉讼代理人均未在场的情况下，未经举证质证和开庭审理即作出民事调解书。将被告 H 公司名下的房屋产权以民事调解书方式抵偿原告 L 180 万元债务。被告 H 公司对此诉讼并不知情，也没有参与案件的审理过程。

【问题】民事枉法裁判罪中的"裁判"是否包括民事调解。如果对"裁判"一词严格按照字面意思解释,"裁判"只能是裁定和判决,但是从处罚必要性考虑,枉法调解并不比枉法裁判的社会危害性程度低,如果对枉法调解行为不予处罚,不仅放纵了应该处罚的行为,导致处罚漏洞,而且可能滋生新的犯罪。

【解析】对于这个问题,存在三种不同的理论观点。第一,认为调解也是人民法院审理民事案件的一种方式,调解书与判决书、裁定书同样具有法律效力,且根据《最高人民法院、最高人民检察院关于办理虚假诉讼刑事案件适用法律若干问题的解释》第十一条的规定,本解释所称裁判文书,是指人民法院依照民事诉讼法、企业破产法等民事法律作出的判决、裁定、调解书、支付令等文书。可见,既然调解书也是裁判文书的一种,那么调解自然也是裁判行为之一。第二,反对观点则认为,调解和裁判的性质不同,"调解是以当事人自愿为原则,裁判则是以国家审判机关的名义作出权威性判定,代表的是国家意志"。[1] 第三,折中观点认为,由于刑法规定的客观行为仅限于枉法裁判,故枉法调解不应包括在内。但是,为执行或者不执行生效的调解书所作的枉法裁定,属于本罪的枉法裁判。[2]

反对裁判包括调解的观点,最主要的原因是调解是民事诉讼当事人自愿作出的。如果当事人之间相互串通欺骗审判人员采取调解形式达成非法目的,审判人员无法发现调解中存在的违法情形,当然不能因为调解违法而追究审判人员的刑事责任,但这个理由并不能反映实践中的真实情况,如【案情1】【案情2】的调解都不是当事人自愿达成的,对于这种情况,反对说的理由无法得出妥当结论。折中说从文字的表面意思理解"裁判",同时为了避免处罚漏洞,又将为执行调解书所作的枉法裁定作为枉法裁判行为。但是,在民事调解活动中,并非所有的调解行为都要制作民事裁定,而且执行

---

[1] 刘志高:《司法工作人员渎职犯罪基本问题研究》,上海社会科学院出版社2008年版,第293页。

[2] 张明楷:《刑法学(下)》,法律出版社2016年版,第1258页。

与审理属于不同的诉讼阶段，对执行环节中的枉法行为，应该独立评价。折中说本质上仍然反对枉法裁判包括枉法调解。

可见，一概认为调解是或者不是裁判的一种形式，结论都过于简单，缺乏实质的理由和根据。笔者认为，民事枉法裁判罪所要保护的法益是民事审判活动的公平、公正，只有当调解行为损害了这一法益时，才能认为调解行为属于本罪所处罚的裁判行为之一。具体而言，一是正常的调解行为，反映的是双方当事人的意思自治，与审判活动的司法属性不同，在这种情况下，即使审判人员对调解内容把关不严格，笔者认为也不宜认定为民事枉法裁判罪，但需要注意的是，如果调解内容明显违法，审判人员仍故意不予纠正，此种情况也属于应受处罚的情况；二是对于名为调解，实际上是审判人员主导，或者审判人员与当事人串通，利用调解的形式，采取强迫、欺骗等方式，甚至串通当事人虚假诉讼，以此实现违法的目的，这种所谓的"调解"，已经超出了合法调解的实质内涵，其实是对裁判权的滥用，损害了司法公信力，有必要纳入刑罚处罚范围。总之，是否属于民事枉法裁判罪的处罚的裁判行为，关键在于把握是审判人员处于主导地位，还是根据当事人的意思自治。

对"裁判"进行实质解释，从而将枉法调解纳入枉法裁判的文义，这不仅符合司法解释的立场，也是司法实践的一贯做法。例如，【案情1】【案情2】法院都认为构成民事枉法裁判罪。

68 篡改、伪造法律文书的行为是否构成民事、行政枉法裁判罪

【案情】R系某法院审判员，办理一起交通事故人身损害赔偿纠纷案件过程中，在原告提交了诉讼费缓交申请报告的情况下，擅自制作裁定书，裁定原告未在规定期限内预交案件受理费，也未向法院提出缓交申请，案件按

撤诉处理,将案件结案归档,未将裁定书送达原被告双方。事后,R在原告多次讨要下,支付原告17500元。

【问题】《立案标准》对民事、行政枉法裁判犯罪类型进行了规定,其中包括伪造、变造有关材料、证据;制造伪证,毁灭证据或者篡改庭审笔录;采信不应当采信的证据,或者应当采信的证据不采信,以及故意违反法定程序、故意错误适用法律的情形,但是没有规定篡改、伪造法律文书的行为,此种行为是否构成民事、行政枉法裁判罪。

【解析】司法解释是对常见的犯罪行为进行类型化的描述,便于司法人员在具体案件中快速、便捷地分辨罪与非罪的界限,司法解释的规定不是对犯罪行为下定义、划范围,更不意味着只有司法解释规定的具体行为才能构成犯罪。无论司法解释规定的行为多么全面,因为成文规定永远落后生活现实的发展,机械照搬司法解释,只能导致法律与实践脱节。

《立案标准》中分别规定了伪造、变造有关材料、证据;制造伪证,毁灭证据或者篡改庭审笔录;采信不应当采信的证据,或者应当采信的证据不采信,以及故意违反法定程序、故意错误适用法律的情形,由于刑法条文本身并没有排除篡改、伪造法律文书的行为,也不存在与罪刑法定原则相抵触的问题,因此从法律解释的角度考虑,按照"入罪时举轻以明重"的原则,可以将"法律文书"解释为"有关材料",将篡改、伪造法律文书的行为,与篡改庭审笔录、故意违反法定程序、故意错误适用法律的情形作相同的负面价值评价。

但是,就上述的案例而言,需要考虑的问题不仅是如何解释司法解释的文字规定,更要思考篡改、伪造法律文书的行为是否值得给予刑罚处罚。《立案标准》对民事、行政枉法裁判罪犯罪类型的规定是,"伪造、变造有关材料、证据,制造假案枉法裁判的;串通当事人制造伪证,毁灭证据或者篡改庭审笔录而枉法裁判的;徇私情、私利,明知是伪造、变造的证据予以采信，或者故意对应当采信的证据不予采信，或者故意违反法定程序，或者故意错误适用法律而枉法裁判的"。从上述规定的内容，可以看出《立案标准》通过"制造假案""串通当事人""徇私情、私利"的规定，对犯罪范围作了进一步限制，这一入罪标准的把握更值得关注。

虽然本案中不存在"制造假案""串通当事人"的情节，判决中也没有对"徇私情、私利"进行分析，但是，不能认为法院仅因为R"擅自制作裁定书""将案件结案归档"就判决R构成民事枉法裁判罪。其实，R之所以故意错误适用法律，正是由于担心结案率低，影响个人考评这样的徇私动机。因此，R徇私情伪造法律文书，违反法律程序枉法裁判。该行为损害了民事诉讼活动的公平、公正秩序，实际剥夺了当事人通过诉讼途径维护实体权利的机会。不应机械适用《立案标准》，认为该行为不符合《立案标准》规定的行为类型，错误适用罪刑法定原则，认为该行为不构成犯罪。正确的做法是，参照《立案标准》确定的实质处罚范围，合理解释刑法第三百九十九条第二款的规定，既然处罚该行为不违反刑法的文字规定，又与《立案标准》规定的各种行为具有相同的处罚必要性，就应认定构成民事枉法裁判罪。

69 如何理解民事枉法裁判罪《立案标准》中，致使当事人及其近亲属自杀、自残的情形

【背景】《立案标准》将"枉法裁判，致使当事人或者其近亲属自杀、自残造成重伤、死亡"作为民事、行政枉法裁判罪的立案情形之一。笔者检索中国裁判文书网生效判决发现，自2018年刑事诉讼法修改后，没有一起案件符合此条规定的情形。

【问题】从司法实践情况看，此条规定基本没有被实践使用，导致这一

现象一方面是因为自杀、自残的情形相对较少，另一方面是因为即使真实发生上述情形，以此条规定对司法人员进行处罚，在很多情况下又显得不合理。因此，如何理解《立案标准》的规定，审判人员应该对哪些自杀、自残、精神失常结果承担刑事责任？

【解析】一般而言，当事人自伤、自残意味着对自身法益的放弃，不存在值得刑法保护的法益，因此不可归责。例如，嫌疑人"以死明志"来自证清白的，即使事后证明司法工作人员存在失职渎职行为，通常也不能认为应当对死亡结果负责。基于同样的道理，被害人参与或接受他人的自我危险行为的，也不可归责。

但这只是对于自伤、自残行为的一般理解，不尽然适用于相关渎职犯罪，尤其是职务犯罪中的行为人是具有特殊义务的，即使被害人放弃了自身的法益，并不代表渎职行为人就没有刑事责任。例如，因监管失职，罪犯借机在监狱内自残，对自残者本人而言，他的健康权自己都不珍惜，但对民警而言，仍要担负保护罪犯生命健康的职责。可见，自伤、自残能否成为重大损失结果，核心还是在于有没有职责防止自伤、自残。对于自杀行为也应该做同样理解。这样是否因为出现死亡、伤残结果而追究行为人的失职渎职行为，关键在于行为人的职责内容。

我们通过监狱监管民警的工作职责，可以得出其具有保护服刑罪犯身体、生命安全的职责，但在没有明确规范性文件赋予司法工作人员保护生命健康权职责的情况下，是否可以补充这一职责，从而可能构成民事行政枉法裁判罪？如果可以补充，那么具体的标准是什么？例如，法官在审理民事案件时枉法裁判，原告愤而自杀，是否可以将死亡结果归责于法官的枉法行为？

笔者认为应该在特殊情况下，补充相关司法工作人员对生命健康的保护职责。第一，从司法解释的规定看，既然《立案标准》将"枉法裁判，致使当事人或者其近亲属自杀、自残造成重伤、死亡,或者精神失常的"规定为民事枉法裁判罪的立案标准之一,体现了司法立场,也为我们理解法律提供了规范的指引。第二,以此为前提,从刑法的法条关系出发,也有必要将自杀、自残造成重伤、死亡的情形作为民事、行政枉法裁判罪的立案情形之一。一般认为,虐待罪中致使被害人重伤、死亡结果的,包括自杀、自残的情况,当虐待行为造成被害人身体上的摧残、精神上的折磨进而自杀、自残造成重伤、死亡结果的,行为人仍构成虐待罪。之所以在虐待罪中增加了自杀、自残的规定,就是考虑家庭的特殊环境,家庭成员间的特殊依赖关系。而在民事行政审判活动中,当事人与审判人员之间也存在一种依赖关系,而当这种依赖关系达到相当程度时,往往判决结果会成为当事人唯一的精神寄托,在此情况下的枉法裁判行为,不仅损害了司法公正,同时也造成当事人的精神摧残,其严重程度完全可以与虐待罪相提并论。因此,即使认为法官有保护当事人及其近亲属生命健康的职责,也需要从刑事规则的角度对职责的内容予以类型化的解读和限制,只有特殊的情形下法官才对当事人的生命、健康负有较强的保证责任,才能适用该立案标准。例如,在确认抚养权、赡养费纠纷、医疗费用纠纷等案件中,故意枉法裁判,往往导致当事人严重的精神折磨,或者因经济无助、生活无依靠而自杀、自残,才有必要追究审判人员刑事责任,当具体案件中的因果历程,符合类型预设时,才能将重伤、死亡,或者精神失常的结果归责于审判人员的枉法行为。我们可以发现,虽然笼统地说法官、监狱警察都有对人的生命进行保护的职责,但是法官的职责内容与狱警的职责内容是不一样的。在监狱的隔离环境中,对狱警保护罪犯生命安全提出更高的要求,既有必要,也能够实际履行。但如果也不加区分地一概要求法官对当事人的生命安全进行严格的保护,这种职责就脱离了实际情况,是过分的要求。可见,对于职责规范目的的解读,必须合情合理合法。

第五章　私放在押人员罪、失职致使在押人员脱逃罪

70 案件承办民警徇私私放犯罪嫌疑人的行为如何定性

【案情】2015年11月8日，X伙同他人，在J镇持砍刀、匕首、木棍等，将被害人D等砍打受伤。当天，经被害人报案，J镇派出所受理该案。经法医鉴定，被害人D等的伤情为轻伤二级。同年12月8日，经时任J镇派出所所长的S审批同意并报县公安局批准，决定刑事立案侦查。同年12月17日，经S审批同意并报县公安局批准，决定对犯罪嫌疑人X刑事拘留，次日，上网追逃。2016年2月、3月的一天凌晨S带领五六名协警在辖区例行开展禁毒行动，在清查J镇某娱乐场所时，将X抓获，并带回J镇派出所调查。当日上午，F打电话联系S见面，二人见面后F提出让S帮忙把X放出来，并将装有人民币6000元的红包送给了S。当天下午，应F请托，S指示派出所工作人员将X释放。

【问题】刑法第三百九十九条规定了徇私枉法罪，第四百条规定了私放在押人员罪，两罪的法定刑完全相同，私放行为与徇私枉法中的故意包庇不使他受追诉行为之间可能存在一定程度的重合。如何明确两罪的界限，为司法实践提供明确的标准，有必要作进一步的研究。

【解析】围绕徇私枉法罪与私放在押人员罪的关系问题，刑法理论进行了相当多的研究，也形成了各种不同的观点，笔者将首先通过对相关理论的

介绍，比较各种观点间的差异，进而提出两罪界限的观点意见。

多数观点认为，应该从客观的行为区分两罪。例如，有观点认为，徇私枉法罪通常是利用职权或者权力，直接放走在押人员，而私放在押人员罪则是通过伪造法律文书，篡改证据，假借法律之名将在押人员放走。① 有观点更是明确指出"徇私枉法罪的放走是公开地有据地放走，而私放在押人员罪中的放走是无据地秘密地放走"②。如果按照这种观点，徇私枉法罪中的放走是形式上具有合法性地、公开地放走，而私放在押人员罪中的放走则是私自地、秘密地放走。这种区分标准虽然从字面上将二者区别开来，但是仍然难以为司法实践划分明确的界限。例如，某市公安局某某分局刑事侦查支队民警吕某，未经领导同意，擅自制作释放手续，将在押的犯罪嫌疑人从关押场所放走。本案中，如果按照上述观点，对于吕某的领导而言，吕某放走在押人员的行为是秘密的，但是对于监管场所而言，吕某持形式合法的释放证明将在押人员放走，是形式合法性地、公开地放走，这种情况是否能够称为秘密呢？如果本案不认定为私放在押人员罪，由于吕某没有包庇、放纵犯罪嫌疑人的故意，也没有压案不查，又难以认定为徇私枉法罪，结果只能认定吕某无罪，这是很不合理的。本案法院正是以私放在押人员罪作出了有罪判决。③ 可见，在什么是"秘密"本身都存在进一步解释的余地时，"秘密"与"公开"难以为两罪划定明确的标准。而且，《立案标准》中，已经明确将"伪造、变造有关法律文书、证明材料，以使在押的犯罪嫌疑人、被告人、罪犯逃跑或者被释放的"情形，作为立案查处的情形之一，显然并未采取"秘密"与"公开"作为区分两罪的标准。

另有观点认为，只能从主观方面对两罪进行区分。徇私枉法行为人放走在押人员，其主观上具有"不追究被羁押人员刑事责任"的故意，相对地，

---

① 高铭暄、马克昌主编：《刑法学（下编）》，中国法制出版社1999年版，第1177~1178页。
② 潘伯华：《是徇私枉法罪还是私放在押人员罪》，载《中国刑事法杂志》2000年第6期。
③ 林贻影主编：《刑事案例诉辩审评——渎职罪》，中国检察出版社2005年版，第195页。

私放在押人员的行为人不具有或者没有证据证明其具有"不追究被羁押人员刑事责任"的故意。这种观点具有一定的合理性，如在前述吕某私放在押人员案件中，吕某作为具有具体案件查办职责的民警，人民法院正是考虑到吕某没有"不追究被羁押人员刑事责任"的故意，才认定为私放在押人员罪。但是，仅仅从主观方面看，很难完全划分两罪的界限。因为私放在押人员行为本身，在绝大多数情况下，就意味着行为人具有不追究在押人员刑事责任的意图，无论徇私枉法罪还是私放在押人员罪，都可能具有放纵在押人员的故意。

正是由于两罪之间存在难以区分的模糊地带，有学者放弃了划分界线的努力，而通过罪数理论，以想象竞合的方式解决两罪的适用问题。按照这种观点，徇私枉法罪与私放在押人员罪保护的法益不同，前者是"刑事追诉活动的公正性"，而后者则是"国家对在押人员的羁押权"，若私放行为同时构成徇私枉法罪与私放在押人员罪，择一重罪处罚。由于私放在押人员罪不需要徇私情节，相对于徇私枉法罪，降低了构成要件的要求和证明的难度，并且在处罚力度上，刑法只对徇私枉法规定了收受贿赂从一重处断，而对其他收受贿赂并有渎职行为构成犯罪的情形没有作明文规定。因此，优先适用私放在押人员罪，更有利于对此类行为的惩治与预防。[①]

那么，实践中如何准确认定徇私枉法罪与私放在押人员罪呢？笔者认为，可以考虑从以下三个方面把握两罪：第一，从主体上，虽然两罪的主体都是司法工作人员，但是徇私枉法罪中的司法工作人员是指具体承办案件和指示、指挥承办案件的司法工作人员，而私放在押人员罪的主体则是对犯罪嫌疑人、被告人、罪犯负责监管的司法工作人员；第二，从主观上，私放在押人员罪不需要具有徇私动机，而徇私枉法罪必须具有徇私动机；第三，从

[①] 张明楷、劳东燕、吴大伟等：《司法工作人员犯罪研究》，中国人民大学出版社2008年版，第138、168页。

私放的行为对象看，徇私枉法罪不包括私放服刑罪犯的情形，而私放服刑罪犯同样可以构成私放在押人员罪。如果这样区分两罪，案件承办人私自变更强制措施释放在押犯罪嫌疑人的，如果不存在徇私动机，应认定为私放在押人员罪；非案件承办人在履行监管、押解等任务时，私放在押人员的，应该认定为私放在押人员罪。而承办案件的司法工作人员徇私私放在押人员，同时构成徇私枉法罪与私放在押人员罪，收受贿赂又私放在押人员的，适用私放在押人员罪并可以数罪并罚，此种情况应该认定为私放在押人员罪。在 S 案件中，最终人民法院以私放在押人员罪追究 S 的刑事责任，这一判决结论是正确的。

71 私放在押的犯罪嫌疑人，犯罪嫌疑人又犯罪的，是否属于私放在押人员情节严重的情形

【案情】S 为某镇派出所民警，2016 年 3 月，在办理 L 等人故意伤害案件时，L 的朋友 G 找到 S，请托 S 帮忙把 L 释放出来，其后，S 利用办案便利，将已经被决定拘留的犯罪嫌疑人 L 释放。2016 年 4 月至 2017 年 8 月，L 作为以 G 为首的黑社会性质组织的骨干成员，组织指挥并实施了大量违法犯罪活动。2018 年 12 月 23 日，L 因犯参加黑社会性质组织罪、故意伤害罪、寻衅滋事罪、敲诈勒索罪、故意毁坏财物罪，数罪并罚，被判处有期徒刑十九年，剥夺政治权利三年。人民法院在审理 S 私放在押人员案时，认为私放在押人员罪侵犯的是国家监管机关的监管制度，私放犯罪嫌疑人、被告人或罪犯，不仅使其有继续犯罪的可能，而且破坏监管机关的监管制度。被非法释放的犯罪嫌疑人、被告人或罪犯是否继续犯罪及犯罪后果，是判断私放在押人员罪罪责的重要考量因素之一。L 被非法释放后，参加了以 G 为首的黑社会性质组织，是该组织的骨干成员，组织指挥并实施了故意伤害、寻衅滋

事、敲诈勒索、故意毁坏财物等大量违法犯罪活动，严重侵犯他人人身及财产权利，严重破坏社会秩序，后果严重。正是由于 S 非法释放的犯罪行为，使黑社会性质组织骨干成员 L 得以继续实施多起违法犯罪活动，严重危害社会，依法应当认定为情节严重。

【问题】私放在押人员情节严重的，处五年以上十年以下有期徒刑。但是哪些情形可以视为"情节严重"，法律和司法解释并没有明确规定。被私放的在押人员又犯罪的，与私放行为是否具有因果关系，是否能够作为法定刑升格条件，这些问题也始终困扰着一些办案人员，那么，实践中对此问题应该如何把握呢？

【解析】刑法第四百条第一款规定，司法工作人员私放在押的犯罪嫌疑人、被告人或者罪犯的，处五年以下有期徒刑或者拘役；情节严重的，处五年以上十年以下有期徒刑；情节特别严重的，处十年以上有期徒刑。《立案标准》中对私放在押人员罪的立案条件作了进一步规定。但是具体哪些情节属于私放在押人员罪中"情节严重"的情形，法律和司法解释并没有给出明确的答案。这就导致实践中对于私放在押人员罪很少认定情节严重、情节特别严重，进而判处五年以上有期徒刑。

实践中，私放在押人员重大案件包括：（1）私放三人以上的；（2）私放可能判处有期徒刑十年以上或者余刑在五年以上的重大刑事犯罪分子的；（3）在押人员被私放后又实施重大犯罪的。而特大案件包括：（1）私放五人以上的；（2）私放可能判处无期徒刑以上的重大刑事犯罪分子的；（3）在押人员被私放后又犯罪致人死亡的。虽然该规定不是对情节严重、情节特别严重的规定，但是从该规定的内容中，我们仍可以发现解决问题的进路。参照重特大案件标准，笔者认为同样可以从三个方面考虑私放在押人员罪情节严重、情节特别严重：一是私放的人数；二是私放人员可能判处的刑罚或者余刑；三是在押人员被私放后又犯罪的。但是，其中私放在押人员又犯罪的，与其他两个条件不同。无论是私放的人数还是被私放人员的刑期，都是从私放行为本身衡量情节是否达到（特别）严重程度，但是在押人员又犯罪的，则是与私放行为相分离的客观事实，这就需要考虑在什么情况下，可以将又犯罪的情节归责于私放行为，从而适用加重情节。

在上述案件中，S的辩护人就提出L在脱逃后实施的一系列违法犯罪行为，是受G指使，与释放行为本身并没有直接因果关系，不属于情节严重的辩护意见，而一审、二审法院认为正是由于S非法释放的犯罪行为，使黑社会性质组织骨干成员L得以继续实施多起违法犯罪活动，严重危害社会，依法应当认定为情节严重。从判决的表述看，在本案中法院认为只要非法释放行为与再犯罪之间具有条件关系，就可以认定为情节严重。

笔者认为，当私放行为与又犯罪之间符合滥用职权罪或者玩忽职守罪的因果关系，同时司法工作人员对又犯罪结果至少具有预见可能性时，才能将又犯罪的结果，作为适用加重法定刑的情节。换言之，判断是否可以将又犯罪的结果作为适用加重法定刑的情节，应该采用与刑法第三百九十七条因果关系相同的标准，并根据责任主义的要求，从主客观两个方面进行判断。关于因果关系的判断，前文已经讨论过，在此不再重复。

72 如何理解"在押人员"

【案情1】1997年4月，M设计拘禁H于家中，在拘禁H十余天催要欠款无望的情况下，向公安机关报案，称被H诈骗11万元。民警Z和L接待了M，讯问了H。H对诈骗M的动机、方法、过程和赃款的去向都作了比较详尽的供述。H已经涉嫌诈骗犯罪，同时，指控M存在非法拘禁的情形。但是，两办案民警当时并未采取任何措施，反而同意让M将H带离公安局。M继续非法关押H，为索要自己被H骗的11万元人民币，M和H合谋诈骗了W人民币15万元。两公安民警因涉嫌私放在押人员罪，被法院作出有罪判决。

【案情2】某派出所在查办一重大敲诈勒索案件时，查获两名犯罪嫌疑人L、Z。立案后Z被刑事拘留，但主犯L被群众打成重伤，需要住院治疗，公安机关对L采用监视居住，并聘请保安人员J看守。在看守过程中，L向J送600元现金后，J放松了对L的监视。某天晚上，L趁保安人员熟睡之际逃走。

【案情3】2005年10月17日，X因涉嫌诈骗人民币350余万元被公安机关立案侦查。因X尚在哺乳期，2006年1月20日，公安机关将其抓获后，于次日决定在X家里对其监视居住，由某派出所负责执行。因某派出所警力不够，遂请求F市保安公司派员协助执行监视居住，并签订了一份保安服务合同。自2006年1月21日始，F市保安公司按合同要求，派保安24小时轮流对X的住宅执行监视居住。某派出所也每天派出值班民警上门检查。2006年6月27日晚，H受委派，到X家接班。H反锁上安全门后，便坐在客厅看电视，后睡着了。次日6时许，H醒来发现安全门被打开，X不在家中，后公安机关闻讯派出大批警力追捕，但X仍未归案。法院以H涉嫌玩忽职守罪作出有罪判决。

【问题】对于没有采取强制措施，但已经在司法机关实际控制之下的人员是否属于在押人员，以及被监视居住的人员是否属于在押人员，实践中存在较大争议。法院判决对此问题的观点也不一致，这就导致对能否查办此类犯罪，始终无法准确把握。有观点认为应该对"在押人员"扩大解释，因为1979年刑法第一百九十条对刑法所规定的四种情况认定为私放罪犯罪，并对"罪犯"作了阐述，即"是指正在服刑的犯人，已被拘留、逮捕的刑事被告人，被群众扭送到政法机关的现行犯，已经经审查证实有犯罪事实的收审人员"。如果按照这种理解，上述三个案件的相关人员都属于在押人员。但是，反对观点则认为，对于未被采取剥夺人身自由强制措施的犯罪嫌疑人，即使处于司法机关的控制之下，也不能认定为在押人员。这样上述三个案件中的相关人员都没有采取拘留或者逮捕强制措施，即使监视居住虽然在一定程度上限制了人身自由，但是并不属于剥夺人身自由的强制措施，此时犯罪嫌疑人也不属于在押人员。对于两种相对观点，我们认为应当从形式与实质两个角度理解"在押"。

【解析】由于对什么是"在押"法律、法规没有规定，这就导致从不同角度对在押人员可以作出不同的解释，并且各种解释之间存在较大分歧。认为对在押人员应该进行扩大解释的观点，从1979年刑法第一百九十条私放罪犯罪的规定和相关解释中，以私放在押人员罪的历史沿革作为依据。而对"在押人员"采取限制解释的观点，认为该罪保护的是国家羁押权，私放没有被实际羁押的人员，没有破坏国家的羁押权，无法构成私放在押人员罪或者失职致使在押人员脱逃罪。各种争议观点，又将"在押人员"分为三类：一是监管说。即已经被法院判决有罪，且为立即执行自由刑罚，如拘役、有期徒刑、无期徒刑、死缓，其正在看守所、拘役所、少年管教所、监狱等地接受教育和劳动改造或者正在被送往上述地点途中。二是强制措施说。在押人员即司法机关为了保障诉讼的顺利进行而采取刑事拘留、逮捕等刑事强制措施，剥夺其人身自由的人，当然也包括监管说中的罪犯。三是实际控制说。即有证据证明涉嫌犯罪的犯罪嫌疑人和被告人、罪犯，其人身自由已被司法机关工作人员控制。如果此时看押的司法工作人员将其放走，则构成私放在押人员罪。

笔者认为，对于"在押人员"可以参考实际控制说的观点，做适当的扩大，对于已经被司法机关实际控制的、应当采取羁押措施的犯罪嫌疑人，或者已经实际执行指定居所监视居住的犯罪嫌疑人，都属于在押人员。负责监管的司法工作人员私放或者失职致使在押人员脱逃的，应该认定为私放在押人员罪和失职致使在押人员脱逃罪。笔者基于以下考虑得出这一观点：一是从对"在押"的文义解释看，"在"指的是"正在"，即实际处于"押"的状态，这样对于尚未处于司法机关实际控制的人员，就不能属于在押人员；而"押"既可以理解为"羁押"，也可以理解为"看押"，既可以包括剥夺自由的情况，也可以包括限制自由的情况，因此即使将实际执行指定居所监视居住或者已经实际处于司法机关控制下的，应该采取强制措施但尚未采取强制措施的情况，解释为"在押"也不违反罪刑法定原则。二是将私放在押人员和失职致使在押人员脱逃理解为国家羁押权，进而认为只有办理羁押手续的人员才能是"在押人员"，其实采用了循环论证的方法，即只有实际在押的人员才是"在押人员"，这是从形式上理解"在押人员"，而没有从私放在押人员罪和失职致使在押人员脱逃罪的实质根据处罚，为两罪划定合理处罚范围，论据并不充分。如果将客体（法益）理解为国家看押权，同样也可以采取实际控制说，并且侵犯国家的看押权，同样也有处罚的必要。三是对于上述三个案件，并不能完全依靠玩忽职守罪或者滥用职权罪替代私放在押人员罪或者失职致使在押人员脱逃罪。例如，私放被指定居所监视居住的犯罪嫌疑人，犯罪嫌疑人已经逃离指定监居的房间，但在逃离翻越外围围墙时被抓获，对于是否造成重大损失结果，必然存在争议，甚至难以认定，将此种情况的犯罪嫌疑人作为在押人员，进而认定为私放在押人员罪，更为合理。四是对于指定居所监视居住，虽然是对于嫌疑人自由的限制，但从实际情况看，也有必要将其与拘留同等评价。五是从对于脱逃罪的表述差异看，脱逃罪使用了"关押"而没有使用"在押"，"关押"强调结果，而"在押"强调过程，对"在押"作扩大解释，不存在体系冲突。

因此，笔者认为【案情1】中如果根据查证的事实，犯罪嫌疑人M、H应该采取限制、剥夺自由的强制措施，那么M、H就是在押人员。【案情2】【案情3】中的犯罪嫌疑人已经实际处于公安机关控制下，被限制人身自由，因此都是在押人员。

第六章　司法工作人员利用职权实施的侵犯公民人身权利犯罪

73 如何理解刑讯逼供致人伤残、死亡

【案情】2019年11月2日，被告人T、L等人将犯罪嫌疑人M带至办案区审讯，由于M拒不供述，T、L等人为逼取口供，对M实施了刑讯逼供行为，导致M昏迷，后经医院抢救无效死亡。该案件法院以故意伤害罪（致人死亡）对T、L等人作出有罪判决。

【问题】刑法第二百四十七条规定，司法工作人员对犯罪嫌疑人、被告人实行刑讯逼供或者使用暴力逼取证人证言的，处三年以下有期徒刑或者拘役。致人伤残、死亡的，依照本法第二百三十四条、第二百三十二条的规定定罪从重处罚。对于如何理解这里的"致人伤残、死亡的，依照本法第二百三十四条、第二百三十二条的规定定罪从重处罚"，存在不同观点。在理论上，既具有将此条理解为注意规定的观点，也有理解为法律拟制的观点，二者之间的区别在于，对于刑讯逼供造成被害人伤残、死亡的是否需要行为人具有伤害、杀害的故意。将此条理解为注意规定，只有当行为人在刑讯逼供时具有伤害被害人或者杀害被害人的故意，且实际造成被害人伤残、死亡，才能认定为故意伤害罪、故意杀人罪，并从重处罚。而法律拟制的观点则认为，只要刑讯逼供行为致人伤残、死亡的，即使没有伤害的故意与杀害的故意，也应该认定为故意伤害罪、故意杀人罪。虽然对此问题存在理论分歧，

但是司法实践中,基本上是将此规定理解为注意规定。

【解析】对此问题,理论观点与实践做法存在明显不同。由于主流学者的支持,越来越多的理论观点认为刑讯逼供致人伤残、死亡的规定是法律拟制。而司法实践观点普遍认为,对于刑讯逼供造成被害人死亡的情况,应以故意伤害致人死亡的加重情节认定。这是因为,刑讯逼供行为是以逼取口供为目的,如果以故意杀人为目的,就和逼取口供的目的相互冲突,所以对于造成被害人死亡的情形,只能认定为故意伤害罪。其实,并非实践部门不了解理论中存在的各种分歧,只是从不同目的出发,法律拟制的观点与实际情况相脱节。法律拟制观点主要基于以下几个方面考虑:一是从刑讯逼供侵害的法益角度考虑,刑讯逼供行为不仅侵害了被害人的人身权利,同时也侵害了司法公正,与单纯的故意伤害、故意杀人行为相比,具有更为严重的违法性。二是从刑事政策角度考虑,在司法实践中存在刑讯逼供,有必要通过更重刑罚予以处罚,实现预防犯罪的目的。三是从法条解释角度考虑,法律使用的表述是"致人死亡",而不是故意杀人,就是考虑到逼供目的与故意杀人目的相冲突,因此,将过失造成被害人死亡的情况,拟制为故意杀人罪符合立法原意。

而司法实践中将"致人伤残、死亡的"理解为注意规定,主要基于以下几个方面的考虑:一是司法工作人员在办理案件中,案件侦破压力大、来自原案被害人等方面的压力也确实客观存在,虽然刑讯逼供行为应该坚决反对,并加大处罚力度,但是从罪责刑相适应角度考虑,刑讯逼供致人伤残、死亡的,与故意杀人、故意伤害责任程度还有一定差别。二是法律对构成故意伤害、故意杀人的情况从重处罚,已经体现严厉打击、制止刑讯逼供行为的刑事政策导向,无须再通过法律拟制的规定,进一步加大处罚力度。三是从法律解释角度考虑,杀人故意与逼供故意也不是不可以共存,为了逼取口供不顾被害人死活,采取足以造成被害人死亡的手段,或者逼取口供过程中，一时激愤产生杀人的故意，这样的情况虽然罕见，但都有存在的可能，"致人伤残、死亡的，依照本法第二百三十四条、第二百三十二条的规定定罪从重处罚"的规定，就是为了提示司法人员，在出现这种情况时，要以故意伤害罪、故意杀人罪从重处罚。这也是司法审判的一贯做法，既具有理论依据，体现刑事政策导向，又符合司法审判实际，因此，我们同意将致人伤残、死亡的规定理解为注意规定的观点和做法。

74 超期羁押情节严重的是否构成非法拘禁罪

【案情】某县公安局派出所在办理犯罪嫌疑人L涉嫌强奸罪一案时，于2013年8月2日提请检察院批准逮捕，8月9日检察院以事实不清、证据不足作出不批准逮捕决定，并将决定书送达公安机关。收到不批准逮捕决定书后，派出所所长J没有按照刑事诉讼法的规定立即释放L，而是安排案件承办人以流窜作案为由将L的拘留期限延长至同年8月27日。直至2013年8月29日检察院向公安局发出纠正违法通知书，L才被释放。

【问题】一般而言，对于超期羁押情节严重的可以构成非法拘禁罪。但是就具体案件而言，是否能够认定为犯罪，是构成玩忽职守罪、滥用职权罪，还是认定为非法拘禁罪，个案的判决又有不同。那么，超期羁押情节严重的是否属于重大损失结果之一，哪些超期羁押可以认为构成非法拘禁，如何准确适用罪名，这些具体问题影响到案件的查办与处理，需要进一步研究。

【解析】非法拘禁行为既包括积极地剥夺他人人身自由的作为行为，同时也包括应当释放而不释放的不作为行为。有观点认为，当负有使被害人脱离一定场所的法律义务的人，故意不履行义务时，也可能成立非法拘禁罪。虽然这种观点将违反法律义务，该解除强制措施而没有解除，导致被害人被超期羁押的情况，认定为不作为形式的非法拘禁，具有一定的合理性，但是，如果详细分析，这种观点仍有进一步细化的余地。

首先，由于非法拘禁是故意犯罪，只有故意剥夺被害人人身自由，才能构成非法拘禁罪。对于超期羁押情形的非法拘禁，故意的内容还要明知羁押行为违反法律规定，如果司法工作人员错误理解并适用法律，认为羁押行为合法，实际导致超期羁押结果，此时由于司法工作人员缺少"非法"拘禁的故意，也难以认定为非法拘禁罪。例如，上述案件中的 J，其通过延长羁押期限的方法，将应该释放的犯罪嫌疑人超期羁押，羁押行为本身是违法的，但是如果 J 误以为办理了延长羁押期限的手续之后，就可以不释放，此时，J 主观上对于"非法"拘禁行为是过失，应该认定为玩忽职守罪，而不能认定为非法拘禁罪。因此，无论在侦查还是审判中，由于超期羁押具有违反法定义务的特殊性，有必要对违法的故意进行调查取证与分析说理。

其次，故意不履行义务与故意剥夺人身自由，不一定完全相同。例如，某服刑罪犯 C 电子档案的服刑期满时间错误，按照规定民警 Z 应对信息平台进行审核，但是 Z 故意不履行审核职责，导致 C 被超期羁押 300 余天。在这个案件中 Z 对于违反审核义务存在故意，但是对于超期羁押存在过失，此时不能认为行为人构成非法拘禁罪，而应认定为滥用职权罪。同样，假如 Z 应知道而不知道，具有审核义务，没有履行相关职责，是过失不履行审核义务，同时对超期羁押结果也是过失，可以构成玩忽职守罪。在这个案例中，Z 因过失不履行职责，被判处玩忽职守罪。

最后，对于司法工作人员故意对犯罪嫌疑人超期羁押，可能同时构成非法拘禁罪和具有徇私舞弊情节的滥用职权罪，此时应该认定为滥用职权罪。完全可能存在司法工作人员徇私舞弊，超期羁押的情况，由于刑法第三百九十七条第二款规定的法定刑重于非法拘禁罪的法定刑，此种情况应该按照想象竞合，择一重罪处断。因此，对于超期羁押现象背后是否存在徇私动机，也是查办此类犯罪时需要关注的问题。

75 未履行审批程序就对被执行人采取司法拘留措施，是否构成非法拘禁罪

【案情】2018年7月2日，某法院受理执行人C的申请，对L立案执行。2019年2月2日，申请执行人C发现L，便拨打报警电话，警察到场后将L抓获，因L涉嫌诈骗罪被立案侦查。当天21时许，某法院法官H，在未经审批的情况下，仅凭工作证和执行案件公告将L带至某法院，并使用手铐进行约束。次日，经H调解，L和C达成执行和解。H于2月3日18时许，将L送回公安机关。L被限制自由近21小时。

【问题】司法工作人员违反法律，故意将不应该拘禁人拘禁，此时可以构成非法拘禁罪，没有争议。但是如果按照法律规定，可以对被害人进行拘禁，但是司法工作人员在限制自由时，没有履行法定程序，是否构成非法拘禁罪？对此问题的认识并不完全统一，仍有进一步研究的必要。

【解析】在违反法定程序，涉嫌非法拘禁的案件中，辩护人或者被告人都会辩解是在履行公务，虽然限制他人人身自由，没有履行法定审批程序，但是限制自由符合实体法律的规定。不过，从现有司法实践情况看，对"非法"拘禁的理解更加严格，"非法"不仅包括违反实体法律，还包括未履行法定程序的程序非法。我们赞同程序非法也属于非法拘禁的观点，理由如下。

自由权是公民最重要的基本权利之一。根据宪法规定，任何公民，非经人民检察院批准或者决定或者人民法院决定，并由公安机关执行，不受逮捕。宪法从实体与程序两个方面对公民的自由权予以规定：一方面，从实体上宣示自由权的重要地位；另一方面，从程序上规定了非经法定程序不能对公民进行逮捕。宪法作为国家的基本法律，是理解和解释法律的重要依据。因此，将刑法中的"非法"拘禁解释为既包括实体违法，也包括程序违法，

符合法律的立场。

从对"合法"一词的文义解释来看，也必须同时满足程序与实体两个方面的要求。合法拘禁当然不构成犯罪，但既然是"合法"，这种合法就不能是带有瑕疵的"合法"，否则，就会出现不符合程序法的"合法"这种自相矛盾的表述。

从犯罪构成而言，"合法"是阻却违法的事由，从实质上理解，只有实际利益大于损害利益时才可以例外地将限制、剥夺公民人身自由的行为合法化。因此，对于例外事由，应该进行严格限制。违反程序法律时，利益衡量的两方，一方是公民自由受到了侵害，以及司法活动的正常秩序遭到了破坏；另一方是实体法律保护的利益得到了维护。在双方衡量的天平中，很难得出实体利益一方更加重要的结论。而且，相关法律对可以不履行审批程序限制人身自由的特殊情况已经事先进行了规定，从这一点看，法律已经作出了价值选择，无须司法人员在个案中另外扩大合法的范围。

在上述案件中，人民法院即认为"依照法律的规定，对被执行人进行拘传或者拘留均由院长批准或者决定，需要制作拘传票或者拘留决定书并向被执行人送达……均应依照法定程序进行"，并以此理由认定H构成非法拘禁罪。

76 如何评价虐待行为与基础疾病共同导致被监管人死亡的情形

【案情】被告人L系某监狱禁闭室主任，2019年6月8日晚，服刑罪犯W因不服从监管，被送进隔离室禁闭审查。6月10日至11日，L因W仍不服从监管，用脚、警棍等物品击打并辱骂W。6月12日，W癫痫病发作，送医后抢救无效死亡。经鉴定，W的死亡符合在癫痫病、高血压等疾病的基础上，因全身多器官感染导致多器官功能障碍死亡。

【问题】 本案具体涉及两个方面的问题：第一，在监狱司法工作人员正常履行职务时，对于不服从监管的罪犯，不可避免地需要采取一定的强制手段，由此造成的死伤结果是否一概认为构成虐待被监管人罪。第二，对于身体正常的人并不会造成死伤结果的殴打、辱骂行为，如果介入罪犯的基础疾病，导致罪犯死伤的，是否符合立案标准的要求，可以立案侦查。其实，这种疑问不仅在本罪中，在其他以人身伤亡作为立案标准的司法工作人员相关职务犯罪中亦存在。笔者以个案的具体情况，对此类问题进行研究，进一步明确侦查重点。

【解析】 对此问题，笔者认为应该从客观和主观两个方面进行理解。

首先，根据监狱法第四十五条的规定："监狱遇有下列情形之一的，可以使用戒具：（一）罪犯有脱逃行为的；（二）罪犯有使用暴力行为的；（三）罪犯正在押解途中的；（四）罪犯有其他危险行为需要采取防范措施的。前款所列情形消失后，应当停止使用戒具。"因此，原则上可以认为，合法使用戒具时，阻却行为有违法性。但是，监狱法第四十五条仅仅是对可以使用戒具的情形进行了规定，并没有对使用戒具的限度进行明确，当然不能认为，在法定可以使用戒具的情形中，可以无限制地使用戒具，无论是否造成罪犯伤亡结果都不能认为构成虐待罪。

在法定允许使用戒具的情形中，使用戒具种类和程度也应该符合法律的规定。对此，《中华人民共和国人民警察使用警械和武器条例》等相关规定，将警械分为三大类，并对相应的使用要求进行了明确的规定：第一类是驱逐性、制服性警械，如警棍。第二类是约束性警械，如手铐。这两类警械都不以造成人身伤亡为目的。而第三类警械是攻击性、杀伤性的武器，如枪支等。只有严重危及公共安全或者他人人身安全时才可以使用。由此可见，对于警械使用是否符合必要的限度，应该综合考虑以下具体情况：（1）违法犯罪的类型和程度。不同类型的违法犯罪行为或者违法犯罪行为发展的不同程度，可以使用的警械种类和限度是不一样的。例如，对于越狱行为，处于谋划阶段和已经实际实施阶段，可以采取的措施和限度是不同的；（2）使用戒具的实际效果，能够采取伤害程度小的方式达到控制、约束等目的，就不能采取伤害程度大的方式；（3）符合补充性的要求，即只有采取其他缓和的方法，没有办法达到控制、约束目的时，才可以考虑使用戒具，而不能以伤害、杀害、挟私报复等为目的，过度使用警械，这就是说只有在极其严格的条件下，才可以使用能够造成人员伤亡的警械，只有此时造成人员伤亡结果才能阻却违法，不认为行为构成虐待被监管人罪。

其次，并非存在客观的强制行为，就可以认为涉嫌虐待被监管人罪，特别在被监管人自身患有基础疾病的情况下，被监管人的伤亡结果是多种原因共同造成的，此时仍需要考虑司法工作人员对于被监管人自身患病的情况是否具有现实的认识，或者具有认识的可能性。这样当结合主观内容之后，虐待被监管人致人伤亡的情形，就包括这样三种情况：一是司法工作人员对被监管人患病的情况具有过失，故意超过法律许可限度对被监管人进行约束、控制和攻击，过失致人伤亡的，按照前文观点，宜认定为故意伤害罪。二是司法工作人员明知被监管人患有基础疾病，仍然对其采取有损生命、健康的方式进行惩戒，如果被监管人伤亡，应认定为故意伤害罪或故意杀人罪。三是司法工作人员应知也能知被监管人特殊状况，即使确不知，强制行为达到虐待的程度，并致被监管人伤亡，宜认定为虐待被监管人并属于情节特别严重。同是司法工作人员确有理由无法知道被监管人特殊状况，此时，不能将伤亡结果归责于司法工作人员的虐待行为，司法工作人员的行为本身属于情节严重的，构成虐待被监管人，可判处三年以下有期徒刑或者拘役。

第七章　徇私舞弊减刑、假释、暂予监外执行罪

77 徇私舞弊减刑罪是结果犯还是行为犯

【案情】J 在 2015 年至 2020 年担任某监狱监区长、政治教导员期间，非法收受罪犯 D 亲友所送的烟酒、现金等财物，违规对罪犯 D 进行工种调整、报批服刑改造积极分子等，使 D 获得较多的狱政奖励，为 D 减刑创造条件。此外，J 在明知 D 在狱内存在违规会见、安排亲属带书进监、安排亲友向民警行贿等多次违规违纪行为，不但未按相关的监规纪律作出处理，反而予以隐瞒，掩盖 D 真实服刑表现，四次为 D 报请减刑，其中三次报请减刑未获得批准。

【问题】刑法第四百零一条规定的徇私舞弊减刑、假释、暂予监外执行罪是行为犯还是结果犯，即本罪成立是否需要罪犯被实际违法减刑、假释、暂予监外执行，实践中存在争议：第一种观点认为，该罪是结果犯，罪犯必须实际获得违法减刑、假释、暂予监外执行才能成立本罪，仅仅违法报请、裁定、决定或者批准减假暂，但罪犯没有实际获得减假暂的，成立本罪未遂；第二种观点认为，本罪是行为犯，只要违法报请、裁定、决定或者批准减假暂，无论罪犯是否实际获得减假暂，都成立本罪。上述案件中，J 为 D 四次违法报请减刑，其中三次没有获得批准，而法院仍认为"被告人 J 身为刑罚执行机关的工作人员，利用职务之便，徇私舞弊，明知罪犯不符合减刑条件，仍违规为其报请减刑，其行为已经构成徇私舞弊减刑罪"，可见，本

案法院采取上述第二种观点，认为只要存在违法报请减刑的行为，就构成徇私舞弊减刑罪。

【解析】笔者基本同意法院对本案的观点。

但需要注意的是，《立案标准》根据行为人是否具有报请、裁定、决定或者批准权，分别作出规定，根据《立案标准》徇私舞弊减刑、假释、暂予监外执行案第一款的规定，刑罚执行机关的工作人员对不符合减刑、假释、暂予监外执行条件的罪犯，捏造事实，伪造材料，违法报请减刑、假释、暂予监外执行的，应予立案。从规定的内容能够发现，对于具有报请、裁定、决定或者批准权的行为人一旦实施相应的渎职行为，即达到追诉标准。而第四款规定，不具有报请、裁定、决定或者批准减刑、假释、暂予监外执行权的司法工作人员利用职务上的便利，伪造有关材料，导致不符合减刑、假释、暂予监外执行条件的罪犯被减刑、假释、暂予监外执行的，应予立案。可见，对不具有相等权限的司法工作人员，则必须"导致不符合减刑、假释、暂予监外执行条件的罪犯被减刑、假释、暂予监外执行"。

不具有相关权限的司法工作人员的行为，必须依赖于具有相关权限的司法工作人员的行为，并从罪名的设置看，本罪的司法工作人员应当限于具有减刑、假释、暂予监外执行报请、裁定、决定或者批准，以及审查权限的司法工作人员，或者对上述司法工作人员具体的减假暂活动具有指挥、领导职责的司法工作人员，包括监狱、监狱管理局、检察机关、审判机关以及看守所等具有上述具体职责的司法工作人员。由此可见，第四款的规定内容实际包括了两类主体：一是对减假暂审查的检察员；二是不具有具体报请裁定、决定、批准审查权限的其他司法工作人员。对于第一种情况，检察人员审查也是减假暂的重要环节，对该环节的徇私舞弊行为应与其他环节的行为采取相同评价标准。而第二种情况针对的是教唆犯和帮助犯，对此类主体的教唆、帮助行为依据刑法总则共犯规定处理即可，不需要单独规定，更不需要在共犯成立犯罪的一般条件之外增加特殊条件。

但根据现有司法解释的规定，对于具有减假暂报请、裁定、决定或者批准权的司法工作人员，按照行为犯，以作出报请、裁定、决定或者批准行为时构成犯罪。而不具有报请、裁定、决定或者批准权的司法工作人员，按照结果犯，减刑、假释、暂予监外执行结果实际发生才构成犯罪。

78 徇私舞弊减刑、假释、暂予监外执行行为超过追诉时效，可否认定为刑法第三百九十七条之罪

【案情】2008年10月，服刑罪犯M伪造病情申请保外就医。某监狱负责保外就医的审核人员S，收受M家属好处，明知M不符合保外就医条件，仍将M的申请报送监狱会议研究，并于2008年10月报请省监狱管理局审批，最终M于2009年5月获得保外就医批准。2019年4月，检察机关对S涉嫌相关渎职犯罪立案侦查。

【问题】对于本案中S的行为本身涉嫌渎职犯罪不存在争议，但是对于S的行为是否超过追诉时效的问题，存在两种观点：第一种观点认为，S的行为应该认定为徇私舞弊暂予监外执行罪，按照刑法第四百零一条的规定，S的行为适用三年以下法定刑，追诉时效为五年。S为M报请保外就医的时间是2008年10月，那么，S的徇私舞弊暂予监外执行行为自2013年10月之后追诉时效就已经届满了，检察机关于2019年4月才对S立案侦查，已经超过追诉时效。

第二种观点认为，虽然以徇私舞弊暂予监外执行罪追究S的刑事责任确实存在追诉时效问题，但是最终M被违法保外就医的结果发生在2009年5月，如果按照滥用职权罪，并考虑徇私舞弊情节，适用刑法第三百九十七条第二款的规定，法定刑为五年以下，追诉时效为十年，2019年4月立案时并

不超过追诉时效。

【解析】 笔者同意第二种观点的意见，以滥用职权罪追究 M 的刑事责任，因为存在徇私舞弊情节，追诉时效为十年，2019 年 4 月立案侦查追诉时效中断，因此，并不超过追诉时效。

首先，前文对徇私枉法罪与滥用职权罪关系的理解，同样适用于徇私舞弊减刑、假释、暂予监外执行罪与滥用职权罪，由于按照《立案标准》的规定，徇私舞弊减刑、假释、暂予监外执行罪通常情况下是行为犯，而滥用职权罪要求发生现实的重大损失，因此在法条关系上，行为符合徇私舞弊减刑、假释、暂予监外执行罪的规定，并不必然符合滥用职权罪的规定，只有在具体案件中，徇私舞弊减刑、假释、暂予监外执行行为实际造成了违法减刑、假释、暂予监外执行的结果时，才可能同时构成滥用职权罪，此种情形作为想象竞合更为适宜。如此理解，当徇私舞弊减刑、假释、暂予监外执行的行为造成实际结果，由于具有徇私舞弊情形，应当适用刑法第三百九十七条第二款的规定，加重处罚。但刑法第三百九十七条对此种情况作出了特殊规定，即"本法另有规定的，依照规定"，因此，由于罪刑法定原则，此种情况不采取择一重罪的处罚原则，而依照徇私舞弊减刑、假释、暂予监外执行罪的刑罚处罚。但如果依照"另有规定"不能处罚，仍然应该按照第三百九十七条的规定处罚。

其次，对于追诉时效的终止时间，存在移送审查起诉日、开庭审理日、判决日、立案日等各种观点。追诉是一个追究刑事责任的过程，这个过程从立案开始，包括起诉、审理、最终判决，而追诉时效的终点必然是一个时间点，因此从整个追诉程序中选取哪一个时间点作为追诉时效的终点，是需要进一步研究的。对此问题，笔者已专门作出解析，在此处，笔者采取实践中的一贯做法，以立案时作为追诉时效的终点。那么 2019 年 4 月对 S 立案时追诉时效已经停止计算，不存在追诉时效届满的问题。

79 放任违反监规行为，是否构成徇私舞弊减刑罪

【案情】2013年至2016年5月，罪犯B在某监狱第六监区服刑，该监区管教民警F，收受罪犯B朋友的好处，在B没有参加劳动的情况下，仍给B按照正常劳动加分。2015年2月和2017年2月，罪犯B两次获得积分减刑。

【问题】认为F构成徇私舞弊减刑罪的观点认为，服刑人员的减刑要经过多个司法程序，涉及的司法人员权限不一，每个司法人员各负其责，只要司法人员充分、完全地利用其在减刑程序中的职务便利进行舞弊，至减刑程序进入下一不在其法定职权控制范围之内的环节时，即可成立犯罪既遂，所以，即使罪犯B在2017年2月报请、获批减刑时，已经不在F所在监区服刑，F对B的减刑也没有报请、审核权限，但减刑依据仍然是在F所在监区工作时的劳动积分，F构成徇私舞弊减刑罪。但是，对于该案件仍有必要进行更细致的研究。一是F构成徇私舞弊减刑罪，是由于F不该给B加分而加分的行为，还是在2017年2月B报请减刑时，F虽然没有报请职责，但由于B劳动积分造假，F应该予以纠正而没有纠正，纠正职责的来源是什么？如果将F的违法点聚焦在2016年5月之前的虚假劳动积分上，因为2017年2月B减刑时"减刑程序进入下一不在其法定职权控制范围之内的环节"，此环节与F无关，更谈不上F存在失职渎职行为。因此，认为F构成徇私舞弊减刑罪的观点提出，不具有报请、审核职责的监管民警，没有提出异议，也构成相关犯罪。"公示期内，无论犯人还是民警都还可以对拟减刑的罪犯提出异议"。不具有报请、审核职责的监狱民警徇私舞弊减刑违反的职责是什么，既关系到犯罪评价的重点，进而影响侦查工作的取证方向，另外，在具体案件中，可能还涉及追诉时效的起算点问题。二是对于没有报请职责的

司法工作人员，犯罪既遂是以减刑程序进入下一个不在其法定职权控制范围之内的环节为准，还是以实际获得减刑为准？

【解析】笔者认为，对不具有报请、审核职责的监管民警成立徇私舞弊减刑罪的范围应采取谨慎态度。

首先，虽然任何民警都可以在公示期内对减刑、假释、暂予监外执行提出异议，但对于明知罪犯不符合减假暂条件而没有提出异议的行为，即使存在徇私情节，也不宜认定为徇私舞弊减刑、假释、暂予监外执行罪。之所以这样考虑，有以下几点理由：一是这种异议权与报请减刑、假释、暂予监外执行的职责不同，从刑法第四百零一条"对不符合减刑、假释、暂予监外执行条件的罪犯，予以减刑、假释或者暂予监外执行的"的表述分析，该罪处罚的是徇私舞弊违法减假暂行为，而不是对违法减假暂不予纠正、制止的行为，不能过分扩大本罪的处罚范围，进而违反罪刑法定原则。二是也不能将狱警没有提出异议的行为按照滥用职权罪、玩忽职守罪定罪处罚。笔者认为，公示期内提出异议并不是狱警的强制义务或法定职责。因为，公示期内罪犯也可以提出异议，但认为提出异议是罪犯的义务，不履行该义务罪犯就违反规定，甚至构成相关渎职犯罪的共犯，显然是不合理的。同样，对于警察而言，也不能将异议权作为职责的来源。三是从处罚必要性角度分析，明知罪犯不符合减假暂条件而不提出异议，与违法报请、裁定、决定或者批准减假暂行为的处罚必要性也存在明显差异。

其次，按照笔者观点，《立案标准》徇私舞弊减刑、假释、暂予监外执行案第四款不具有相关职权的司法工作人员包括了检察人员与其他司法工作人员，其中其他司法工作人员应理解为无职权司法工作人员教唆、帮助有职权司法工作人员的情况。之所以这样理解除了前文已经论述的理由之外，结合本案，笔者再补充以下理由。不具有减假暂报请、裁定、决定或者批准权的司法工作人员，利用职务便利，伪造有关材料的行为，是本罪的帮助行为，帮助行为正犯化必须基于法律的规定，司法解释无权扩大成立犯罪的范围。而且也不应将无相关职权的司法工作人员作为间接正犯，间接正犯也是正犯，徇私舞弊减刑罪的主体应限于具有具体职权的司法工作人员，无减刑报请、裁定职权的司法工作人员，利用其职务便利，伪造有关材料导致实际减刑的，笔者更倾向于认定为滥用职权罪。

最后，日常积分是减刑的必要条件，当导致不符合条件的罪犯获得减刑时，徇私舞弊减刑罪既遂，不能将减刑程序离开法定职权控制范围作为犯罪既遂的时间，《立案标准》作出了明确的规定。但仍需要说明两点：一是根据《立案标准》第十一条第四款的规定，不具有报请、裁定、决定或者批准减刑、假释、暂予监外执行权的司法工作人员利用职务上的便利，伪造有关材料，导致不符合减刑、假释、暂予监外执行条件的罪犯被减刑、假释、暂予监外执行的，应予立案。可见，不具有报请职责的监管民警伪造积分材料，实践中大部分罪犯减刑时的实际积分远远超过减刑需要的积分，这就导致，即使按规定对罪犯日常违规行为予以减分，罪犯所剩积分可能仍然符合减刑条件，换言之，此时不予减分的渎职行为并未造成违规减刑的结果，不能认定为徇私舞弊减刑罪。二是对于日常监管民警是否构成徇私舞弊减刑罪，不仅要考虑日常考核材料在罪犯减刑中的作用，同样需要查明监管警察是否具有违法减刑的故意。故意是事实问题，必须通过证据加以积极证明。

80 数次为同一罪犯违法报请减刑的，是否构成连续犯

【案情】2015年10月，罪犯D投入某监狱第一监区服刑。其间，该监区监区长J多次接受罪犯D亲友的宴请，并收受现金，违规为D调整工作岗位，明知D在服刑期间存在多次违规会见、私藏香烟等违反监规的行为，仍违规四次为D报请省级、监狱级劳动改造积极分子，并四次为D报请减刑。

【问题】 对同一罪犯多次违法减刑的,是评价为连续犯还是将每一次违法减刑的行为都单独评价为一次犯罪行为,这一问题不仅关系到对于单人多次徇私舞弊减刑行为如何准确认定,更与量刑密切相关。徇私舞弊减刑一次,与对同一罪犯徇私舞弊减刑多次,应当在处罚上有所差别。笔者认为,必须从法律上准确评价对同一罪犯实施的多次违法减刑、假释、暂予监外执行行为,才能与罪责刑相适应原则要求相一致。

【解析】 该罪的最低追诉时效为五年,时间跨度大于罪犯的减刑间隔期。实践中,在初次违法减刑后,再次减刑中仍很可能不履行职责,采取隐瞒真实情况或者虚构事实等手段再次违法办理减刑,可能又构成新的犯罪。这种情况根据刑法第八十九条第二款的规定,前罪的追诉期限从犯后罪之日起计算。虽然连续犯也是从最后一次违法减假暂行为时开始计算追诉时效,但基于以下三个理由,笔者建议可以将后续每次违法减刑行为单独评价:一是成立连续犯,需要主观上具有同一或者概括的故意,但是查证存在连续犯同一或概括的故意难度较大,容易导致认识分歧,与其增加调查取证难度,将数次违法减刑作为连续犯处理,不如查清每一次单独的违法减刑行为是否构成犯罪,进而单独评价。二是研究是否认定为连续犯,最终的目的是合理量刑。实践中多次违法减刑涉及的司法工作人员较多,后续作出违法减刑行为的人员不一定与前次具有连续性,在这种情况下,应当将每次参与违法减刑的行为人,与参与次数较少的人员区别对待。虽然,司法实践中,对于同种数罪一般不数罪并罚,但是在量刑上仍有必要对同种数罪与一罪进行区别对待。对同一罪犯的每一次违法减刑行为单独评价,并加重处罚,有利于实现罪刑相适应。三是相比连续犯,将数次违法行为单独评价为新的犯罪,也符合司法解释的立场。徇私舞弊减刑、假释、暂予监外执行办理三次以上或者一次办理三人以上的,属于重大案件;办理五次以上或者一次办理五人以上的,属于特大案件。笔者认为,可以参照该标准,通过将司法工作人员数次违法减刑单独评价，从而认定为情节严重，适用三年以上七年以下有期徒刑，追诉时效为十年。

81 包庇违反监规行为与违法报请减刑是否具有牵连关系

【案情1】Z在担任某监狱二监区一警区副警长期间，利用职务之便，非法收受服刑罪犯W、L、H等共计人民币4.4万元。Z明知上述服刑罪犯存在严重违反法律和监规的行为而予以隐瞒，在讨论对罪犯提请减刑的监区全体民警会议上及提请减刑过程中未提出异议，签字同意呈报减刑，致使上述不符合减刑条件的服刑罪犯获得减刑。

【案情2】2016年8月至2019年11月，X在担任某监狱二监区监区长期间，明知6名罪犯在监区内使用手机赌博，因担心事情败露，影响其个人前途，私下处理二监区服刑人员手机网络赌博事件，且在罪犯减刑中刻意隐瞒，导致6名参与赌博的罪犯分别获得减刑。该事件造成了恶劣的社会影响。

【问题】有观点认为，监管民警隐瞒罪犯违反监规的行为（前行为），其后又违规为罪犯报请减刑（后行为），前后两个行为具有牵连关系，前者是手段行为，后者是目的行为，应该按照牵连犯的原则，择一重罪处罚，或者择一重罪从重处罚。

以上两个案件分别代表了徇私舞弊减刑罪的两种不同情况。在【案情1】中，行为人违反监规不予处罚的行为（前行为）最终导致不符合减刑条件的罪犯获得减刑，主张成立牵连犯的观点可能会认为，前行为构成滥用职权罪，而Z明知W等罪犯不符合减刑条件，徇私舞弊报请减刑（后行为），单独又构成了徇私舞弊减刑罪。在这种情况下，前后两个行为分别构成犯罪，但不应该按照滥用职权罪和徇私舞弊减刑罪数罪并罚，而应该认定成立牵连犯，适用牵连犯处罚原则。

第七章　徇私舞弊减刑、假释、暂予监外执行罪

在【案情2】中，前行为实际造成了两个结果，一个是不符合减刑条件的罪犯获得减刑，另一个是网络媒体曝光的恶劣社会影响，而后行为又构成徇私舞弊减刑罪，前后两个行为是否属于牵连犯，应该如何定罪处罚？对于这个问题，牵连犯说并没有给出明确的回答。

在【案情1】中法院以Z构成徇私舞弊减刑罪作出有罪判决，【案情2】中法院判决X构成滥用职权罪。笔者将结合具体案件情况，对此问题展开研究。

【解析】一般认为，牵连犯是指犯罪的手段行为或者结果行为，与目的行为或原因行为分别触犯不同罪名的情况。牵连犯事实上存在两个行为，原本成立两罪应当数罪并罚，只是由于手段行为与目的行为、结果行为与原因行为之间具有密切关联性，才不实行数罪并罚。如果数个行为能够评价为牵连犯，按照牵连犯的处罚原则，一般认为应该择一重罪或者择一重罪从重处罚。因此，从实质上分析，牵连犯是把事实上的数个犯罪行为，作为一个犯罪处罚。那么，我们在研究具体案件是否能够按照牵连犯处罚时，需要考虑两个方面的问题：一是是否存在应该评价为数罪的数个独立的犯罪行为；二是按照数罪并罚刑罚过重，并不合理。只有当这两个条件都具备时，才有必要按照牵连犯处罚。按照这一标准，我们具体分析一下【案情1】和【案情2】的情况。

我们需要研究【案情1】和【案情2】在事实上是否存在两个行为。从一般观念上看，前后两个行为存在间隔，而且行为方式也不相同，一个表现为隐瞒违反监规的行为，另一个表现为违法报请减刑行为，事实上的确可以作为两个行为看待，但是作为犯罪行为而言，还要进行某种程度的规范评价。之所以评价为违法减刑，是因为隐瞒了罪犯违反监规的行为。而且，对于类似【案情1】的情况，减刑是违法报请行为的当然结果，是前后两个行为共同造成的，因此，前后两个行为完全可以概括地评价为一个行为。不存在成立牵连犯的前提。【案情1】的情况中，一个行为既构成滥用职权罪，

又构成徇私舞弊减刑罪，应该按照想象竞合的原则，认定为徇私舞弊减刑罪。因此【案情1】的判决结论是正确的。

但是【案情2】的情况中，如果适用徇私舞弊减刑罪，就不能完全评价造成恶劣社会影响的结果，此时应该例外地按照想象竞合的原则，适用刑法第三百九十七条第二款，认定为滥用职权罪。

基于上述原因，笔者基本同意【案情1】和【案情2】的判决结论，而反对一概将此类情况作为牵连犯的观点。

82 罪犯请托违规减刑、假释、暂予监外执行的，罪犯的行为如何定性

【案情】罪犯W因犯窝藏罪、非法储存爆炸物罪、非法持有枪支罪、逃税罪被法院判处有期徒刑十年，并处罚金人民币15万元。W在留所服刑期间，请看守所所长Y、教导员X帮忙办理保外就医，并给予二人好处。此后，W向X提出通过吃药的方式伪造相关疾病，X表示同意，并将此想法告知Y。最终，在Y、X二人的帮助下，W成功骗取保外就医。

【问题】本案中，看守所所长Y和教导员X因为构成徇私舞弊暂予监外执行罪被判处刑罚，不存在任何争议。但是，对于罪犯W是否因为参与Y和X的犯罪行为，成立徇私舞弊暂予监外执行罪的共犯，则存在较大分歧。第一种观点认为，司法实践中，罪犯本人教唆司法工作人员为自己减刑、假释、暂予监外执行的，一般都不作为司法工作人员相关职务犯罪的共犯处罚，之所以这样处理，是考虑到对罪犯而言缺乏期待可能性。第二种观点认为，虽然没有司法工作人员身份的人不能单独实施司法工作人员相关职务犯罪，但是可以通过帮助、教唆的方式，成为共犯。罪犯依法接受监狱改造是法定义务，如果罪犯本人或者通过亲友等和司法工作人员共同谋划，通过伪

造虚假证明材料、捏造事实等方式,由司法工作人员实施徇私舞弊减刑、假释、暂予监外执行的,可以渎职犯罪共犯论处。

【解析】笔者同意第二种观点,认为罪犯本人的教唆、帮助行为如果符合共同犯罪的规定,可以构成司法工作人员相关职务犯罪的共犯。

从理论上,罪犯本人是否可以成为司法工作人员相关职务犯罪的共犯,争议的焦点在于,罪犯本人为自己谋取非法利益是否具有期待可能性。对于这个问题的回答,必须从期待可能性理论中寻求答案。所谓期待可能性,是指根据具体情况,有可能期待行为人不实施不法行为而实施其他适法行为。应该按照什么标准判断行为人是否具有期待可能性?一种观点认为,应该从行为人自己的立场判断是否可以期待实施适法行为。如果按照这个观点,罪犯为了自己获得较轻处罚或者减刑、假释、暂予监外执行,似乎也是人之常情,换成其他人,也可能会作出同样的选择。但是,如果这样考虑,就没有法秩序可言了。另一种观点认为,期待可能性的判断,并不是单纯地从行为人一方出发考虑他行为可能性,而是要考虑法秩序的需要。而对于骗取减刑、假释、暂予监外执行的情形而言,就需要根据罪犯个人的情况,从国家法秩序的立场,考虑能否要求罪犯履行适法行为。如果从这个角度考虑,罪犯依法接受刑罚改造当然是法律赋予其的义务了。

83 罪犯亲属请托违规减刑、假释、暂予监外执行的,能否构成共犯

【案情】W是某监狱罪犯胞兄,为了让弟弟获得暂予监外执行,先请托L向某省监狱管理局刑罚处处长Z"打招呼"要求关照W弟弟。W趁机请托Z,并多次送给Z财物,Z最终应允。省监狱管理局内部会议上,副处长W2明确提出反对意见。会后,Z将W2提出反对意见的情况告知W。

W遂向W2行贿2万元人民币，最终使W2改变原有意见，其弟顺利获得暂予监外执行。

【问题】 刑法第二十六条至第二十九条将共同犯罪划分为主犯、从犯、胁从犯与教唆犯。学者对此褒贬不一，比如认为，这种划分方式的标准不一、逻辑混淆，将按照作用划分和按照分工划分的标准糅合在了一起。为此也有很多观点提出共同犯罪人如果按照分工划分，可以分为实行犯、教唆犯、帮助犯和组织犯。如果按照作用划分，共同犯罪人可以分为主犯、从犯和胁从犯。其中实行犯，又被称为正犯，包括直接正犯、间接正犯与共同正犯。目前，一般认为无身份者不能成立直接正犯，但普遍承认无身份者可以作为教唆犯和帮助犯。如果罪犯亲属帮助司法工作人员共同实施犯罪，可以构成帮助犯，这一点几乎不存在争议。不过请托司法工作人员实施犯罪的，是否应当按照教唆犯处罚？单从理论来看，并不存在太大问题。实践中，徇私舞弊减刑、假释、暂予监外执行案件普遍存在家属请托的情况，但以教唆犯追究共同犯罪责任的，可谓"凤毛麟角"。笔者曾经随机在裁判文书网抽样100起徇私舞弊类案件，仅有3起以教唆犯追究了请托人的共同犯罪责任。如何理解，不仅仅是法律问题，也涉及刑事政策的把握。

【解析】 曾有观点认为，徇私枉法案件的请托人和司法工作人员的认知水平和社会地位是不对等的，行使公权力者不存在被无身份者灌输犯罪意图的可能，因此不能追究请托人的责任。对此笔者并不赞同，一是认为公权力者的地位、水平高于无身份者的观点系出于"官本位"的旧观念，已不合时宜。二是能否引起犯罪意图与身份、认知能力也并无关联，不宜把教唆的可能性排除在外。不过，司法实践中必须区分"求情"和教唆他人实施犯罪，不能一律按照教唆犯处理。在传统"亲亲相为隐"的理念之下，相当一部分公众认为替近亲属求情"打招呼"，是人之常情，在一定程度上是可以被"容忍"的，不宜过分苛责。另外，不少渎职行为人原本就有手握权力"待价而沽"的想法，其犯意并非来自请托人，这种情况下请托人与行为人更像是"公平买卖"，而非一方教唆另一方犯罪。综合上述因素，我们在判断请托人能否构成教唆犯时，一定要慎重把握，重点观察两点因素：一是请托人的行为是否超出一般求情行为的限度，区别概括性地请求关照与明确请托实施犯罪行为，后者才可构成教唆犯罪。同时考虑请托的次数、是否有行贿行为、是否串联多名司法工作人实施犯罪等。二是要判断行为人犯意的主要来源，是与请托人"一拍即合"，还是在请托人"威逼""利诱"之下才产生犯意。本案中，W为了替弟弟谋求利益，先后请托L、Z、W2，将不同层级的司法工作人员串联起来，共同实施犯罪，并具有行贿情节，超出了人之常情所能容忍的范畴。W2一开始仍能坚持原则，W为了将W2拉下水可谓费尽心机，可见W2的犯意来自W的教唆行为。因此可以将W的行为评价为徇私舞弊暂予监外执行的教唆行为。最终人民法院也以徇私舞弊暂予监外执行罪判处W三年有期徒刑。

84 罪犯形式上符合保外就医疾病范围，司法工作人员成立徇私舞弊暂予监外执行的示例

【案情】Z系某省监狱管理局刑罚处处长，2014年罪犯W亲属请托Z在报请暂予监外执行过程中提供关照，同时W通过吃药、装病取得了符合保外就医疾病范围的病情鉴定。Z对W装病并不知情，但从病情资料中能够看出W的病情可以在监狱内治疗、缓解，因为收受W亲属的财物，审批同意了W暂予监外执行。

【问题】实践中，有的办案单位困惑保外就医疾病范围不好把握，尤其是相关规定设置了兜底条款，经常被利用。如果被检察机关调查，民警便以病情鉴定为托词，辩解罪犯符合保外就医的疾病范围，因此不存在渎职行

为。而这样的案件很多是多年以后才被检察机关发现，即便重做鉴定，也不足以推翻原有结论，在证据层面只能承认病情鉴定的合法性，是否就无法追诉渎职行为？

【解析】造成这一困惑的原因是办案单位并没有充分理解暂予监外执行制度。刑事诉讼法将"罪犯有严重疾病需保外就医"规定为"可以暂予监外执行"而非"应当暂予监外执行"。病情鉴定虽然能够证明罪犯"患有严重疾病"，但并不是暂予监外执行的充分条件，刑罚执行机关还掌握着一定的裁量权。换言之，办案单位想要推翻原有暂予监外执行决定的合理性，不应仅仅聚焦于病情鉴定是否合理，还应当考察刑罚执行机关裁量权的运用是否合理。这就需要从保外就医的制度初衷来分析，国家之所以设置保外就医制度，是出于惩罚犯罪与保障人权并重的执法理念，并非只重人权而轻惩罚。然而罪犯一旦保外就医，可能会对刑罚效果产生负面影响，因此，要规范、审慎适用保外就医。罪犯即使患有严重疾病，但如果在监狱内部就医就可以缓解、治愈的，没有监外治疗的必要性，也就不符合暂予监外执行的制度初衷。本案中，检察机关查明了 W 的病情并没有生命危险，服药即可控制、治疗，并没有保外就医的必要性，如果 W 的亲属没有托关系、行贿，Z 就不会通过保外就医申请。最终人民法院以徇私舞弊暂予监外执行罪判处 Z 三年有期徒刑。

85 如何理解徇私舞弊减刑、假释、暂予监外执行罪中的"徇私舞弊"

【案情1】某法院法官 T 收到某看守所呈报对留所服刑罪犯 D 申请暂予监外执行的建议书及相关资料后，在明知 D 右膝半月板损伤仅是旧伤、左脚皮肤溃疡仅是皮外伤，达不到生活不能自理的条件下因受他人请托，违反办理暂予监外执行案件的程序规定,未要求对D的伤情到指定的医院进行病情诊断,也未将D的病情资料送合议庭成员审查,只分别口头告知合议庭成员D因病生活不能自理被监狱拒收了,隐瞒了D生活能够自理、达不到暂予监外执行条件等事实。之后T又向分管副院长Z汇报,Z也未审查D的病情资料,在文书签发稿上签名同意。法院作出了《暂予监外执行决定书》,对罪犯D决定暂予监外执行。

【案情2】2002年12月,X(男)因犯组织领导黑社会性质组织罪、故意伤害罪等被法院判处无期徒刑。2003年12月,X被交付监狱服刑。2007年11月,X为获取保外就医,冒用两名女性乳腺癌患者病理检材。2008年2月,X调入某监狱服刑。同年8月,时任该监狱监狱长W、监狱医院院长G等8人接受X家人请托,在明知X无省政府指定医疗机构病情鉴定,仅有医院出具虚假乳腺癌病情危重诊断的情况下,为X呈报暂予监外执行。2008年9月,时任省监狱管理局副局长L等4人明知没有病情鉴定,仍为X审批签署同意保外就医意见。

【问题】按照刑法第四百零一条的规定,司法工作人员徇私舞弊,对不符合减刑、假释、暂予监外执行条件的罪犯,予以减刑、假释或者暂予监外执行的,处三年以下有期徒刑或者拘役;情节严重的,处三年以上七年以下有期徒刑。对于该条中的"徇私舞弊"如何理解,无论是刑法理论,还是司法实践,都充满了争议。首先,刑法理论对于"徇私"的性质具有不同看法,第一种观点认为,徇私既是客观的构成要件要素,又是主观的构成要件要素;第二种观点则认为,徇私是客观的构成要件要素;第三种观点认为,徇私是犯罪目的;第四种观点,也是学界的主流观点认为,徇私是犯罪动机,刑法之所以将徇私规定为主观的构成要件要素,显然是为了将国家机关工作人员因为法律素质、政策水平、技术能力不高而出现差错的情形排除在渎职犯罪之外。而司法实践中,一般也将徇私作为一种动机。其次,对于舞弊而言，虽然理论与实践均将其作为客观行为，但是对如何理解舞弊行为又有不同看法。笔者仍以刑法第四百零一条规定之罪为例，有的观点认为，舞弊是弄虚作假的行为，具体指伪造材料、隐瞒情况的行为；而有的观点则认为，舞弊只是渎职行为的同位语，并不具有超出渎职行为之外的特别含义。对于舞弊行为的不同理解，可能会导致实践案件的不同处理结果。例如，在【案情2】中，各流程司法工作人员明知罪犯X不符合保外就医条件，但并未伪造材料，如果将舞弊理解为弄虚作假行为，这种全链条系统式的渎职行为，负责审核的司法工作人员反而无法构成徇私舞弊暂予监外执行罪了，这显然是不合理的。可见，如何理解徇私舞弊不仅是一个理论问题，而且关系到司法实践罪与非罪的界限，很有研究的必要。

【解析】对于徇私舞弊减刑、假释、暂予监外执行罪中"徇私"和"舞弊"的理解，笔者认为，徇私是主观动机，而舞弊则是对不符合减刑、假释、暂予监外执行的罪犯予以减刑、假释、暂予监外执行的同位语。

首先，徇私是主观动机。按照学者的观点，只要排除了因法律水平不高、事实掌握不全而过失造成本罪结果，便可认定为"徇私"，即排除过失即具有徇私动机。这样只要能够证明司法工作人员故意对不符合条件的罪犯减刑、假释、暂予监外执行，就可以认为存在徇私动机。例如，按照动机说的观点，司法工作人员明知罪犯不存在保外就医的疾病，而故意违法批准罪犯保外就医，即使无法查明司法工作人员具有收受贿赂、接受请托等徇私、徇情情节，仍然可成立徇私舞弊暂予监外执行罪。但目前而言，动机说的观点并没有被司法实践完全采纳。大多数情况下，徇私仍然需要积极的证据加以证明，如收受好处、接受宴请、接受请托、特殊亲友关系等，司法实践的观点介于客观行为说和动机说之间，从客观行为说逐渐向动机说过渡。至于是否能够完全按照动机说的观点，排除过失就具有动机，仍需要实践积累和尝试。

其次，舞弊是徇私舞弊减刑、假释、暂予监外执行罪的客观构成要件行为,"对不符合减刑、假释、暂予监外执行条件的罪犯,予以减刑、假释或者暂予监外执行",就是舞弊行为,并不是指在上述渎职行为之外,另有舞弊行为。实践中,之所以有观点认为需要在违法减假暂行为之外,另有徇私舞弊行为,是由于《立案标准》附则(五)"本规定中的'徇私舞弊',是指国家机关工作人员为徇私情、私利,故意违背事实和法律,伪造材料,隐瞒情况,弄虚作假的行为"。基于以上司法解释的内容,有观点认为只有通过"伪造材料,隐瞒情况"的方式违法减假暂的,才构成徇私舞弊减刑、假释、暂予监外执行罪。但是笔者认为这种理解是对司法解释的误解,并且容易造成刑罚处罚的漏洞。第一,《立案标准》的规定并不是对徇私舞弊的定义,而是对徇私舞弊行为类型化的描述,也就是说,捏造事实或者伪造材料只是违法减假暂的通常情形之一,而不是意味着只有通过捏造事实或者伪造材料的方式违法减假暂的,才能构成犯罪。司法解释不能给刑法用语与条文下定义,只能采取列举式的规定,更不能在适用司法解释时将列举式的规定理解为下定义。第二,从实际情况看,的确违法减假暂大多采取捏造事实、伪造材料或者隐瞒事实的方式,但是,随着政法队伍教育整顿活动的深入开展,检察机关在彻查"纸面服刑""提钱出狱"等违法减刑、假释、暂予监外执行过程中,发现有的徇私舞弊减刑、假释、暂予监外执行案件是全流程集体渎职的结果,如【案情2】的案件。如果认为只有捏造事实、伪造材料或者隐瞒事实,才能够构成徇私舞弊减刑、假释、暂予监外执行罪,会导致"公开"违法减假暂的情形反而不能构成徇私舞弊减刑、假释、暂予监外执行罪,这显然是非常不合理的。因此,为了实现刑罚处罚的合理性,也不能将徇私舞弊限定为捏造事实、伪造材料或者隐瞒事实的方式。

综上,只有将舞弊理解为违法减刑、假释、暂予监外执行的同位语,才能避免上述矛盾,应对实践中的实际情况,实现刑罚的合理化。

86 司法工作人员对罪犯违法减刑之后，是否具有纠正的义务，是否影响后续减刑的合法性

【案情】2009 年 12 月至 2015 年 10 月，罪犯 Z 因犯故意伤害罪在某监狱服刑。为获取更好的服刑待遇和减刑成绩，Z 通过亲友多次宴请监区民警 H 等人，并给予红包、香烟等财物，请托关照 Z，H 等人违规安排 Z 从事专项工种岗位，伪造虚假生产成绩、违规考核以获得奖励，据此两次为 Z 提请减刑。

【问题】就事实部分，法院作了如下表述"明知罪犯 Z 在两次考核期内的考核成绩系违规取得"，从这一表述可以看出，法院在认定 H 等人两次为 Z 违法报请减刑时，是分别考虑每一次减刑是否合法。但是对于多次减刑，分别看只有第一次减刑不符合规定的情况，后续减刑是否因为第一次减刑违规，而"连带"也是违规的？有观点认为，即使后一次减刑本身符合要求，由于前一次减刑违法，行为人因为"前行为"创设了纠正前一次违法的作为义务，那么在后续减刑时，其不仅不应该继续减刑，而且应该纠正前次违法减刑。如果这样理解，可能会导致，即使单独看后续减刑符合条件，由于建立在前次违法减刑之上，整体看，后续减刑仍不符合条件。

从结论看，上述观点是有一定道理的，但是，得出结论的过程，和这一结论适用的范围，仍需要进一步明确。

【解析】如果犯罪行为本身没有持续性，仅原违法减刑的状态持续，不能因为违法批准减刑的人没有纠正原违法减刑结果，而又成立一个新的犯罪，甚至由于"先行行为引起的作为义务"，而导致只要原违法减刑没有被纠正，行为人的不作为行为就一直持续，进而永远不超过追诉时效。如果这样理解，会造成追诉时效制度适用范围大大缩小，仅能存在于结果一经发

生，便无法挽回的案件中，如果结果尚能得到纠正，追诉时效永远不会开始计算。例如，我们不能因为盗窃的先行为，赋予盗窃犯罪嫌疑人返还被盗财物的义务，盗窃犯罪嫌疑人没有返还财物，又成立侵占罪，且不作为行为一直持续，不受追诉时效限制。

同样，对于无报请、裁定、决定、批准职责的司法工作人员，伪造材料，实际造成违法减刑的结果时，就构成犯罪既遂，但是此时行为人是否因为前行为而具有纠正违法减假暂结果的作为义务？当行为人不履行作为义务时，又因为不作为行为的继续状态而属于状态犯，还是由于没有侵害新的法益而属于不可罚的事后行为？如果按照前述观点，我们仍然认为，不能因为前违法犯罪行为，而赋予行为人作为义务。

如果我们将上述案例稍作改变，H徇私舞弊，为Z违法假释或者暂予监外执行，此后在Z多次续期审核、继续保外中，H都没有"纠正"原违法假释和暂予监外执行，H的后续行为是否构成徇私舞弊假释、暂予监外执行罪呢？在这种情况下，对于H的后续行为构成徇私舞弊假释、暂予监外执行罪应该是没有异议的。但是，后续行为之所以构成犯罪，不是因为违反"先行行为引起的作为义务"的不作为，而是因为H违反续期审核、继续保外的审查把关职责。例如，初次保外就医不符合规定，在继续保外审核中，司法工作人员仍需要对"续保"是否符合规定进行审核把关，如果其没有认真履职，甚至故意批准不符合条件的罪犯继续保外，就需要承担相应责任。此时承担责任，不是由于其批准了首次保外就医，而要终生对前行为负责，而是其具有按期审查是否符合继续保外就医的职责，违反了该职责而成立相关犯罪。

因此，作为结论观点，笔者认为应当注意调查司法工作人员减假暂审核职责的持续时间，以及具体的职责内容，如果该司法工作人员负有定期审查、考核的法定职责，但仍批准假释、继续暂予监外执行，后续的行为可以成立徇私舞弊假释、暂予监外执行罪。而对于违法减刑的情况，由于数次减刑之间相对独立，司法工作人员在后续减刑时不需要重复考察前次减刑是否存在违法情形，应该对数次减刑单独评价。

但应当注意，司法工作人员的定期审查、考核义务是来源于其个人的法定职责，而非来源于"先行行为引起的作为义务"。二者的区别在于，当司法工作人员退休、调离原职等，不再负有定期审查、考核义务时，不能因为先前的违法减假暂行为而始终负有纠正义务，此时的追诉时效从司法工作人员不再负有审查职责之日起计算。

在上述案例中，判决将两次减刑是否符合条件分别进行了审查，而没有简单认为，只要前一次减刑违法，后一次减刑也违法，这种观点和做法笔者是赞同的。

87 检察人员能否构成徇私舞弊减刑、假释、暂予监外执行罪

【案情】2010年初，G在担任某检察院副检察长，分管某监狱检察室期间，接受罪犯Z的家属请托，向某监狱相关人员和驻监检察室检察人员"打招呼"，要求照顾罪犯Z。其后，在罪犯Z申报保外就医、减刑时，G不顾Z是否符合相关条件，授意驻监检察室检察人员签署同意意见。2010年7月，罪犯Z被保外就医。在Z保外就医期间，G发现罪犯Z不符合保外就医条件，应依法收监执行，未要求驻监检察室进行核查监督，放任罪犯Z被继续违法保外就医。

2011年，G接受请托后，授意驻监检察室签署同意Z减刑意见书，致使罪犯Z被减刑一年十一个月。

本案法院认为G构成徇私舞弊减刑、假释、暂予监外执行罪，判处有期徒刑三年。

【问题】在实践中，偶尔会发生不具有报请、裁定、决定或者批准权限的司法工作人员利用职务上的便利，通过伪造有关材料等方式，使不符合条件的罪犯被减刑、假释、暂予监外执行。其中包括对减刑、假释、暂予监外执行负有监督职责的检察人员。最高人民检察院《立案标准》徇私舞弊减刑、假释、暂予监外执行案第四项对这种情况进行了部分回应，虽将检察人员也纳入本罪的主体范围，但把行为类型描述为"伪造有关材料"的方式。而实践中检察人员承担的是书面审查职责，不直接参与组织减假暂佐证材料，似乎不符合该款规定，是否能以本罪追究刑事责任，存在一定争议。针对这一问题，笔者结合实践案例进行分析研究。

【解析】对于刑法条文规定内容的解释，不能超越刑法文字本身可能具有的含义，否则就超出了一般人的理解范围，违反了罪刑法定的原则。因此，对于徇私舞弊减刑、假释、暂予监外执行罪主体的解释，也必须立足于刑法的文字表述。刑法第四百零一条规定，司法工作人员徇私舞弊，对不符合减刑、假释、暂予监外执行条件的罪犯，予以减刑、假释或者暂予监外执行的，处三年以下有期徒刑或者拘役；情节严重的，处三年以上七年以下有期徒刑。从该条的表述看，该罪的主体为司法工作人员即可，并没有规定必须为具有报请、裁定、决定或者批准减刑、假释、暂予监外执行权的司法工作人员。那么，为什么会出现关于本罪主体的争议呢？笔者认为有可能有两方面的原因：一是对《立案标准》相关规定的误解。由于《立案标准》没有明确规定检察人员徇私舞弊减刑、假释、暂予监外执行的情形，有的观点就以此为理由认为检察人员不能作为该罪的主体。二是按照刑法条文的体系化解释，认为该罪的主体应该是具有报请、裁定、决定或者批准职权的司法工作人员。笔者认为，这两点理由都不充分。首先，虽然《立案标准》没有明文将检察人员纳入本罪的主体，但是不能直接得出检察人员不能作为本罪主体的结论。因为，司法解释的功能在于对具体应用法律时遇到的问题所作的解释,而不是对刑法条文本身下定义,否则,司法解释就超越了司法权力的界限,而且,就《立案标准》的规定而言,除规定具有报请、裁定、决定或者批准减刑、假释、暂予监外执行权的司法工作人员的立案标准外,同样也规定了不具有上述职权的司法工作人员的立案标准,"如此,则本罪①的主体,只要是司法工作人员便可,并不需要具有相应的权限"②,完全可以将检察人员包含其中。其次,如果仅仅考虑刑法规定的逻辑体系,得出本罪主体只包括具有相应职责的司法工作人员,具有一定的合理性。但是,进一步分析则会发现,这将导致刑罚处罚的不合理。没有相关职权的检察人员徇私舞弊,不予监督、纠正,不符合条件的减刑、假释、暂予监外执行相比具有相关职权的司法工作人员徇私舞弊,前者的违法程度至少不高于后者的,刑罚也不应该高于后者。但如果不能认定为徇私舞弊减刑、假释、暂予监外执行罪,则应适用一般法条,认定为滥用职权罪,根据刑法第三百九十七条第二款的规定,国家机关工作人员徇私舞弊,犯前款罪的,处五年以下有期徒刑或者拘役;情节特别严重的,处五年以上十年以下有期徒刑。对不具有相关职权的检察人员的处罚,反而重于具有相关职权的司法工作人员,这是明显不合理的。因此,体系解释的理由不具有实质的合理性。

综上,刑法第四百零一条的主体包括检察人员既不违反刑法规定,符合罪刑法定原则,具有实质合理性,又符合司法实践情况。

在分析论证检察人员可以构成徇私舞弊减刑、假释、暂予监外执行罪主体之后,还需要关注另一个相关问题。由于按照《立案标准》徇私舞弊减刑、假释、暂予监外执行案第四项规定,无相关职权的司法工作人员只有采取"伪造有关材料"的方式,才可能构成本罪,而检察人员没有伪造有关材料,而是采取放弃监督,放纵违法减刑、假释、暂予监外执行等方式,导致

---

① 即徇私舞弊减刑、假释、暂予监外执行罪。
② 张明楷等:《司法工作人员犯罪研究》,中国人民大学出版社2008年版,第188页。

不符合条件的罪犯被减刑、假释、暂予监外执行，对此情况，《立案标准》没有规定，是否能够认定为本罪呢？

由于徇私舞弊减刑、假释、暂予监外执行罪的具体行为没有明确规定，而是采取了相对抽象的表述方式，即对不符合条件的罪犯"予以"减刑、假释或者暂予监外执行，但是"予以"的行为缺少定型性，需要实践与理论不断充实和补充完善。《立案标准》是最高人民检察院归纳总结的实践情况，对常见的徇私舞弊减刑、假设、暂予监外执行行为予以列举，而不是对徇私舞弊减刑、假释、暂予监外执行行为予以限制性规定。因此，《立案标准》在明确列举了四种常见行为类型之后，采取了"其他徇私舞弊减刑、假释、暂予监外执行应予追究刑事责任的情形"这样的表述，防止机械理解和适用司法解释，形成处罚的漏洞。对于司法实践中出现的，新类型、新样态犯罪，应该充分发挥主观能动性，在坚持罪刑法定的刑法基本原则的前提下，采取各种法律解释方法，积极探求个案处置的合理方案，同时也为司法解释的修改完善积累实践经验。

综上，笔者同意本案中审判机关的判决结论，检察人员徇私枉法，不履行监督职责，导致不符合减刑、假释、暂予监外执行的罪犯被减刑、假释、暂予监外执行的，可以构成徇私舞弊减刑、假释、暂予监外执行罪。

88 鉴定人员、医务人员伪造病情鉴定材料，如何处理

【案情】罪犯 W 通过买通司法工作人员获得保外就医后，为了继续骗取保外就医，找到时任某市中心医院大夫 C，请托 C 帮忙疏通司法鉴定所的关系。C 知道 W 无法通过保外就医司法鉴定，便找到司法鉴定所负责人 Z，请托 Z 为 W 出具符合保外就医疾病条件的司法鉴定意见。Z 告知 C 心脏超声医学影像报告是关键所在。于是 C 又找到影像科医生 H，H 在 2012 年至

2015年四次虚报彩超数据，做出虚假报告单。Z明知鉴定报告有问题，四次签发W符合保外就医条件的虚假鉴定意见。W为了感谢C的帮助，在2012年至2015年，送给C共计3万元人民币和烟酒，C将其中5000元和一部价值5000元的手机转送Z。

【问题】徇私舞弊暂予监外执行案件，经常会有医务人员或鉴定人员参与其中，如何界定他们的责任？通常认为，如果医务人员、鉴定人员与司法工作人员共谋，伪造鉴定意见、病情诊断，可以按照徇私舞弊暂予监外执行的帮助犯处理。不过在实际情况中，医务人员、鉴定人员常常与罪犯一方单线联系，接受好处或请托，为他们出具暂予监外执行的佐证材料，与司法工作人员并不存在意思联络，应当如何处理，在实践中存在一定的争议。笔者将结合案例进行讨论。

【解析】非司法工作人员与司法工作人员共谋实施犯罪的，可以按照共同犯罪论处，而非司法工作人员不能单独成立职务犯罪，这一点已不存在争议。那么医务人员能否视为司法工作人员呢？所谓司法工作人员，是指有侦查、检察、审判、监管职责的工作人员。医院医生显然不是在编的司法工作人员。当然，虽未列入司法机关人员编制，但在司法机关从事公务的人员，如临时聘用人员、协警、狱医，在代表司法机关行使司法职权时，亦属于司法工作人员。病情鉴定是司法机关行使刑罚变更执行权的重要依据，可以在某种程度上说是服务于司法活动，但还不能视为行使司法职权。因此不能单独构成徇私舞弊暂予监外执行罪。

笔者认为，对于这种情况，可以适用帮助伪造证据罪，对此也有观点质疑该罪名规制的是毁灭、伪造证据行为，是民事诉讼、刑事诉讼、行政诉讼，还是兼而有之？是否局限在侦查、起诉、审判环节的毁灭、伪造证据，执行环节是否也在其中？从刑法第三百零七条的文义来解读，既没有限制，也没有明示诉讼活动的种类。不过，民事诉讼法第一百一十四条、行政诉讼法第五十九条都明确规定，伪造、隐匿、毁灭证据的，构成犯罪的，依法追究刑事责任。而刑法中能与此类情形相对应的，即帮助毁灭、伪造证据罪。可见本罪包括民事诉讼、行政诉讼领域的伪造毁灭证据行为。相对应地，刑事诉讼法第四十四条规定，辩护人或者其他任何人，不得帮助犯罪嫌疑人、被告人隐匿、毁灭、伪造证据或者串供，不得威胁、引诱证人作伪证以及进行其他干扰司法机关诉讼活动的行为。违反前款规定的，应当依法追究法律责任。由此可见，该罪同样规制刑事诉讼活动中的隐匿、毁灭、伪造证据行为。刑事诉讼法第四编是"执行"，其中第二百六十五条便是关于暂予监外执行的规定。因此在刑罚变更执行活动中帮助当事人伪造、隐匿、毁灭证据的，也能构成本罪。本案中，Z、C、H三人最终均被人民法院以帮助伪造证据罪定罪处罚。

第八章　刑罚裁量问题

89 单位陪同犯罪嫌疑人到检察机关接受调查的，是否属于自动投案

【案情】2020年9月某日，某省监狱工作人员接到检察机关电话通知，要求某监狱于次日10点前，将涉案人员J送至某检察院接受调查。次日上午，某监狱派员将J送至某检察院接受调查。在J上车时，监狱工作人员才告知J检察机关找其了解情况，希望其能够积极配合。

【问题】检察机关查办的司法工作人员大部分都是通知到案接受调查。对于通知到案的，是否能够认定为主动投案，或者通知符合什么条件，能够认定为自动投案，进而在犯罪嫌疑人如实供述的情况下适用自首情节，对犯罪嫌疑人从轻或者减轻处罚，对这个问题，存在不同的认识和观点。在此处，我们就将关注点放在"自动"投案这个"小"而重要的问题上。

在上述案件中，人民法院并没有认定J自动投案，人民法院的理由是"被告人没有投案动机，其行为不能认定为自动投案"，但是，相反的观点认为"'自动投案'不要求出于特定动机与目的"。[①] 如何在针锋相对的观点中，寻求妥当的结论，不仅有助于统一认识，避免分歧，也能为检察机关负责侦查的部门充分履职提供规范指引。

【解析】根据《最高人民法院、最高人民检察院关于办理职务犯罪案件

---

① 张明楷：《刑法学（上）》，法律出版社2016年版，第563页。

认定自首、立功等量刑情节若干问题的意见》的规定，犯罪事实或者犯罪分子未被办案机关掌握，或者虽被掌握，但犯罪分子尚未受到调查谈话、讯问，或者未被宣布采取调查措施或者强制措施时，向办案机关投案的，是自动投案。"自动"投案，是犯罪嫌疑人基于自己的意志积极主动投案。出于真诚悔改的动机投案当然是自动投案，而并非出于真诚悔改、认罪悔罪的动机，主动将自己置于办案机关的合法控制下，接受审查、调查，也应该认定为"自动"投案。

《刑事审判参考》[①]中的相关案例对此进行过分析。在第354号王某明盗窃案中，裁判要旨认为，公安机关口头或者电话传唤犯罪嫌疑人后，犯罪嫌疑人即主动到案的，应视为自动投案。其如实供述自己的犯罪行为的，应当认定为自首。通过这个案例，我们认为，检察机关口头或者电话通知涉案司法工作人员到案的，涉案司法工作人员主动到检察机关接受调查的，当然也可以认定为自动投案。检察机关口头或者电话通知涉案司法工作人员所在单位，由单位代为通知后，司法工作人员主动到检察机关接受调查的，也应该认定为自动投案。

但是，如果检察人员到单位通知涉案人员至指定地点见面，能否认定涉案司法工作人员为自动投案，就需要具体情况具体分析。如检察人员明确告知其配合案件调查，涉案人员在尚未被实际控制的情况，主动将自己置于检察机关控制之下，仍可认定为自动投案，但检察人员隐蔽侦查意图，通知其到指定地点见面，在实际控制涉案人员后，告知检察人员身份和目的，由于涉案人员缺乏投案的目的，不能认定为"自动"投案。是否能够认定为"自动"投案，关键在于检察机关是否客观控制涉案人员，以及涉案司法工

---

① 中华人民共和国最高人民法院刑事审判第一、二、三、四、五庭主办：《刑事审判参考》（总第45集），法律出版社2005年版。

作人员是否具有投案的目的。在《刑事审判参考》①第131号明某华抢劫案中，裁判要旨指出，若行为人是以投案为目的主动来司法机关的，无论司法机关是否已掌握了其犯罪事实、是否已决定对其采取强制措施，均应当认定为自动投案。而在第701号周某军故意杀人案中，裁判要旨指出：公安机关已将犯罪嫌疑人实际控制，即使被告人醒来后有自动投案的意思表示或行为，其也不具备自动投案的客观条件。②

另外，涉案人员单位同事、派驻纪检组工作人员"送首"的情况，是否可以认定为自动投案，法律、司法解释没有对此情况作明确的规定，司法实践做法各不相同，如上述案例中，人民法院以J缺乏自动投案的动机为由，否定了J属于自动投案。但是，以此理由否定这种情况成立自动投案并不合理。在讨论自首的成立条件时，应当以自首的目的为依据。刑法总则规定自首制度旨在通过鼓励犯罪人自动投案，一方面促使犯罪人悔过自新，不再继续作案；另一方面使案件及时侦破与审判。只要具备上述两方面的根据或者理由之一，就可以认定为自首。"送首"确实为检察机关办案提供了便利，如果涉案司法工作人员到案后能够如实供述，即使不是出于真心悔罪的内心动机，基于刑事政策也应该考虑成立自首。因此，笔者认为可以借鉴《刑事审判参考》③第041号案例，犯罪后由亲属送司法机关归案并在一审宣判前如实供述罪行的，应认定为自首，以及上述第354号关于电话通知到案的案例，认定"送首"构成自动投案。

---

① 中华人民共和国最高人民法院刑事审判第一、二、三、四、五庭主办：《刑事审判参考》（总第21辑），法律出版社2001年版。
② 中华人民共和国最高人民法院刑事审判第一、二、三、四、五庭主办：《刑事审判参考》（总第80集），法律出版社2011年版。
③ 中华人民共和国最高人民法院刑事审判第一、二、三、四、五庭主办：《刑事审判参考》（总第6辑），法律出版社2000年版。

90 多次受贿且徇私枉法的，如何定罪量刑

【案情1】2014年至2018年，L担任某法院审判委员会委员、刑事审判庭庭长期间，5次收受他人财物合计9万元，在刑事审判活动中，徇私情谋私利，故意违背事实和法律，在6起案件中，分别对6名被告人作出枉法裁判。

【案情2】2013年至2019年，T担任某检察院检委会委员、侦查监督科科长期间，累计收受他人现金12万元及手机、购物卡等物品，单独或者与他人共同实施徇私枉法犯罪6起。

【问题】根据刑法第三百九十九条的规定，司法工作人员收受贿赂，有徇私枉法等行为的，同时又构成受贿罪的，依照处罚较重的规定定罪处罚。法院分别评价了每一次受贿和对应的徇私枉法行为，但每次受贿数额，要么达不到受贿罪的数额标准，要么刚刚达到数额标准，只能适用受贿罪三年以下有期徒刑或者拘役，并处罚金。相比之下，徇私枉法罪是重罪。因此，单独评价应该认定为徇私枉法罪。但由于实践中，同种数罪一般不并罚，数次徇私枉法以一罪处罚，刑罚通常偏轻。这两件案件，引发了我们以下两个方面的思考：第一，数次受贿又徇私枉法的，是以累计的受贿数额与徇私枉法的量刑进行比较，以确定适用哪个罪名处罚较重，还是如【案情1】【案情2】，分别评价每次受贿及与之对应的徇私枉法行为；第二，多次徇私枉法的，能否构成同种数罪，或者属于徇私枉法情节严重或者情节特别严重，加重处罚。这两个问题，不仅关系到能否正确量刑，同时也可能涉及案件管辖问题，既具有理论价值，又具有实践意义，应当引起重视。

【解析】对于第一个问题，存在四种可能的观点和做法：第一，分别计算每次受贿行为与对应的徇私枉法行为应当判处的刑罚，将二者进行比较，

决定每次行为应当适用的罪名；第二，对比每次受贿行为与徇私枉法行为的法定刑幅度，决定单次行为应当适用的罪名；第三，先累计受贿数额计算应当判处的刑罚，再估计多次徇私枉法行为应当判处的刑罚，将二者进行比较，决定全案应当适用的罪名；第四，累计受贿数额进而判断应当适用的法定刑幅度，并对多次徇私枉法行为综合估计应当适用的法定刑幅度，将二者进行比较，决定全案应当适用的罪名。从上述观点看，争议的焦点在于两个方面：一是应该分别计算每次受贿数额还是累计计算；二是应该按法定刑幅度，还是具体可能判处的刑罚（刑期），作为"处罚较重"的标准。

对于第一个问题，笔者的观点是，应该分别对比每次受贿行为与徇私枉法行为的刑罚轻重，而不能综合全案，衡量受贿与徇私枉法刑罚轻重。刑法第三百九十九条第四款规定，司法工作人员收受贿赂，有前三款行为的，同时又构成受贿罪的，依照处罚较重的规定定罪处罚。从该款规定看，收受贿赂与徇私枉法行为直接相关，换言之，收受贿赂是枉法的徇私动机，也就是说，只有能够成为徇私动机的受贿行为，才可能与枉法行为之间存在牵连关系，该款的规定才具有合理性，否则，司法工作人员收受甲的贿赂，又在与甲没有任何关系的刑事案件中包庇乙，没有理由将没有关系的受贿行为与枉法行为作为一罪处罚，这种理解既是对刑法第三百九十九条第四款的字面解释，也是理性解释的结论。同理，司法工作人员收受甲的贿赂包庇甲，又收受乙的贿赂包庇乙，也应该分别衡量在独立的两起案件中，受贿罪与徇私枉法罪的刑罚轻重，不这样处理，就会违反刑法的规定，并且导致刑罚产生负面的效果。例如，司法工作人员A收受40万元的贿赂，放纵可能判处免予刑事处罚的犯罪嫌疑人（例1），同时又徇私情，放纵可能判处十年以上有期徒刑的犯罪嫌疑人（例2），在例1中，由于被放纵的犯罪较轻，相较而言受贿罪处罚较重，如果单独评价例1和例2的案件，应该按照受贿罪和徇私枉法罪数罪并罚，但如果综合评价，结果就是A收受40万元，又在例1和例2的案件中徇私枉法，应该按照受贿罪一罪处罚（受贿数额为40万元），这就导致例2的徇私枉法行为实际没有受到处罚。甚至当受贿数额累计达到"数额巨大"或者具有"其他特别严重情节"后，如果将多次枉法行为综合评价，所有徇私枉法行为均不再接受处罚，这一结论显然是不合理的。

对于第二个问题，笔者认为应按照具体案件中受贿罪与徇私枉法罪应当判处的刑罚进行比较，以确定适用哪个罪名处罚较重。根据刑法第三百九十九条第四款的规定，"司法工作人员收受贿赂，有前三款行为的，同时又构成本法第三百八十五条规定之罪的，依照处罚较重的规定定罪处罚"。从刑法第三百九十九条第四款"依照处罚较重"的表述中，可以看出决定适用罪名的标准是受贿罪和徇私枉法罪适用哪个罪名"处罚"更重，而不是哪个罪名的法定量刑幅度更重。在司法实践中，对于司法工作人员涉嫌犯罪的处罚，在法定刑的范围内，参照司法经验，并结合法定量刑情节，综合估量判处的刑罚。例如，司法工作人员收受20万元好处，放纵抢劫犯罪嫌疑人，按照《最高人民法院、最高人民检察院关于办理贪污贿赂刑事案件适用法律若干问题的解释》的相关规定，受贿罪应该在三年以上十年以下有期徒刑幅度内量刑，而徇私枉法罪应该在五年以下有期徒刑幅度内量刑，虽然按照受贿罪法定最高刑较重，但如果受贿20万元应判处四年有期徒刑，而徇私枉法罪应判处五年有期徒刑，就应按照徇私枉法罪处罚。同时如果不具有减刑处罚情节，最终的宣告刑不能低于受贿罪的最低刑期，即三年有期徒刑，对于多次徇私枉法，均构成徇私枉法罪的，如何处罚，没有明确的规定，但是理论中存在两种观点：一是对于多次徇私枉法均构成犯罪的，认为应当数罪并罚。这种观点是以支持同种数罪也应该并罚为前提的。二是将多次徇私枉法作为情节严重或者情节特别严重的具体情形，从而适用加重幅度法定刑。而在以【案情1】和【案情2】为代表的司法实践中，则采取了将多次徇私枉法作为一罪处罚的做法。但是，与仅有一次徇私枉法行为相比，L 和 T 分别实施了 6 次徇私枉法，也作为一罪判处三年以下有期徒刑，无法对多次犯罪行为进行全面评价，无法做到罪责刑相适应，这种做法是非常不合理的。笔者倾向于认为，将多次徇私枉法行为作为徇私枉法罪"情节严重""情节特别严重"的情形，从而适用加重法定刑，具体而言，可以考虑将 3 次徇私枉法的作为徇私枉法罪"情节严重"的情形，6 次徇私枉法的作为"情节特别严重"的情形。当然，这只是笔者从实现刑罚合理性出发，提出的初步想法，仍有待司法实践经验的积累和检验。

另外，收受贿赂又徇私枉法的，同时涉嫌受贿罪与徇私枉法罪，不论最终审判时以何种罪名定罪处罚，但是实际两罪都涉嫌。因此，在侦查阶段，首先需要查清两罪，不能因为将来在审判阶段可能适用的罪名而影响侦查管辖，进而影响案件的查办。此类案件的管辖问题，笔者在下文还将单独分析。

91 渎职犯罪与其他犯罪的罪数关系

【案情】2014 年下半年至 2015 年 9 月，时任某公安分局民警 C 伙同他人，在某区开设会所，从事违法经营。已查实 2015 年 8 月至 9 月，该会所多次组织卖淫活动。C 作为主要股东全程参与重要决策、对外协调、获取分红等。从事组织卖淫活动期间，C 在得知公安机关检查的消息后，提前通风报信帮助会所逃避查处，使组织卖淫犯罪活动得以持续，造成了恶劣的社会影响。2015 年 9 月会所被公安机关查处后，C 策划指使涉案人员进行串供，使其本人逃脱刑事处罚，同时掩盖主犯组织卖淫的犯罪事实，最终导致主犯被轻判。

【问题】司法工作人员利用职权实施相关职务犯罪时，与其他犯罪一般存在三种关系：一是实施渎职犯罪并收受贿赂，同时构成受贿罪的，除刑法

第三百九十九条第四款的规定外，以渎职罪和受贿罪数罪并罚。二是根据刑法第三百九十九条第四款的规定，司法工作人员收受贿赂，有前三款行为的，同时又构成本法第三百八十五条规定之罪的，依照处罚较重的规定定罪处罚。三是利用职务便利，实施其他犯罪，同时构成渎职犯罪和其他犯罪的。对于前两种情况，其实是一个问题的正反两面，笔者已在徇私枉法罪中进行详细分析，此处作为罪数问题，笔者重点关注第三个问题。对于此种情况，是应该作为相关渎职犯罪与其他犯罪数罪并罚，还是择一重罪处罚或者择一重罪从重处罚呢？对此问题，尚没有一般性规定，司法实践也没有充分地研究。此处，笔者将对第三种情况进行解析。

【解析】具体而言，司法工作人员实施渎职犯罪，同时又构成其他犯罪的至少存在两种情况。

第一，司法工作人员实施滥用职权等渎职行为，该行为本身又构成其他犯罪的实行行为，如司法工作人员与他人通谋，利用其职权为他人经营涉黄、涉毒娱乐场所提供保护，导致他人逃避刑法处罚的，一个行为同时构成滥用职权罪等渎职犯罪与组织卖淫罪等罪的想象竞合，从一重罪处罚。相关司法解释也采取相同的观点。《最高人民法院、最高人民检察院关于办理虚假诉讼刑事案件适用法律若干问题的解释》第五条规定，司法工作人员利用职权，与他人共同实施刑法第三百零七条之一前三款行为的，从重处罚；同时构成滥用职权罪，民事枉法裁判罪，执行判决、裁定滥用职权罪等犯罪的，依照处罚较重的规定定罪从重处罚。可见，最高司法机关不仅将此种情况认定为想象竞合，并采取了"从一罪从重处罚"的做法。特别是在滥用职权罪等渎职犯罪，造成他人重伤、死亡和重大财产损失，也可能完全符合故意伤害罪、故意杀人罪、侵犯财产罪以及过失致人重伤罪、过失致人死亡罪等罪，应该充分运用想象竞合的理论，正确定罪量刑。

第二，司法工作人员与他人共谋，既利用其职务行为帮助他人实施其他犯罪，又以非职务行为与他人共同实施其他犯罪行为，对这种情况应该如何处理。有观点认为，此时同时构成相关渎职犯罪和其他犯罪的共犯的，由于具有两个行为，造成两个法益侵害结果，应当数罪并罚。① 例如，本案中，C与他人共谋，既利用职权充当他人组织卖淫犯罪的保护伞，又以非职务行为与他人共同实施组织卖淫的其他行为，法院以组织卖淫罪与滥用职权罪对C数罪并罚。但是，这种观点也有进一步研究的余地。利用职务便利帮助、参与他人实施的其他犯罪行为，完全可能成立其他犯罪共犯，如果其他犯罪处罚更重，应该以其他犯罪对司法工作人员定罪处罚，如本案中利用职权参与组织卖淫的行为，同时构成滥用职权罪与组织卖淫罪（共犯），由于组织卖淫罪处罚较重，应该认定为组织卖淫罪。但是，将这种情况按照一罪处罚，可能导致判处的刑期低于数罪并罚判处的刑期，造成本应受到较重处罚的行为，最终判处较轻刑罚的结果。从罪刑相统一的角度考虑，如果将利用职务便利的帮助行为认定为渎职犯罪，与非职务的帮助行为数罪并罚，实际处罚结果更具合理性。因此，笔者也赞同在这种情况下数罪并罚的观点和实践做法。

92 是否可以被告人具有法定或者酌定减刑、从轻处罚情节，而认为犯罪情节轻微，判处免予刑事处罚

【案情】2017年10月16日18时，某公安局民警L的父亲L1和J饮酒后分别驾车。J酒后驾车发生交通事故，L1又驾车赶到事故现场。在事故现场，L1、J被巡警抓获后交给后到现场的交警S。S对二人进行酒精检测，经血液酒精检测，L1血液酒精含量为133.2194毫克/100毫升，涉嫌危险驾驶罪。L找到Z顶包，并请托S帮忙，S表示同意。其后，S以L1虽饮酒但未

---

① 张明楷：《刑法学（下）》，法律出版社2016年版，第1247页。

驾车为由，未对其进行处罚。L送给S两条香烟以示感谢。

经检测，J血液酒精含量为128.4475毫克/100毫升，L又找到交警P帮忙把J的血样调包，经检测，J调包后的血样酒精含量为77.4毫克/100毫升，不构成危险驾驶，P最终未对J进行任何处罚。此后J给P送2000元以示感谢。人民法院最终判处L、S、P构成徇私枉法罪，因为L具有自首、认罪认罚情节，S、P具有坦白、认罪认罚情节，对三人均判处免予刑事处罚。

【问题】刑法第三十七条规定，对于犯罪情节轻微不需要判处刑罚的，可以免予刑事处罚。而司法实践中，有的法院因为被告人具有自首、坦白、认罪认罚，或者赔偿被害人损失，与被害人达成"谅解""和解"等原因，认为犯罪情节轻微不需要判处刑罚，而对被告人免予刑事处罚。这种做法在一定程度上导致了司法工作人员相关职务犯罪处罚轻刑化的趋势，影响了司法工作人员相关职务犯罪案件的办案效果，必须引起重视。与上述做法不同，笔者认为应当采取限制和审慎的态度，原则上，只有法律明确规定可以适用免予刑事处罚的情况，才可以免予刑事处罚。

【解析】笔者提出上述限制适用免予刑事处罚的观点，是基于以下几点考虑。

第一，刑法第三十七条只是对免予刑事处罚进行了原则性的规定，而"犯罪情节轻微不需要判处刑罚"，并不是具体的可以把握的标准，如果将此条规定作为免予刑事处罚的法律根据，就会导致是否免予刑事处罚完全依赖于审判人员主观的评价。赋予审判人员过多的自由裁量权，会导致任何犯罪，不论罪质轻重，都可以免除刑事处罚，很容易导致违反罪责刑相适应原则的情形，造成刑法分则规定的法定刑的威慑作用大大减弱，违背刑罚目的，出现刑罚适用的不平等现象，因而不符合平等适用刑法的原则。[1]

---

[1] 张明楷：《论减刑处罚与免除处罚》，载《人民检察》2015年第7期。

第二，从对刑法的体系解释角度看，刑法第六十三条第二款规定，犯罪分子虽然不具有本法规定的减轻处罚情节，但是根据案件的特殊情况，经最高人民法院核准，也可以在法定刑以下判处刑罚。如果在法定刑以下判处刑罚，都需要经过最高人民法院核准，在法定刑以下不判处刑罚，更应该经过最高人民法院核准。如果将刑法第三十七条作为判处免予刑事处罚的依据，就会导致在法定刑以下判处刑罚的条件比在法定刑以下不判处刑罚更加严格，进而导致司法实践与其请示最高人民法院批准在法定刑以下判处刑罚，不如直接免予刑事处罚，造成刑法第六十三条第二款成为一条闲置规定。

第三，按照刑法第六十二条的规定，犯罪分子具有本法规定的从重处罚、从轻处罚情节的，应当在法定刑的限度以内判处刑罚。按照第六十三条第一款的规定，犯罪分子具有本法规定的减轻处罚情节的，应当在法定刑以下判处刑罚。无论减轻还是从轻处罚，都是要求在法定刑以下或者以内"判处刑罚"，将减轻、从轻处罚情节，作为免除刑事处罚的根据违反刑法规定。

第四，最高司法机关对于刑法第三十七条的态度，也在逐渐发生变化。例如，在1998年《最高人民法院关于审理挪用公款案件具体应用法律若干问题的解释》第二条第一款第二项规定，挪用公款数额较大，归个人进行营利活动的，构成挪用公款罪，不受挪用时间和是否归还的限制。在案发前部分或者全部归还本息的，可以从轻处罚；情节轻微的，可以免除处罚。在2012年《最高人民法院、最高人民检察院关于办理职务犯罪案件严格适用缓刑、免予刑事处罚若干问题的意见》中，虽然也规定了对挪用公款在案发前已归还，情节轻微，不需要判处刑罚的，可以免予刑事处罚，但可以看出已经对免予刑事处罚采取限制的态度。而《刑事审判参考》（2012年第3集）第786号指导案例明确指出："对具有法定减轻处罚情节而在法定刑以下判处刑罚的案件，应当在法定量刑幅度的下一个量刑幅度内判处刑罚，不能减至免予刑事处罚。""在适用减轻处罚情节时，原则上应当限制在法定量刑幅度的下一个量刑幅度内判处刑罚，不应跨越量刑幅度至免予刑事处罚。""总之，当案件没有法定免除处罚情节时，原则上不应适用减轻处罚情节对被告人减至免予刑事处罚。"

因此，笔者认为适用免予刑事处罚应当慎用，只有在刑法总则或者分则中明确规定了可以免予刑事处罚的情况下，才可以根据相关规定，按照刑法第三十七条的规定，对被告人判处免予刑事处罚，并同时根据案件不同情况，予以训诫或者责令具结悔过、赔礼道歉、赔偿损失，或者由主管部门予以行政处罚或者行政处分。

93 司法工作人员相关职务犯罪是否适用"和解"制度，进而从轻处罚

【案情】2019年10月22日16时许，某县看守所在押人员Z因在监室殴打他人违反监规后被关禁闭。19时许，Z在禁闭室发病，按呼叫器向管教员报警。随后当晚监控室值班民警L第一次叫来"120"，"120"急救人员于19时30分进入禁闭室进行检查，发现Z心电图显示异常，狱医D、值班所长T未做有效处置。其后Z大便失禁又多次因病痛让同禁闭室人员拍板呼叫狱医及管教员，D、T仍然没有将Z送医院进行救治。直至10月23日0时，Z喊叫数声后一动不动，同禁闭室人员再次呼叫管教员，随后"120"第二次来所，经检查发现Z已无生命体征。经鉴定，Z因主动脉夹层破裂引起心脏压塞，导致急性呼吸功能障碍而死亡。

【问题】该案法院最终判决D、T构成玩忽职守罪，但因D、T具有自首、认罪认罚等法定从轻、减轻处罚情节，并且对Z家属进行赔偿，取得被

害人家属谅解,可以酌情从轻处罚。本案最终认为"被告人D、T认为Z装病闹监,延误治疗,法不能容,但毕竟主动脉夹层属低发高危特殊病症,主观误判,情有可原。综合本案全部事实情节,考虑病症特殊,结合家属谅解,二被告人犯罪情节轻微,不需要判处刑罚"。对于自首、认罪认罚等法定从轻、减轻处罚情节,是否可以作为免予刑事处罚的理由,我们已经分析过,在此,我们将结合本案情况,分析"谅解""和解"在渎职犯罪量刑中的作用,并进一步构建合理的量刑逻辑。

【解析】上述案件中,人民法院判处免刑考虑了自首、认罪认罚、谅解、预见可能性低,但是在考虑这些情节时,法院将所有情节打包放在一起,"综合全部事实情节"统一作评价,得出犯罪情节轻微的结论。这种按照审判人员经验、感觉量刑的做法,其实并不少见,这导致不同的审判人员由于自身观念差异,对相似案件判处不同刑罚。的确,量刑不可避免地需要依靠司法人员的经验,但量刑必须追求规范化、科学化,始终坚持平等适用刑法,切实做到以事实为根据、以法律为准绳裁量刑罚,否则难以避免"同案不同判"的情况发生,进而导致对法律公平、公正的信赖危机。因此,笔者认为解决司法机关工作人员相关职务犯罪轻刑化问题,必须重视规范量刑。

第一,量刑的基本步骤。首先,合理确定法定刑。对于检察机关查办的"14类犯罪"而言,一般都具有多个法定刑幅度,在确定具体案件适用哪个幅度的法定刑时,只需要考虑客观方面还是需要考虑主客观两个方面?笔者认为,法定刑的确定只需要考虑客观方面。笔者以滥用职权罪、玩忽职守罪为例,《司法解释(一)》对滥用职权、玩忽职守"情节特别严重"作出了规定,从明确表述的四项具体情节看,均为客观事实,而不包括主观动机、目的等内容。当然,量刑是在已经确定司法工作人员构成相关犯罪的前提下,确定法定刑幅度,量刑不需要考虑主观方面,不等于定罪时不考虑主观方面。其次，合理裁量责任刑。在确定了具体案件适用的法定刑档后，仍要在法定刑的幅度内，根据影响责任刑的情节，确定责任刑点。例如，上述案例中，造成1人死亡，适用三年以下有期徒刑或者拘役的法定刑幅度，但具体是多长时间的有期徒刑或者拘役，则要考虑D、T的主观过错程度、死亡人数等影响责任刑的情节。由于重大过失造成2人死亡，与轻微过失造成1人死亡，虽然都适用三年以下有期徒刑或者拘役的法定刑幅度，但具体的责任刑点一定不会相同。再次，合理裁量预防刑，即考虑自首、立功、累犯、认罪认罚、谅解等表明特殊预防与一般预防必要性的情节，在法定刑幅度内责任刑之下判处刑罚，如果有减轻处罚情节，可以在法定刑幅度以下判处刑罚，如果有法定免予刑事处罚情节，可以免予刑事处罚。最后，确定合理的宣告刑，如是否构成数罪，共犯中的地位作用等因素。

第二，对于渎职犯罪中"谅解""和解"在量刑中作用的限制。刑事诉讼法第二百八十八条第一款规定了可以适用和解的情形，按照该规定渎职犯罪不属于可以适用和解的犯罪。那么，对于具体案件中，司法工作人员赔偿被害人或其家属取得其谅解、达成和解的情形，是否就不能作为从轻处罚情节了呢？我们对此持反对意见。从上述量刑规范考虑，积极赔偿被害人或其家属，进而取得被害人或其家属"谅解"达成"和解"，一方面表明司法工作人员认罪悔罪态度诚恳，特殊预防必要性减小；另一方面表明被害人或其家属处罚情感得到满足，一般预防必要性减小，在合理裁量预防性阶段应当考虑"谅解""和解"情节，这也符合罪责刑相适应原则。

第三，坚持规范化量刑，避免打包量刑造成司法工作人员相关职务犯罪轻刑化。从我们提倡的规范化量刑方案中，可以看出，每一个具体的量刑情节，都在对应的阶段发挥作用，并且各个情节都依照刑法规定，发挥应有的作用，比如从轻就是在法定刑幅度内判处刑罚，减轻就是在法定刑幅度以下判处刑罚，不会导致多个从轻、减轻情节相加，变成一个免予刑事处罚，也不会造成从轻、减轻严格依照刑法规定执行，免予刑事处罚依照审判人员经验、感觉执行的失衡情况。

当然，量刑规范不仅仅是审判环节的责任，从侦查环节就需要充分收集调取各种影响量刑的事实证据，并对可能判处的刑罚作出合理估量，对案件查办前景作出正确预测，在此基础上，推进职务犯罪案件查办质效提升。

第九章　程序问题

94　如何理解检察机关直接立案侦查案件的管辖范围

【问题】刑事诉讼法第十九条第二款规定，人民检察院在对诉讼活动实行法律监督中发现的司法工作人员利用职权实施的非法拘禁、刑讯逼供、非法搜查等侵犯公民权利、损害司法公正的犯罪，可以由人民检察院立案侦查。《人民检察院刑事诉讼规则》对于检察机关对此类案件作出了全面、具体的规定，明确了相关操作程序。

但是，具体到个案中，哪些案件属于检察机关管辖并不是非常清楚，存在一定程度的争议。鉴于此种情况，我们对检察机关直接立案侦查案件管辖范围进行初步的分析，并提出自己的看法。

【解析】从解释法律规定的角度来看，检察机关可以直接立案侦查管辖的案件，由以下几个方面的内容组成："诉讼活动""法律监督""司法工作人员""利用职权"。其实，这些概念之间是相互关联的：诉讼活动中具有相关职权的人员即为司法工作人员，对此类人员在诉讼活动中利用职权实施的相关犯罪，检察机关履行法律监督职责。这样理解，正确把握检察机关直接立案管辖犯罪的核心概念就是"职权"或者"职责"，也就是说哪些行为能够被视为诉讼活动中的职务行为，实施这个行为的人就是司法工作人员。我们以"职责"作为关键词，以此解读检察机关直接立案侦查案件管辖范围。

首先，在诉讼活动的核心概念中，诉讼活动包括侦查、检察、审判、执行。依法从事以上活动的人员，当然是司法工作人员。这样的理解，与刑法第九十四条的规定稍有不同。刑法第九十四条规定的司法工作人员是指具有侦查、检察、审判、监管职责的工作人员，但是，何谓"监管"，行政拘留、强制戒毒等是否属于这里的"监管"，存在一定争议，而履行刑罚执行监管职责的工作人员，没有争议的也属于司法工作人员。另外，法院执行法官也应该属于司法工作人员。基于以上原因，我们认为"诉讼活动"的核心概念包括侦查、检察、审判、执行职责四个方面。

其次，虽然侦查、检察、审判、执行监管职责的核心概念相对明确，但是在概念的外围仍存在一定的模糊地带。例如，上文所说的行政拘留、强制戒毒是否属于"监管"的问题。又如，在这四个概念中，何为"侦查"，从实践情况看，又相对复杂，具体问题表现为以下几个方面。第一，侦查活动包括哪些内容，对应的问题是：看守所执行监管活动的警察或者执行指定居所监视居住的人员是否履行了侦查职责，是否属于司法工作人员；第二，侦查活动是否以立案为时间起点，对应的问题是：对应该立案侦查的案件没有立案侦查，仅给予治安处罚的案件，检察机关是否可以管辖；第三，是否需要结合行为人的主观认识判断是否从事侦查活动，对应的问题是：派出所户籍民警违法为逃犯办理户籍，是否需要结合户籍民警的主观认识内容确定检察机关是否可以管辖，即只有户籍民警明知是逃犯，检察机关才有管辖权，反之则没有；第四，侦查活动是否需要具有合法的依据，对应的问题是：未经合法授权或者私自利用职权，实施搜查、拘留等行为，是否属于检察机关管辖。

对于第一个问题，笔者认为侦查不是一个单一行为，而应将侦查理解为一系列活动的总称，这一系列活动以查明犯罪为主要目的展开，包括调查取证、执行强制措施、讯问、询问等。因此，依照刑事诉讼法的规定，各项具体的侦查活动都是诉讼活动,从事各项侦查活动的人员都属于司法工作人员。因此,作为管辖问题理解的"侦查",与作为犯罪主体理解的刑法第九十四条中的"侦查"内涵并不完全一致。例如,笔者认为指定居所监视居住的监管人员失职渎职行为属于检察机关直接立案侦查案件范围,主要考虑监管活动发生在侦查环节,是执行强制措施的具体行为,是刑事诉讼活动的组成部分。而在考虑指定居所监视居住的监管人员失职渎职行为是否构成徇私枉法罪时,则是从具体的案件查办职责考虑,认为其履行的不是侦查职责,而是监管职责,不符合徇私枉法罪的主体。对同一行为,在考虑管辖时认为是侦查活动,而在确定是否构成相关犯罪时,又认为属于监管活动,看似矛盾,其实是由于管辖与犯罪分属程序法和实体法,同一表述在不同的法律背景下,内涵并不完全相同。

对于第二个问题,争议相对较小。一般认为,虽然侦查活动开始于立案,但为了确定是否达到立案标准而进行的立案审查、初查、查办治安案件等行为,也属于广义的侦查活动。对此问题,笔者不再进一步分析。

对于第三个问题,目前笔者认为应当采用客观说的观点,作为确定案件是否由检察机关管辖。即是否是刑事诉讼活动,是从客观的角度进行评价的,而不是由户籍民警的主观看法决定的,否则就会导致由被查对象的主观认识决定检察机关能否管辖,这是很不合理的。对此问题,在前文讨论户籍民警的管辖问题时已经涉及,在此不再重复。

对于第四个问题,笔者初步认为,"利用职权"的"职权"来源必须具有一定的形式根据。这种形式根据不仅包括法律法规的明确规定,还包括上级临时指派、长期形成的实际做法等。只要具体案件中行为人利用了侦查活动相关职权、职务便利,以至于一般人都认为其是在履行侦查职责,就属于检察机关直接立案侦查的犯罪。例如,犯罪嫌疑人H时任某公安分局巡警大队综合服务站民警,在病休期间,超越职权,伙同社会人员,在其任职辖区以外开展涉毒人员搜查行动。在搜查行动中，造成一人翻窗逃走时双脚摔伤骨折，一人坠楼身亡。检察机关对该案立案侦查，法院以非法搜查罪对H作出有罪判决。

实践的案件可能比以上说到的内容更为复杂。管辖问题的出现主要源自对刑事诉讼法第十九条的不同理解，但是解决管辖争议问题，不能仅依靠理解和解释法律规定。在具体司法实践中，检察机关应该加强与其他单位的沟通协调，达成共识避免争议，妥善处理案件管辖问题。

95 收受贿赂又徇私枉法的，同时涉嫌受贿罪与徇私枉法罪，此类案件如何管辖

【问题】按照刑法第三百九十九条第四款的规定："司法工作人员收受贿赂，有前三款行为的，同时又构成本法第三百八十五条规定之罪的，依照处罚较重的规定定罪处罚。"对于此类案件是否属于互涉案件，检察机关是否可以在查办徇私枉法等犯罪时一并查处受贿行为，实践认识并不一致，做法也不相同。

【解析】职务犯罪案件以监察委管辖为一般原则，这一规定体现了以监察调查为主的特点。根据监察法的规定，检察机关立案侦查"14类犯罪"时，发现犯罪嫌疑人同时涉嫌监察委员会管辖的职务犯罪线索的，应当及时与同级监察委员会沟通，一般应当以监察委员会为主调查，检察机关予以协助。按照上述规定，检察机关与监察机关在管辖互涉案件时，可能存在两种情况：一是全案由检察机关管辖；二是由检察机关和监察机关分别管辖，但在案件调查（侦查）终结前，检察机关应当就移送审查起诉有关事宜与监察委员会加强沟通，协调一致，分别移送审查起诉，检察机关依法对全案审查起诉。

之所以对互涉案件的管辖如此规定，笔者认为是为了在坚持监察机关对

职务犯罪完全管辖权的前提下，充分发挥检察机关与监察机关各自的优势，最大限度地查清犯罪事实，最大限度地形成反腐败合力。如果从这个角度考虑，刑法规定的受贿与渎职犯罪择一重罪处罚情形的管辖问题，与互涉案件没有本质的区别。因为无认论是数罪并罚还是择一重罪处罚的前提都是查清犯罪事实，这种情况仍应按照互涉案件处理规定及时与监察委员会沟通，认为全案由监察委员会管辖更为适宜的，人民检察院应当撤销案件，将案件和受贿线索一并移送监察委员会；认为由监察委员会和人民检察院分别管辖更为适宜的，人民检察院应当将受贿线索移送监察委员会，对涉嫌刑法第三百九十九条的案件继续侦查。

96 检察机关以犯罪嫌疑人涉嫌司法工作人员相关职务犯罪立案侦查，又发现嫌疑人还涉嫌其他机关管辖罪名的，如何处理

【案情1】犯罪嫌疑人L涉嫌诈骗罪、滥用职权罪、受贿罪案，由公安机关、检察机关、监察机关分别立案侦查，分别移送审查起诉。检察机关在审查起诉环节，将三起案件并案后一并起诉至法院。

【案情2】犯罪嫌疑人D涉嫌玩忽职守罪和非法经营罪案，由人民检察院负责侦查D玩忽职守的犯罪事实，公安机关负责侦查D非法经营的犯罪事实。在两起案件事实查清后，公安机关将D非法经营罪的案件材料移送检察机关并案，由检察机关以玩忽职守罪、非法经营罪移送审查起诉。

【案情3】检察机关在查办C组织卖淫罪、滥用职权罪案件中，经报请省级人民检察院决定后，对C涉嫌组织卖淫罪并案侦查。办案中又发现C受贿5万元，经协商纪委监委不再另行立案调查，根据相关规则直接在审查起诉阶段补充了受贿罪名。

【问题】上述三起案件的办理过程中，检察机关均发现犯罪嫌疑人涉嫌

其他机关管辖罪名，但是根据具体案件的不同情况，个案管辖的方式又不完全相同。以上三起案件具有一定的代表性，笔者通过总结实践经验，归纳此类问题的解决方法，为处理相同情况提供参考借鉴。

【解析】刑事诉讼法规定，刑事案件的侦查由公安机关进行，法律另有规定的除外。而根据监察法等法律法规的规定，监察机关负责调查涉嫌贪污贿赂、滥用职权、玩忽职守、权力寻租、利益输送、徇私舞弊以及浪费国家资财等职务犯罪案件。对于司法工作人员利用职权实施的非法拘禁、刑讯逼供、非法搜查等侵犯公民权利、损害司法公正的犯罪，监察机关和人民检察院均有权管辖。涉嫌上述犯罪的司法工作人员，如不涉嫌贪污贿赂等监察机关管辖的其他职务犯罪，一般由人民检察院立案侦查，必要时监察机关也可以立案调查。可见，对于刑事案件的侦查，监察机关、检察机关、公安机关既各司其职、分工管辖又互相配合。普通刑事犯罪由公安机关管辖，监察机关对公职人员的职务犯罪具有完全管辖权，其中的司法工作人员相关职务犯罪，一般由检察机关管辖。【案情1】的案件中，监察机关、检察机关、公安机关针对同一犯罪嫌疑人，根据不同犯罪事实，在各自的管辖范围内，分别立案侦查（调查），分别移送审查起诉，在起诉环节并案，就是配合制约管辖制度的具体体现。

《人民检察院刑事诉讼规则》第十八条第二款规定，对于一人犯数罪、共同犯罪、共同犯罪的犯罪嫌疑人还实施其他犯罪、多个犯罪嫌疑人实施的犯罪存在关联，并案处理有利于查明案件事实和诉讼进行的，人民检察院可以在职责范围内对相关犯罪案件并案处理。对于该条的理解，有观点认为，检察机关并案管辖的案件是刑事诉讼法第十九条第二款规定的检察机关管辖的案件，不包括公安机关管辖案件。另有观点认为，检察机关可以并案侦查公安机关管辖的刑事案件。【案情2】采取了第二种观点。当然，"可以"并案处理的规定，也就意味着不是必须并案处理。在具体案件中，是否并案处理还需要从有利于查明案件事实和便利诉讼的角度进行考量，当分案处理更有利时，完全可以分别侦查，并案审查起诉、审理。

【案情3】的情况较为特殊。人民检察院办理其管辖的涉嫌犯罪案件，发现犯罪嫌疑人同时涉嫌监察机关管辖的其他职务犯罪线索的，应当将其他职务犯罪线索移送监察机关，并就其管辖的犯罪案件是否一并移送监察机关管辖与监察机关沟通。按照该规定，检察机关负责侦查的部门不能直接立案侦查监察机关管辖案件，人民检察院在审查起诉中发现遗漏罪行，且属于监察机关管辖，犯罪事实清楚，证据确实、充分，符合起诉条件的，经书面征求监察机关意见后，可以一并提起公诉。根据该规定，在【案情3】的情况中，检察机关经与监察机关沟通，检察机关对发现的受贿线索不再另行立案调查，检察机关虽然不能直接对受贿案件立案侦查，但在审查起诉环节，捕诉部门征求监察机关意见后，可以补充起诉，一并提起公诉。

97 检察机关以犯罪嫌疑人涉嫌司法工作人员相关职务犯罪立案侦查，审查起诉或者审理阶段认为犯罪事实属于公安机关或者监察机关管辖的，此时如何处理

【案情】某看守所辅警L，利用在监区工作的职务便利，私自为在押人员传递与案件有关的信件，干扰和妨碍侦查。检察机关负责侦查的部门以L涉嫌徇私枉法罪立案侦查，捕诉部门以L涉嫌帮助犯罪分子逃避处罚罪提起公诉，法院最终以帮助犯罪分子逃避处罚罪作出有罪判决。

【问题】检察机关以涉嫌"14类犯罪"对犯罪嫌疑人立案侦查，审查起诉或者审理阶段认为犯罪事实属于公安机关或者监察机关管辖的，是否需要将案件移送有管辖权的部门立案侦查，能否直接根据检察机关侦查查明的事实起诉、判决？

【解析】《人民检察院刑事诉讼规则》第三百五十七条对此种情况作了原则性的规定,人民检察院立案侦查时认为属于直接受理侦查的案件,在审查起诉阶段发现属于监察机关管辖的,应当及时商监察机关办理。属于公安机关管辖,案件事实清楚,证据确实、充分,符合起诉条件的,可以直接起诉;事实不清、证据不足的,应当及时移送有管辖权的机关办理。按照此规定,对于检察机关立案侦查移送审查起诉的案件,在审查起诉阶段认为案件属于公安机关管辖的,如果证据确实、充分,符合起诉条件,可以直接起诉,不符合起诉条件的,移送有管辖权的机关办理。而对于属于监察机关管辖的,则应与监察机关及时协商,听取监察机关的意见。

98 如何确定转化犯的管辖

【案情1】2019年11月4日,检察机关以刑讯逼供罪对H等立案侦查。2020年1月16日,侦查终结,移送审查起诉。同年9月18日,法院以H等人犯故意伤害罪作出有罪判决。

【案情2】2019年11月3日,检察机关以涉嫌刑讯逼供罪对T等立案侦查,以T涉嫌故意伤害罪(致人死亡)移送审查起诉,法院也以T构成故意伤害罪(致人死亡)作出有罪判决。

【问题】目前"14类犯罪"中包含转化犯情形的有非法拘禁罪、刑讯逼供罪、暴力取证罪和虐待被监管人罪。其中在非法拘禁过程中,使用暴力致人重伤、死亡的,应转化为故意伤害罪、故意杀人罪;实施刑讯逼供、暴力取证、虐待被监管人的行为,如果致人伤残、死亡的,要转化为故意伤害罪、故意杀人罪并从重处罚。以上情形应由监察机关管辖,还是由公安机关管辖,抑或由检察机关使用"机动侦查权"管辖?

【解析】刑事诉讼法第十九条从犯罪性质角度出发,对检察机关直接立案侦查案件的管辖范围规定为：在对诉讼活动实行法律监督中发现的司法工作人员利用职权实施的非法拘禁、刑讯逼供、非法搜查等侵犯公民权利、损害司法公正的犯罪。根据若干规定，人民检察院可以直接立案侦查的职务犯罪案件界定为非法拘禁、非法搜查、刑讯逼供等"14类"职务犯罪案件。因此，一般认为检察机关对诉讼活动实行法律监督中发现的司法工作人员利用职权实施的"14类"职务犯罪案件可以直接立案侦查。结合刑事诉讼法原意，笔者认为检察机关直接立案侦查的是"14类"职务犯罪案件，而不是"14个"职务犯罪罪名，"14类"职务犯罪是从犯罪的性质对管辖范围的界定，关键在于具体犯罪行为是否侵害了"14类"犯罪的法益，符合"14类"犯罪的犯罪类型。至于法院最终是按照转化犯，还是想象竞合抑或按照法律择一重罪处罚，是审判阶段定罪量刑的问题，不需要检察机关在侦查阶段考虑，而且在没有经过侦查取证前，考虑最终应该认定什么罪，进而决定由哪个机关侦查，是本末倒置，没有意义的。

【案情1】【案情2】无论最终认定为何罪，两案中嫌疑人的行为均属于刑讯逼供类的犯罪，检察机关对两案直接立案侦查，是刑事诉讼法第十九条的应有之义，不属于行使"机动侦查权"。在查清事实的基础上，无论检察机关认为仍然构成刑讯逼供罪，并以刑讯逼供罪侦查终结移送审查起诉，还是认为符合转化犯规定，应当认定为故意伤害罪，都不违反刑事诉讼法管辖规定。

99 上级检察机关对司法工作人员立案后，指定下级检察院侦查，应该由哪级检察院批准强制措施

【案情】犯罪嫌疑人L涉嫌徇私枉法罪一案，由某市人民检察院于2020年7月28日立案侦查，同年7月29日交该市某区人民检察院办理。该区人

民检察院受理该案后，于 2020 年 7 月 30 日对 L 决定刑事拘留，同年 8 月 12 日对 L 决定逮捕。

【问题】 按照《人民检察院刑事诉讼规则》第十四条的规定，原则上人民检察院办理直接受理侦查的案件，由设区的市级人民检察院立案侦查。上述案件，采取了市院立案，基层院办案，基层院决定逮捕的方法。笔者认为，为了规范检察机关直接立案侦查案件的办案程序，从程序和实体两个方面同时提高司法工作人员相关职务犯罪查办质效，有必要对此种情况管辖问题予以研究，避免因办案程序瑕疵影响案件查办质量。

【解析】 笔者认为应该坚持谁立案侦查，谁对案件负责的原则，市级院立案侦查的案件，即使交由基层院协助办理，市级院仍是主要负责侦查的部门，此类案件的强制措施，应该由市级院决定，理由如下。

《人民检察院刑事诉讼规则》第十四条第二款规定，设区的市级人民检察院根据案件情况也可以将案件交由基层人民检察院立案侦查，或者要求基层人民检察院协助侦查。根据此条的规定，基层人民检察院可以以两种方式参与侦查：第一，市级院将案件交由基层院"立案侦查"，此时立案程序由基层院提起，基层院不仅是事实上的办案主体，而且是法律上负责侦查的部门。第二，基层院按照市级院的要求"协助"侦查。上下级检察机关是领导与被领导关系，下级检察院按照上级检察院的要求协助办案时，案件的办案主体和责任主体仍然是上级检察院，或者说此种情况下，负责侦查的部门仍是市级院的相关部门，基层院只是"协助"办案部门。这也是"协助"一词的本来意思。按照《人民检察院刑事诉讼规则》第二百九十六条规定，人民检察院办理直接受理侦查的案件，需要逮捕犯罪嫌疑人的，由负责侦查的部门制作逮捕犯罪嫌疑人意见书，连同案卷材料、讯问犯罪嫌疑人录音、录像一并移送本院负责捕诉的部门审查。在市级院立案侦查，基层院协助侦查的案件中，负责侦查的部门为市级院的相关业务部门，而负责审查决定逮捕的部门为市级院负责捕诉的部门。

按照上述观点，本案中关于市级院立案侦查后交基层院办理的说法，只是对实际办案情况的描述，如果按照《人民检察院刑事诉讼规则》的规定，应当属于市级院要求基层人民检察院协助侦查的情况，此时仍应由市级院负责侦查的部门决定拘留，犯罪嫌疑人需要逮捕的，也应由市级院负责侦查的部门将案件移送市级院负责捕诉的部门审查决定逮捕。

附录：相关法律法规

最高人民检察院关于渎职侵权犯罪案件立案标准的规定（节选）

（2005年12月29日最高人民检察院第十届检察委员会第四十九次会议通过　2006年7月26日最高人民检察院公告公布　自公布之日起施行　高检发释字〔2006〕2号）

根据《中华人民共和国刑法》、《中华人民共和国刑事诉讼法》和其他法律的有关规定，对国家机关工作人员渎职和利用职权实施的侵犯公民人身权利、民主权利犯罪案件的立案标准规定如下：

一、渎职犯罪案件

（一）滥用职权案（第三百九十七条）

滥用职权罪是指国家机关工作人员超越职权，违法决定、处理其无权决定、处理的事项，或者违反规定处理公务，致使公共财产、国家和人民利益遭受重大损失的行为。

涉嫌下列情形之一的，应予立案：

1. 造成死亡1人以上，或者重伤2人以上，或者重伤1人、轻伤3人以上，或者轻伤5人以上的；

2. 导致10人以上严重中毒的；

3. 造成个人财产直接经济损失 10 万元以上，或者直接经济损失不满 10 万元，但间接经济损失 50 万元以上的；

4. 造成公共财产或者法人、其他组织财产直接经济损失 20 万元以上，或者直接经济损失不满 20 万元，但间接经济损失 100 万元以上的；

5. 虽未达到 3、4 两项数额标准，但 3、4 两项合计直接经济损失 20 万元以上，或者合计直接经济损失不满 20 万元，但合计间接经济损失 100 万元以上的；

6. 造成公司、企业等单位停业、停产 6 个月以上，或者破产的；

7. 弄虚作假，不报、缓报、谎报或者授意、指使、强令他人不报、缓报、谎报情况，导致重特大事故危害结果继续、扩大，或者致使抢救、调查、处理工作延误的；

8. 严重损害国家声誉，或者造成恶劣社会影响的；

9. 其他致使公共财产、国家和人民利益遭受重大损失的情形。

国家机关工作人员滥用职权，符合刑法第九章所规定的特殊渎职罪构成要件的，按照该特殊规定追究刑事责任；主体不符合刑法第九章所规定的特殊渎职罪的主体要件，但滥用职权涉嫌前款第 1 项至第 9 项规定情形之一的，按照刑法第 397 条的规定以滥用职权罪追究刑事责任。

(二) 玩忽职守案 (第三百九十七条)

玩忽职守罪是指国家机关工作人员严重不负责任，不履行或者不认真履行职责，致使公共财产、国家和人民利益遭受重大损失的行为。

涉嫌下列情形之一的，应予立案：

1. 造成死亡 1 人以上，或者重伤 3 人以上，或者重伤 2 人、轻伤 4 人以上，或者重伤 1 人、轻伤 7 人以上，或者轻伤 10 人以上的；

2. 导致 20 人以上严重中毒的；

3. 造成个人财产直接经济损失 15 万元以上，或者直接经济损失不满 15

万元，但间接经济损失 75 万元以上的；

4. 造成公共财产或者法人、其他组织财产直接经济损失 30 万元以上，或者直接经济损失不满 30 万元，但间接经济损失 150 万元以上的；

5. 虽未达到 3、4 两项数额标准，但 3、4 两项合计直接经济损失 30 万元以上，或者合计直接经济损失不满 30 万元，但合计间接经济损失 150 万元以上的；

6. 造成公司、企业等单位停业、停产 1 年以上，或者破产的；

7. 海关、外汇管理部门的工作人员严重不负责任，造成 100 万美元以上外汇被骗购或者逃汇 1000 万美元以上的；

8. 严重损害国家声誉，或者造成恶劣社会影响的；

9. 其他致使公共财产、国家和人民利益遭受重大损失的情形。

国家机关工作人员玩忽职守，符合刑法第九章所规定的特殊渎职罪构成要件的，按照该特殊规定追究刑事责任；主体不符合刑法第九章所规定的特殊渎职罪的主体要件，但玩忽职守涉嫌前款第 1 项至第 9 项规定情形之一的，按照刑法第 397 条的规定以玩忽职守罪追究刑事责任。

……

（五）徇私枉法案（第三百九十九条第一款）

徇私枉法罪是指司法工作人员徇私枉法、徇情枉法，对明知是无罪的人而使他受追诉、对明知是有罪的人而故意包庇不使他受追诉，或者在刑事审判活动中故意违背事实和法律作枉法裁判的行为。

涉嫌下列情形之一的，应予立案：

1. 对明知是没有犯罪事实或者其他依法不应当追究刑事责任的人，采取伪造、隐匿、毁灭证据或者其他隐瞒事实、违反法律的手段，以追究刑事责任为目的立案、侦查、起诉、审判的；

2. 对明知是有犯罪事实需要追究刑事责任的人，采取伪造、隐匿、毁灭证据或者其他隐瞒事实、违反法律的手段，故意包庇使其不受立案、侦查、起诉、审判的；

3. 采取伪造、隐匿、毁灭证据或者其他隐瞒事实、违反法律的手段，故意使罪重的人受较轻的追诉，或者使罪轻的人受较重的追诉的；

4. 在立案后，采取伪造、隐匿、毁灭证据或者其他隐瞒事实、违反法律的手段，应当采取强制措施而不采取强制措施，或者虽然采取强制措施，但中断侦查或者超过法定期限不采取任何措施，实际放任不管，以及违法撤销、变更强制措施，致使犯罪嫌疑人、被告人实际脱离司法机关侦控的；

5. 在刑事审判活动中故意违背事实和法律，作出枉法判决、裁定，即有罪判无罪、无罪判有罪，或者重罪轻判、轻罪重判的；

6. 其他徇私枉法应予追究刑事责任的情形。

（六）民事、行政枉法裁判案（第三百九十九条第二款）

民事、行政枉法裁判罪是指司法工作人员在民事、行政审判活动中，故意违背事实和法律作枉法裁判，情节严重的行为。

涉嫌下列情形之一的，应予立案：

1. 枉法裁判，致使当事人或者其近亲属自杀、自残造成重伤、死亡，或者精神失常的；

2. 枉法裁判，造成个人财产直接经济损失 10 万元以上，或者直接经济损失不满 10 万元，但间接经济损失 50 万元以上的；

3. 枉法裁判，造成法人或者其他组织财产直接经济损失 20 万元以上，或者直接经济损失不满 20 万元，但间接经济损失 100 万元以上的；

4. 伪造、变造有关材料、证据，制造假案枉法裁判的；

5. 串通当事人制造伪证，毁灭证据或者篡改庭审笔录而枉法裁判的；

6. 徇私情、私利，明知是伪造、变造的证据予以采信，或者故意对应当采信的证据不予采信，或者故意违反法定程序，或者故意错误适用法律而枉法裁判的；

7. 其他情节严重的情形。

（七）执行判决、裁定失职案（第三百九十九条第三款）

执行判决、裁定失职罪是指司法工作人员在执行判决、裁定活动中，严重不负责任，不依法采取诉讼保全措施、不履行法定执行职责，或者违法采取保全措施、强制执行措施，致使当事人或者其他人的利益遭受重大损失的行为。

涉嫌下列情形之一的，应予立案：

1. 致使当事人或者其近亲属自杀、自残造成重伤、死亡，或者精神失常的；

2. 造成个人财产直接经济损失 15 万元以上，或者直接经济损失不满 15 万元，但间接经济损失 75 万元以上的；

3. 造成法人或者其他组织财产直接经济损失 30 万元以上，或者直接经济损失不满 30 万元，但间接经济损失 150 万元以上的；

4. 造成公司、企业等单位停业、停产 1 年以上，或者破产的；

5. 其他致使当事人或者其他人的利益遭受重大损失的情形。

（八）执行判决、裁定滥用职权案（第三百九十九条第三款）

执行判决、裁定滥用职权罪是指司法工作人员在执行判决、裁定活动中，滥用职权，不依法采取诉讼保全措施、不履行法定执行职责，或者违法采取保全措施、强制执行措施，致使当事人或者其他人的利益遭受重大损失的行为。

涉嫌下列情形之一的，应予立案：

1. 致使当事人或者其近亲属自杀、自残造成重伤、死亡，或者精神失常的；

2. 造成个人财产直接经济损失 10 万元以上，或者直接经济损失不满 10 万元，但间接经济损失 50 万元以上的；

3. 造成法人或者其他组织财产直接经济损失 20 万元以上，或者直接经济损失不满 20 万元，但间接经济损失 100 万元以上的；

4. 造成公司、企业等单位停业、停产 6 个月以上，或者破产的；

5. 其他致使当事人或者其他人的利益遭受重大损失的情形。

（九）私放在押人员案（第四百条第一款）

私放在押人员罪是指司法工作人员私放在押（包括在羁押场所和押解途中）的犯罪嫌疑人、被告人或者罪犯的行为。

涉嫌下列情形之一的，应予立案：

1. 私自将在押的犯罪嫌疑人、被告人、罪犯放走，或者授意、指使、强迫他人将在押的犯罪嫌疑人、被告人、罪犯放走的；

2. 伪造、变造有关法律文书、证明材料，以使在押的犯罪嫌疑人、被告人、罪犯逃跑或者被释放的；

3. 为私放在押的犯罪嫌疑人、被告人、罪犯，故意向其通风报信、提供条件，致使该在押的犯罪嫌疑人、被告人、罪犯脱逃的；

4. 其他私放在押的犯罪嫌疑人、被告人、罪犯应予追究刑事责任的情形。

（十）失职致使在押人员脱逃案（第四百条第二款）

失职致使在押人员脱逃罪是指司法工作人员由于严重不负责任，不履行或者不认真履行职责，致使在押（包括在羁押场所和押解途中）的犯罪嫌疑人、被告人、罪犯脱逃，造成严重后果的行为。

涉嫌下列情形之一的，应予立案：

1. 致使依法可能判处或者已经判处 10 年以上有期徒刑、无期徒刑、死刑的犯罪嫌疑人、被告人、罪犯脱逃的；

2. 致使犯罪嫌疑人、被告人、罪犯脱逃 3 人次以上的；

3. 犯罪嫌疑人、被告人、罪犯脱逃以后，打击报复报案人、控告人、举报人、被害人、证人和司法工作人员等，或者继续犯罪的；

4. 其他致使在押的犯罪嫌疑人、被告人、罪犯脱逃，造成严重后果的情形。

（十一）徇私舞弊减刑、假释、暂予监外执行案（第四百零一条）

徇私舞弊减刑、假释、暂予监外执行罪是指司法工作人员徇私舞弊，对不符合减刑、假释、暂予监外执行条件的罪犯予以减刑、假释、暂予监外执行的行为。

涉嫌下列情形之一的，应予立案：

1. 刑罚执行机关的工作人员对不符合减刑、假释、暂予监外执行条件的罪犯，捏造事实，伪造材料，违法报请减刑、假释、暂予监外执行的；

2. 审判人员对不符合减刑、假释、暂予监外执行条件的罪犯，徇私舞弊，违法裁定减刑、假释或者违法决定暂予监外执行的；

3. 监狱管理机关、公安机关的工作人员对不符合暂予监外执行条件的罪犯，徇私舞弊，违法批准暂予监外执行的；

4. 不具有报请、裁定、决定或者批准减刑、假释、暂予监外执行权的司法工作人员利用职务上的便利，伪造有关材料，导致不符合减刑、假释、暂予监外执行条件的罪犯被减刑、假释、暂予监外执行的；

5. 其他徇私舞弊减刑、假释、暂予监外执行应予追究刑事责任的情形。

……

二、国家机关工作人员利用职权实施的侵犯公民人身权利、民主权利犯罪案件

（一）国家机关工作人员利用职权实施的非法拘禁案（第二百三十八条）

非法拘禁罪是指以拘禁或者其他方法非法剥夺他人人身自由的行为。

国家机关工作人员利用职权非法拘禁，涉嫌下列情形之一的，应予立案：

1. 非法剥夺他人人身自由 24 小时以上的；

2. 非法剥夺他人人身自由，并使用械具或者捆绑等恶劣手段，或者实施殴打、侮辱、虐待行为的；

3. 非法拘禁，造成被拘禁人轻伤、重伤、死亡的；

4. 非法拘禁，情节严重，导致被拘禁人自杀、自残造成重伤、死亡，或者精神失常的；

5. 非法拘禁 3 人次以上的；

6. 司法工作人员对明知是没有违法犯罪事实的人而非法拘禁的；

7. 其他非法拘禁应予追究刑事责任的情形。

（二）国家机关工作人员利用职权实施的非法搜查案（第二百四十五条）

非法搜查罪是指非法搜查他人身体、住宅的行为。

国家机关工作人员利用职权非法搜查，涉嫌下列情形之一的，应予立案：

1. 非法搜查他人身体、住宅，并实施殴打、侮辱等行为的；

2. 非法搜查，情节严重，导致被搜查人或者其近亲属自杀、自残造成重伤、死亡，或者精神失常的；

3. 非法搜查，造成财物严重损坏的；

4. 非法搜查 3 人（户）次以上的；

5. 司法工作人员对明知是与涉嫌犯罪无关的人身、住宅非法搜查的；

6. 其他非法搜查应予追究刑事责任的情形。

（三）刑讯逼供案（第二百四十七条）

刑讯逼供罪是指司法工作人员对犯罪嫌疑人、被告人使用肉刑或者变相肉刑逼取口供的行为。

涉嫌下列情形之一的，应予立案：

1. 以殴打、捆绑、违法使用械具等恶劣手段逼取口供的；

2. 以较长时间冻、饿、晒、烤等手段逼取口供，严重损害犯罪嫌疑人、被告人身体健康的；

3. 刑讯逼供造成犯罪嫌疑人、被告人轻伤、重伤、死亡的；

4. 刑讯逼供，情节严重，导致犯罪嫌疑人、被告人自杀、自残造成重伤、死亡，或者精神失常的；

5. 刑讯逼供，造成错案的；

6. 刑讯逼供3人次以上的；

7. 纵容、授意、指使、强迫他人刑讯逼供，具有上述情形之一的；

8. 其他刑讯逼供应予追究刑事责任的情形。

（四）暴力取证案（第二百四十七条）

暴力取证罪是指司法工作人员以暴力逼取证人证言的行为。

涉嫌下列情形之一的，应予立案：

1. 以殴打、捆绑、违法使用械具等恶劣手段逼取证人证言的；

2. 暴力取证造成证人轻伤、重伤、死亡的；

3. 暴力取证，情节严重，导致证人自杀、自残造成重伤、死亡，或者精神失常的；

4. 暴力取证，造成错案的；

5. 暴力取证3人次以上的；

6. 纵容、授意、指使、强迫他人暴力取证，具有上述情形之一的；

7. 其他暴力取证应予追究刑事责任的情形。

（五）虐待被监管人案（第二百四十八条）

虐待被监管人罪是指监狱、拘留所、看守所、拘役所、劳教所等监管机构的监管人员对被监管人进行殴打或者体罚虐待，情节严重的行为。

涉嫌下列情形之一的，应予立案：

1. 以殴打、捆绑、违法使用械具等恶劣手段虐待被监管人的；

2. 以较长时间冻、饿、晒、烤等手段虐待被监管人，严重损害其身体健康的；

3. 虐待造成被监管人轻伤、重伤、死亡的；

4. 虐待被监管人，情节严重，导致被监管人自杀、自残造成重伤、死亡，或者精神失常的；

5. 殴打或者体罚虐待3人次以上的；

6. 指使被监管人殴打、体罚虐待其他被监管人，具有上述情形之一的；

7. 其他情节严重的情形。

……

三、附　　则

（一）本规定中每个罪案名称后所注明的法律条款系《中华人民共和国刑法》的有关条款。

（二）本规定所称"以上"包括本数；有关犯罪数额"不满"，是指已达到该数额百分之八十以上的。

（三）本规定中的"国家机关工作人员"，是指在国家机关中从事公务的人员，包括在各级国家权力机关、行政机关、司法机关和军事机关中从事公务的人员。在依照法律、法规规定行使国家行政管理职权的组织中从事公务的人员，或者在受国家机关委托代表国家行使职权的组织中从事公务的人员，或者虽未列入国家机关人员编制但在国家机关中从事公务的人员，在代表国家机关行使职权时，视为国家机关工作人员。在乡（镇）以上中国共产党机关、人民政协机关中从事公务的人员，视为国家机关工作人员。

（四）本规定中的"直接经济损失"，是指与行为有直接因果关系而造成的财产损毁、减少的实际价值；"间接经济损失"，是指由直接经济损失引起和牵连的其他损失，包括失去的在正常情况下可以获得的利益和为恢复正常的管理活动或者挽回所造成的损失所支付的各种开支、费用等。

有下列情形之一的，虽然有债权存在，但已无法实现债权的，可以认定为已经造成了经济损失：（1）债务人已经法定程序被宣告破产，且无法清偿债务；（2）债务人潜逃，去向不明；（3）因行为人责任，致使超过诉讼时效；（4）有证据证明债权无法实现的其他情况。

直接经济损失和间接经济损失，是指立案时确已造成的经济损失。移送审查起诉前，犯罪嫌疑人及其亲友自行挽回的经济损失，以及由司法机关或者犯罪嫌疑人所在单位及其上级主管部门挽回的经济损失，不予扣减，但可作为对犯罪嫌疑人从轻处理的情节考虑。

（五）本规定中的"徇私舞弊"，是指国家机关工作人员为徇私情、私利，故意违背事实和法律，伪造材料，隐瞒情况，弄虚作假的行为。

（六）本规定自公布之日起施行。本规定发布前有关人民检察院直接受理立案侦查的国家机关工作人员渎职和利用职权实施的侵犯公民人身权利、民主权利犯罪案件的立案标准，与本规定有重复或者不一致的，适用本规定。

对于本规定施行前发生的国家机关工作人员渎职和利用职权实施的侵犯公民人身权利、民主权利犯罪案件，按照《最高人民法院、最高人民检察院关于适用刑事司法解释时间效力问题的规定》办理。

最高人民法院、最高人民检察院关于办理渎职刑事案件适用法律若干问题的解释（一）

（2012年7月9日最高人民法院审判委员会第1552次会议、2012年9月12日最高人民检察院第十一届检察委员会第79次会议通过 2012年12月7日最高人民法院、最高人民检察院公告公布 自2013年1月9日起施行 法释〔2012〕18号）

为依法惩治渎职犯罪，根据刑法有关规定，现就办理渎职刑事案件适用法律的若干问题解释如下：

第一条 国家机关工作人员滥用职权或者玩忽职守，具有下列情形之一的，应当认定为刑法第三百九十七条规定的"致使公共财产、国家和人民利益遭受重大损失"：

（一）造成死亡1人以上，或者重伤3人以上，或者轻伤9人以上，或者重伤2人、轻伤3人以上，或者重伤1人、轻伤6人以上的；

（二）造成经济损失30万元以上的；

（三）造成恶劣社会影响的；

（四）其他致使公共财产、国家和人民利益遭受重大损失的情形。

具有下列情形之一的，应当认定为刑法第三百九十七条规定的"情节特别严重"：

（一）造成伤亡达到前款第（一）项规定人数3倍以上的；

（二）造成经济损失150万元以上的；

（三）造成前款规定的损失后果，不报、迟报、谎报或者授意、指使、强令他人不报、迟报、谎报事故情况，致使损失后果持续、扩大或者抢救工作延误的；

（四）造成特别恶劣社会影响的；

（五）其他特别严重的情节。

第二条 国家机关工作人员实施滥用职权或者玩忽职守犯罪行为，触犯刑法分则第九章第三百九十八条至第四百一十九条规定的，依照该规定定罪处罚。

国家机关工作人员滥用职权或者玩忽职守，因不具备徇私舞弊等情形，不符合刑法分则第九章第三百九十八条至第四百一十九条的规定，但依法构成第三百九十七条规定的犯罪的，以滥用职权罪或者玩忽职守罪定罪处罚。

第三条 国家机关工作人员实施渎职犯罪并收受贿赂，同时构成受贿罪的，除刑法另有规定外，以渎职犯罪和受贿罪数罪并罚。

第四条 国家机关工作人员实施渎职行为，放纵他人犯罪或者帮助他人逃避刑事处罚，构成犯罪的，依照渎职罪的规定定罪处罚。

国家机关工作人员与他人共谋，利用其职务行为帮助他人实施其他犯罪行为，同时构成渎职犯罪和共谋实施的其他犯罪共犯的，依照处罚较重的规定定罪处罚。

国家机关工作人员与他人共谋，既利用其职务行为帮助他人实施其他犯罪，又以非职务行为与他人共同实施该其他犯罪行为，同时构成渎职犯罪和其他犯罪的共犯的，依照数罪并罚的规定定罪处罚。

第五条 国家机关负责人员违法决定，或者指使、授意、强令其他国家机关工作人员违法履行职务或者不履行职务，构成刑法分则第九章规定的渎职犯罪的，应当依法追究刑事责任。

以"集体研究"形式实施的渎职犯罪，应当依照刑法分则第九章的规定追究国家机关负有责任的人员的刑事责任。对于具体执行人员，应当在综合认定其行为性质、是否提出反对意见、危害结果大小等情节的基础上决定是否追究刑事责任和应当判处的刑罚。

第六条 以危害结果为条件的渎职犯罪的追诉期限，从危害结果发生之日起计算；有数个危害结果的，从最后一个危害结果发生之日起计算。

第七条 依法或者受委托行使国家行政管理职权的公司、企业、事业单位的工作人员，在行使行政管理职权时滥用职权或者玩忽职守，构成犯罪的，应当依照《全国人民代表大会常务委员会关于〈中华人民共和国刑法〉第九章渎职罪主体适用问题的解释》的规定，适用渎职罪的规定追究刑事责任。

第八条 本解释规定的"经济损失"，是指渎职犯罪或者与渎职犯罪相关联的犯罪立案时已经实际造成的财产损失，包括为挽回渎职犯罪所造成损失而支付的各种开支、费用等。立案后至提起公诉前持续发生的经济损失，应一并计入渎职犯罪造成的经济损失。

债务人经法定程序被宣告破产，债务人潜逃、去向不明，或者因行为人的责任超过诉讼时效等，致使债权已经无法实现的，无法实现的债权部分应当认定为渎职犯罪的经济损失。

渎职犯罪或者与渎职犯罪相关联的犯罪立案后，犯罪分子及其亲友自行挽回的经济损失，司法机关或者犯罪分子所在单位及其上级主管部门挽回的经济损失，或者因客观原因减少的经济损失，不予扣减，但可以作为酌定从轻处罚的情节。

第九条 负有监督管理职责的国家机关工作人员滥用职权或者玩忽职守，致使不符合安全标准的食品、有毒有害食品、假药、劣药等流入社会，对人民群众生命、健康造成严重危害后果的，依照渎职罪的规定从严惩处。

第十条 最高人民法院、最高人民检察院此前发布的司法解释与本解释不一致的，以本解释为准。

监狱暂予监外执行程序规定

(2016年8月22日 司发通〔2016〕78号)

第一章 总 则

第一条 为规范监狱办理暂予监外执行工作程序,根据《中华人民共和国刑事诉讼法》《中华人民共和国监狱法》《暂予监外执行规定》等有关规定,结合刑罚执行工作实际,制定本规定。

第二条 监狱办理暂予监外执行,应当遵循依法、公开、公平、公正的原则,严格实行办案责任制。

第三条 省、自治区、直辖市监狱管理局和监狱分别成立暂予监外执行评审委员会,由局长和监狱长任主任,分管暂予监外执行工作的副局长和副监狱长任副主任,刑罚执行、狱政管理、教育改造、狱内侦查、生活卫生、劳动改造等有关部门负责人为成员,监狱管理局、监狱暂予监外执行评审委员会成员不得少于9人。

监狱成立罪犯生活不能自理鉴别小组,由监狱长任组长,分管暂予监外执行工作的副监狱长任副组长,刑罚执行、狱政管理、生活卫生等部门负责人及2名以上医疗专业人员为成员,对因生活不能自理需要办理暂予监外执行的罪犯进行鉴别,鉴别小组成员不得少于7人。

第四条 监狱办理暂予监外执行,应当由监区人民警察集体研究,监区长办公会议审核,监狱刑罚执行部门审查,监狱暂予监外执行评审委员会评审,监狱长办公会议决定。

省、自治区、直辖市监狱管理局刑罚执行部门审查监狱依法定程序提请的暂予监外执行建议并出具意见,报请局长召集暂予监外执行评审委员会审核，必要时可以召开局长办公会议决定。

第五条 违反法律规定和本规定办理暂予监外执行，涉嫌违纪的，依照有关处分规定追究相关人员责任；涉嫌犯罪的，移送司法机关追究刑事责任。

第二章 暂予监外执行的诊断、检查、鉴别程序

第六条 对在监狱服刑的罪犯需要暂予监外执行的，监狱应当组织对罪犯进行病情诊断、妊娠检查或者生活不能自理的鉴别。罪犯本人或者其亲属、监护人也可以向监狱提出书面申请。

第七条 监狱组织诊断、检查或者鉴别，应当由监区提出意见，经监狱刑罚执行部门审查，报分管副监狱长批准后进行诊断、检查或者鉴别。

对于患有严重疾病或者怀孕需要暂予监外执行的罪犯，委托省级人民政府指定的医院进行病情诊断或者妊娠检查。

对于生活不能自理需要暂予监外执行的罪犯，由监狱罪犯生活不能自理鉴别小组进行鉴别。

第八条 对罪犯的病情诊断或妊娠检查证明文件，应当由两名具有副高以上专业技术职称的医师共同作出，经主管业务院长审核签名，加盖公章，并附化验单、影像学资料和病历等有关医疗文书复印件。

第九条 对于生活不能自理的鉴别，应当由监狱罪犯生活不能自理鉴别小组审查下列事项：

（一）调取并核查罪犯经六个月以上治疗、护理和观察，生活自理能力仍不能恢复的材料；

（二）查阅罪犯健康档案及相关材料；

（三）询问主管人民警察，并形成书面材料；

（四）询问护理人员及其同一监区2名以上罪犯，并形成讯问笔录；

（五）对罪犯进行现场考察，观察其日常生活行为，并形成现场考察书面材料；

（六）其他能够证明罪犯生活不能自理的相关材料。

审查结束后，鉴别小组应当及时出具意见并填写《罪犯生活不能自理鉴别书》，经鉴别小组成员签名以后，报监狱长审核签名，加盖监狱公章。

第十条　监狱应当向人民检察院通报对罪犯进行病情诊断、妊娠检查和生活不能自理鉴别工作情况。人民检察院可以派员监督。

第三章　暂予监外执行的提请程序

第十一条　罪犯需要保外就医的，应当由罪犯本人或其亲属、监护人提出保证人。无亲属、监护人的，可以由罪犯居住地的村（居）委会、原所在单位或者县级司法行政机关社区矫正机构推荐保证人。监狱刑罚执行部门对保证人的资格进行审查，填写《保证人资格审查表》，并告知保证人在罪犯暂予监外执行期间应当履行的义务，由保证人签署《暂予监外执行保证书》。

第十二条　对符合办理暂予监外执行条件的罪犯，监区人民警察应当集体研究，提出提请暂予监外执行建议，经监区长办公会议审核同意后，报送监狱刑罚执行部门审查。

第十三条　监区提出提请暂予监外执行建议的，应当报送下列材料：

（一）《暂予监外执行审批表》；

（二）终审法院裁判文书、执行通知书、历次刑罚变更执行法律文书；

（三）《罪犯病情诊断书》《罪犯妊娠检查书》及相关诊断、检查的医疗文书复印件，《罪犯生活不能自理鉴别书》及有关证明罪犯生活不能自理的治疗、护理和现场考察、询问笔录等材料；

（四）监区长办公会议记录；

（五）《保证人资格审查表》《暂予监外执行保证书》及相关材料。

第十四条 监狱刑罚执行部门收到监区对罪犯提请暂予监外执行的材料后,应当就下列事项进行审查:

(一) 提交的材料是否齐全、完备、规范;

(二) 罪犯是否符合法定暂予监外执行的条件;

(三) 提请暂予监外执行的程序是否符合规定。

经审查,对材料不齐全或者不符合提请条件的,应当通知监区补充有关材料或者退回;对相关材料有疑义的,应当进行核查。对材料齐全、符合提请条件的,应当出具审查意见,由科室负责人在《暂予监外执行审批表》上签署意见,连同监区报送的材料一并提交监狱暂予监外执行评审委员会评审。

第十五条 监狱刑罚执行部门应当核实暂予监外执行罪犯拟居住地,对需要调查评估其对所居住社区影响或核实保证人具保条件的,填写《拟暂予监外执行罪犯调查评估委托函》,附带原刑事判决书、减刑裁定书复印件以及罪犯在服刑期间表现情况材料,委托居住地县级司法行政机关进行调查,并出具调查评估意见书。

第十六条 监狱暂予监外执行评审委员会应当召开会议,对刑罚执行部门审查提交的提请暂予监外执行意见进行评审,提出评审意见。

监狱可以邀请人民检察院派员列席监狱暂予监外执行评审委员会会议。

第十七条 监狱暂予监外执行评审委员会评审后同意对罪犯提请暂予监外执行的,应当在监狱内进行公示。公示内容应当包括罪犯的姓名、原判罪名及刑期、暂予监外执行依据等。

公示期限为三个工作日。公示期内,罪犯对公示内容提出异议的,监狱暂予监外执行评审委员会应当进行复核,并告知其复核结果。

对病情严重必须立即保外就医的,可以不公示,但应当在保外就医后三个工作日内在监狱公告。

第十八条 公示无异议或者经复核异议不成立的,监狱应当将提请暂予监外执行相关材料送人民检察院征求意见。

征求意见后，监狱刑罚执行部门应当将监狱暂予监外执行评审委员会暂予监外执行建议和评审意见连同人民检察院意见，一并报请监狱长办公会议审议。

监狱对人民检察院意见未予采纳的，应当予以回复，并说明理由。

第十九条　监狱长办公会议决定提请暂予监外执行的，由监狱长在《暂予监外执行审批表》上签署意见，加盖监狱公章，并将有关材料报送省、自治区、直辖市监狱管理局。

人民检察院对提请暂予监外执行提出的检察意见，监狱应当一并移送办理暂予监外执行的省、自治区、直辖市监狱管理局。

决定提请暂予监外执行的，监狱应当将提请暂予监外执行书面意见的副本和相关材料抄送人民检察院。

第二十条　监狱决定提请暂予监外执行的，应当向省、自治区、直辖市监狱管理局提交提请暂予监外执行书面意见及下列材料：

（一）《暂予监外执行审批表》；

（二）终审法院裁判文书、执行通知书、历次刑罚变更执行法律文书；

（三）《罪犯病情诊断书》《罪犯妊娠检查书》及相关诊断、检查的医疗文书复印件，《罪犯生活不能自理鉴别书》及有关证明罪犯生活不能自理的治疗、护理和现场考察、询问笔录等材料；

（四）监区长办公会议、监狱评审委员会会议、监狱长办公会议记录；

（五）《保证人资格审查表》《暂予监外执行保证书》及相关材料；

（六）公示情况；

（七）根据案件情况需要提交的其他材料。

已委托县级司法行政机关进行核实、调查的，应当将调查评估意见书一并报送。

第四章　暂予监外执行的审批程序

第二十一条　省、自治区、直辖市监狱管理局收到监狱报送的提请暂予监外执行的材料后，应当进行审查。

对病情诊断、妊娠检查或者生活不能自理情况的鉴别是否符合暂予监外执行条件，由生活卫生部门进行审查；对上报材料是否符合法定条件、法定程序及材料的完整性等，由刑罚执行部门进行审查。

审查中发现监狱报送的材料不齐全或者有疑义的，刑罚执行部门应当通知监狱补交有关材料或者作出说明，必要时可派员进行核实；对诊断、检查、鉴别有疑议的，生活卫生部门应当组织进行补充鉴定或者重新鉴定。

审查无误后，应当由刑罚执行部门出具审查意见，报请局长召集评审委员会进行审核。

第二十二条　监狱管理局局长认为案件重大或者有其他特殊情况的，可以召开局长办公会议审议决定。

监狱管理局对罪犯办理暂予监外执行作出决定的，由局长在《暂予监外执行审批表》上签署意见，加盖监狱管理局公章。

第二十三条　对于病情严重需要立即保外就医的，省、自治区、直辖市监狱管理局收到监狱报送的提请暂予监外执行材料后，应当由刑罚执行部门、生活卫生部门审查，报经分管副局长审核后报局长决定，并在罪犯保外就医后三日内召开暂予监外执行评审委员会予以确认。

第二十四条　监狱管理局应当自收到监狱提请暂予监外执行材料之日起十五个工作日内作出决定。

批准暂予监外执行的，应当在五个工作日内，将《暂予监外执行决定书》送达监狱，同时抄送同级人民检察院、原判人民法院和罪犯居住地县级司法行政机关社区矫正机构。

不予批准暂予监外执行的,应当在五个工作日内将《不予批准暂予监外执行决定书》送达监狱。

人民检察院认为暂予监外执行不当提出书面意见的,监狱管理局应当在接到书面意见后十五日内对决定进行重新核查,并将核查结果书面回复人民检察院。

第二十五条 监狱管理局批准暂予监外执行的,应当在十个工作日内,将暂予监外执行决定上网公开。

第五章 暂予监外执行的交付程序

第二十六条 省、自治区、直辖市监狱管理局批准暂予监外执行后,监狱应当核实罪犯居住地,书面通知罪犯居住地县级司法行政机关社区矫正机构并协商确定交付时间,对罪犯进行出监教育,书面告知罪犯在暂予监外执行期间应当遵守的法律和有关监督管理规定。

罪犯应当在《暂予监外执行告知书》上签名,如果因特殊原因无法签名的,可由其保证人代为签名。

监狱将《暂予监外执行告知书》连同《暂予监外执行决定书》交予罪犯本人或保证人。

第二十七条 监狱应当派员持《暂予监外执行决定书》及有关文书材料,将罪犯押送至居住地,与县级司法行政机关社区矫正机构办理交接手续。

罪犯因病情严重需要送入居住地的医院救治的,监狱可与居住地县级司法行政机关协商确定在居住地的医院交付并办理交接手续,暂予监外执行罪犯的保证人应当到场。

罪犯交付执行后,监狱应当在五个工作日内将罪犯交接情况通报人民检察院。

第二十八条 罪犯原服刑地与居住地不在同一省、自治区、直辖市，需要回居住地暂予监外执行的，监狱应当及时办理出监手续并将交接情况通报罪犯居住地的监狱管理局，原服刑地的监狱管理局应当自批准暂予监外执行三个工作日内将《罪犯档案转递函》《暂予监外执行决定书》以及罪犯档案等材料送达罪犯居住地的监狱管理局。

罪犯居住地的监狱管理局应当在十个工作日内指定一所监狱接收罪犯档案，负责办理该罪犯的收监、刑满释放等手续，并书面通知罪犯居住地县级司法行政机关社区矫正机构。

第六章 暂予监外执行的收监和释放程序

第二十九条 对经县级司法行政机关审核同意的社区矫正机构提出的收监建议，批准暂予监外执行的监狱管理局应当进行审查。

决定收监执行的，将《暂予监外执行收监决定书》送达罪犯居住地县级司法行政机关和原服刑或接收其档案的监狱，并抄送同级人民检察院、公安机关和原判人民法院。

第三十条 监狱收到《暂予监外执行收监决定书》后，应当立即赴羁押地将罪犯收监执行，并将《暂予监外执行收监决定书》交予罪犯本人。

罪犯收监后，监狱应当将收监执行的情况报告批准收监执行的监狱管理局，并告知罪犯居住地县级人民检察院和原判人民法院。

被决定收监执行的罪犯在逃的，由罪犯居住地县级司法行政机关通知罪犯居住地县级公安机关负责追捕。

第三十一条 被收监执行的罪犯有法律规定的不计入执行刑期情形的，县级司法行政机关社区矫正机构应当在收监执行建议书中说明情况，并附有关证明材料。

监狱管理局应当对前款材料进行审核，对材料不齐全的，应当通知县级司法行政机关社区矫正机构在五个工作日内补送；对不符合法律规定的不计入执行刑期情形的或者逾期未补送材料的，应当将结果告知县级司法行政机关社区矫正机构；对材料齐全、符合法律规定的不计入执行刑期情形的，应当通知监狱向所在地中级人民法院提出不计入刑期的建议书。

第三十二条　暂予监外执行罪犯刑期即将届满的，监狱收到县级司法行政机关社区矫正机构书面通知后，应当按期办理刑满释放手续。

第三十三条　罪犯在暂予监外执行期间死亡的，县级司法行政机关社区矫正机构应当自发现其死亡之日起五日以内，书面通知批准暂予监外执行的监狱管理局，并将有关死亡证明材料送达该罪犯原服刑或者接收其档案的监狱，同时抄送罪犯居住地同级人民检察院。

第七章　附　　则

第三十四条　监区人民警察集体研究会议、监区长办公会议、监狱暂予监外执行评审委员会会议、监狱长办公会议、监狱管理局暂予监外执行评审委员会会议、监狱管理局局长办公会议的记录和本规定第二十条规定的材料，应当存入档案并永久保存。会议记录应当载明不同意见，并由与会人员签名。

第三十五条　监狱办理职务犯罪罪犯暂予监外执行案件，应当按照有关规定报请备案审查。

第三十六条　司法部直属监狱办理暂予监外执行工作程序，参照本规定办理。

第三十七条　本规定自 2016 年 10 月 1 日起施行。

最高人民法院关于办理减刑、假释案件具体应用法律的规定

（2016年9月19日最高人民法院审判委员会第1693次会议通过 2016年11月14日最高人民法院公告公布 自2017年1月1日起施行 法释〔2016〕23号）

为确保依法公正办理减刑、假释案件，依据《中华人民共和国刑法》《中华人民共和国刑事诉讼法》《中华人民共和国监狱法》和其他法律规定，结合司法实践，制定本规定。

第一条 减刑、假释是激励罪犯改造的刑罚制度，减刑、假释的适用应当贯彻宽严相济刑事政策，最大限度地发挥刑罚的功能，实现刑罚的目的。

第二条 对于罪犯符合刑法第七十八条第一款规定"可以减刑"条件的案件，在办理时应当综合考察罪犯犯罪的性质和具体情节、社会危害程度、原判刑罚及生效裁判中财产性判项的履行情况、交付执行后的一贯表现等因素。

第三条 "确有悔改表现"是指同时具备以下条件：

（一）认罪悔罪；

（二）遵守法律法规及监规，接受教育改造；

（三）积极参加思想、文化、职业技术教育；

（四）积极参加劳动，努力完成劳动任务。

对职务犯罪、破坏金融管理秩序和金融诈骗犯罪、组织（领导、参加、包庇、纵容）黑社会性质组织犯罪等罪犯，不积极退赃、协助追缴赃款赃物、赔偿损失，或者服刑期间利用个人影响力和社会关系等不正当手段意图

获得减刑、假释的，不认定其"确有悔改表现"。

罪犯在刑罚执行期间的申诉权利应当依法保护，对其正当申诉不能不加分析地认为是不认罪悔罪。

第四条 具有下列情形之一的，可以认定为有"立功表现"：

（一）阻止他人实施犯罪活动的；

（二）检举、揭发监狱内外犯罪活动，或者提供重要的破案线索，经查证属实的；

（三）协助司法机关抓捕其他犯罪嫌疑人的；

（四）在生产、科研中进行技术革新，成绩突出的；

（五）在抗御自然灾害或者排除重大事故中，表现积极的；

（六）对国家和社会有其他较大贡献的。

第（四）项、第（六）项中的技术革新或者其他较大贡献应当由罪犯在刑罚执行期间独立或者为主完成，并经省级主管部门确认。

第五条 具有下列情形之一的，应当认定为有"重大立功表现"：

（一）阻止他人实施重大犯罪活动的；

（二）检举监狱内外重大犯罪活动，经查证属实的；

（三）协助司法机关抓捕其他重大犯罪嫌疑人的；

（四）有发明创造或者重大技术革新的；

（五）在日常生产、生活中舍己救人的；

（六）在抗御自然灾害或者排除重大事故中，有突出表现的；

（七）对国家和社会有其他重大贡献的。

第（四）项中的发明创造或者重大技术革新应当是罪犯在刑罚执行期间独立或者为主完成并经国家主管部门确认的发明专利，且不包括实用新型专利和外观设计专利；第（七）项中的其他重大贡献应当由罪犯在刑罚执行期间独立或者为主完成，并经国家主管部门确认。

第六条 被判处有期徒刑的罪犯减刑起始时间为：不满五年有期徒刑的，应当执行一年以上方可减刑；五年以上不满十年有期徒刑的，应当执行一年六个月以上方可减刑；十年以上有期徒刑的，应当执行二年以上方可减刑。有期徒刑减刑的起始时间自判决执行之日起计算。

确有悔改表现或者有立功表现的，一次减刑不超过九个月有期徒刑；确有悔改表现并有立功表现的，一次减刑不超过一年有期徒刑；有重大立功表现的，一次减刑不超过一年六个月有期徒刑；确有悔改表现并有重大立功表现的，一次减刑不超过二年有期徒刑。

被判处不满十年有期徒刑的罪犯，两次减刑间隔时间不得少于一年；被判处十年以上有期徒刑的罪犯，两次减刑间隔时间不得少于一年六个月。减刑间隔时间不得低于上次减刑减去的刑期。

罪犯有重大立功表现的，可以不受上述减刑起始时间和间隔时间的限制。

第七条 对符合减刑条件的职务犯罪罪犯，破坏金融管理秩序和金融诈骗犯罪罪犯，组织、领导、参加、包庇、纵容黑社会性质组织犯罪罪犯，危害国家安全犯罪罪犯，恐怖活动犯罪罪犯，毒品犯罪集团的首要分子及毒品再犯，累犯，确有履行能力而不履行或者不全部履行生效裁判中财产性判项的罪犯，被判处十年以下有期徒刑的，执行二年以上方可减刑，减刑幅度应当比照本规定第六条从严掌握，一次减刑不超过一年有期徒刑，两次减刑之间应当间隔一年以上。

对被判处十年以上有期徒刑的前款罪犯，以及因故意杀人、强奸、抢劫、绑架、放火、爆炸、投放危险物质或者有组织的暴力性犯罪被判处十年以上有期徒刑的罪犯，数罪并罚且其中两罪以上被判处十年以上有期徒刑的罪犯，执行二年以上方可减刑，减刑幅度应当比照本规定第六条从严掌握，一次减刑不超过一年有期徒刑，两次减刑之间应当间隔一年六个月以上。

罪犯有重大立功表现的，可以不受上述减刑起始时间和间隔时间的限制。

第八条 被判处无期徒刑的罪犯在刑罚执行期间，符合减刑条件的，执行二年以上，可以减刑。减刑幅度为：确有悔改表现或者有立功表现的，可以减为二十二年有期徒刑；确有悔改表现并有立功表现的，可以减为二十一年以上二十二年以下有期徒刑；有重大立功表现的，可以减为二十年以上二十一年以下有期徒刑；确有悔改表现并有重大立功表现的，可以减为十九年以上二十年以下有期徒刑。无期徒刑罪犯减为有期徒刑后再减刑时，减刑幅度依照本规定第六条的规定执行。两次减刑间隔时间不得少于二年。

罪犯有重大立功表现的，可以不受上述减刑起始时间和间隔时间的限制。

第九条 对被判处无期徒刑的职务犯罪罪犯，破坏金融管理秩序和金融诈骗犯罪罪犯，组织、领导、参加、包庇、纵容黑社会性质组织犯罪罪犯，危害国家安全犯罪罪犯，恐怖活动犯罪罪犯，毒品犯罪集团的首要分子及毒品再犯，累犯以及因故意杀人、强奸、抢劫、绑架、放火、爆炸、投放危险物质或者有组织的暴力性犯罪的罪犯，确有履行能力而不履行或者不全部履行生效裁判中财产性判项的罪犯，数罪并罚被判处无期徒刑的罪犯，符合减刑条件的，执行三年以上方可减刑，减刑幅度应当比照本规定第八条从严掌握，减刑后的刑期最低不得少于二十年有期徒刑；减为有期徒刑后再减刑时，减刑幅度比照本规定第六条从严掌握，一次不超过一年有期徒刑，两次减刑之间应当间隔二年以上。

罪犯有重大立功表现的，可以不受上述减刑起始时间和间隔时间的限制。

第十条 被判处死刑缓期执行的罪犯减为无期徒刑后，符合减刑条件的，执行三年以上方可减刑。减刑幅度为：确有悔改表现或者有立功表现的，可以减为二十五年有期徒刑；确有悔改表现并有立功表现的，可以减为二十四年以上二十五年以下有期徒刑；有重大立功表现的，可以减为二十三年以上二十四年以下有期徒刑；确有悔改表现并有重大立功表现的，可以减为二十二年以上二十三年以下有期徒刑。

被判处死刑缓期执行的罪犯减为有期徒刑后再减刑时，比照本规定第八条的规定办理。

第十一条 对被判处死刑缓期执行的职务犯罪罪犯，破坏金融管理秩序和金融诈骗犯罪罪犯，组织、领导、参加、包庇、纵容黑社会性质组织犯罪罪犯，危害国家安全犯罪罪犯，恐怖活动犯罪罪犯，毒品犯罪集团的首要分子及毒品再犯，累犯以及因故意杀人、强奸、抢劫、绑架、放火、爆炸、投放危险物质或者有组织的暴力性犯罪的罪犯，确有履行能力而不履行或者不全部履行生效裁判中财产性判项的罪犯，数罪并罚被判处死刑缓期执行的罪犯，减为无期徒刑后，符合减刑条件的，执行三年以上方可减刑，一般减为二十五年有期徒刑，有立功表现或者重大立功表现的，可以比照本规定第十条减为二十三年以上二十五年以下有期徒刑；减为有期徒刑后再减刑时，减刑幅度比照本规定第六条从严掌握，一次不超过一年有期徒刑，两次减刑之间应当间隔二年以上。

第十二条 被判处死刑缓期执行的罪犯经过一次或者几次减刑后，其实际执行的刑期不得少于十五年，死刑缓期执行期间不包括在内。

死刑缓期执行罪犯在缓期执行期间不服从监管、抗拒改造，尚未构成犯罪的，在减为无期徒刑后再减刑时应当适当从严。

第十三条 被限制减刑的死刑缓期执行罪犯，减为无期徒刑后，符合减刑条件的，执行五年以上方可减刑。减刑间隔时间和减刑幅度依照本规定第十一条的规定执行。

第十四条 被限制减刑的死刑缓期执行罪犯，减为有期徒刑后再减刑时，一次减刑不超过六个月有期徒刑,两次减刑间隔时间不得少于二年。有重大立功表现的,间隔时间可以适当缩短,但一次减刑不超过一年有期徒刑。

第十五条　对被判处终身监禁的罪犯,在死刑缓期执行期满依法减为无期徒刑的裁定中,应当明确终身监禁,不得再减刑或者假释。

第十六条　被判处管制、拘役的罪犯,以及判决生效后剩余刑期不满二年有期徒刑的罪犯,符合减刑条件的,可以酌情减刑,减刑起始时间可以适当缩短,但实际执行的刑期不得少于原判刑期的二分之一。

第十七条　被判处有期徒刑罪犯减刑时,对附加剥夺政治权利的期限可以酌减。酌减后剥夺政治权利的期限,不得少于一年。

被判处死刑缓期执行、无期徒刑的罪犯减为有期徒刑时,应当将附加剥夺政治权利的期限减为七年以上十年以下,经过一次或者几次减刑后,最终剥夺政治权利的期限不得少于三年。

第十八条　被判处拘役或者三年以下有期徒刑,并宣告缓刑的罪犯,一般不适用减刑。

前款规定的罪犯在缓刑考验期内有重大立功表现的,可以参照刑法第七十八条的规定予以减刑,同时应当依法缩减其缓刑考验期。缩减后,拘役的缓刑考验期限不得少于二个月,有期徒刑的缓刑考验期限不得少于一年。

第十九条　对在报请减刑前的服刑期间不满十八周岁,且所犯罪行不属于刑法第八十一条第二款规定情形的罪犯,认罪悔罪,遵守法律法规及监规,积极参加学习、劳动,应当视为确有悔改表现。

对上述罪犯减刑时,减刑幅度可以适当放宽,或者减刑起始时间、间隔时间可以适当缩短,但放宽的幅度和缩短的时间不得超过本规定中相应幅度、时间的三分之一。

第二十条　老年罪犯、患严重疾病罪犯或者身体残疾罪犯减刑时,应当主要考察其认罪悔罪的实际表现。

对基本丧失劳动能力，生活难以自理的上述罪犯减刑时，减刑幅度可以适当放宽，或者减刑起始时间、间隔时间可以适当缩短，但放宽的幅度和缩短的时间不得超过本规定中相应幅度、时间的三分之一。

第二十一条 被判处有期徒刑、无期徒刑的罪犯在刑罚执行期间又故意犯罪，新罪被判处有期徒刑的，自新罪判决确定之日起三年内不予减刑；新罪被判处无期徒刑的，自新罪判决确定之日起四年内不予减刑。

罪犯在死刑缓期执行期间又故意犯罪，未被执行死刑的，死刑缓期执行的期间重新计算，减为无期徒刑后，五年内不予减刑。

被判处死刑缓期执行罪犯减刑后，在刑罚执行期间又故意犯罪的，依照第一款规定处理。

第二十二条 办理假释案件，认定"没有再犯罪的危险"，除符合刑法第八十一条规定的情形外，还应当根据犯罪的具体情节、原判刑罚情况，在刑罚执行中的一贯表现，罪犯的年龄、身体状况、性格特征，假释后生活来源以及监管条件等因素综合考虑。

第二十三条 被判处有期徒刑的罪犯假释时，执行原判刑期二分之一的时间，应当从判决执行之日起计算，判决执行以前先行羁押的，羁押一日折抵刑期一日。

被判处无期徒刑的罪犯假释时，刑法中关于实际执行刑期不得少于十三年的时间，应当从判决生效之日起计算。判决生效以前先行羁押的时间不予折抵。

被判处死刑缓期执行的罪犯减为无期徒刑或者有期徒刑后，实际执行十五年以上，方可假释，该实际执行时间应当从死刑缓期执行期满之日起计算。死刑缓期执行期间不包括在内，判决确定以前先行羁押的时间不予折抵。

第二十四条 刑法第八十一条第一款规定的"特殊情况"，是指有国家政治、国防、外交等方面特殊需要的情况。

第二十五条 对累犯以及因故意杀人、强奸、抢劫、绑架、放火、爆炸、投放危险物质或者有组织的暴力性犯罪被判处十年以上有期徒刑、无期徒刑的罪犯，不得假释。

因前款情形和犯罪被判处死刑缓期执行的罪犯，被减为无期徒刑、有期徒刑后，也不得假释。

第二十六条 对下列罪犯适用假释时可以依法从宽掌握：

（一）过失犯罪的罪犯、中止犯罪的罪犯、被胁迫参加犯罪的罪犯；

（二）因防卫过当或者紧急避险过当而被判处有期徒刑以上刑罚的罪犯；

（三）犯罪时未满十八周岁的罪犯；

（四）基本丧失劳动能力、生活难以自理，假释后生活确有着落的老年罪犯、患严重疾病罪犯或者身体残疾罪犯；

（五）服刑期间改造表现特别突出的罪犯；

（六）具有其他可以从宽假释情形的罪犯。

罪犯既符合法定减刑条件，又符合法定假释条件的，可以优先适用假释。

第二十七条 对于生效裁判中有财产性判项，罪犯确有履行能力而不履行或者不全部履行的，不予假释。

第二十八条 罪犯减刑后又假释的，间隔时间不得少于一年；对一次减去一年以上有期徒刑后，决定假释的，间隔时间不得少于一年六个月。

罪犯减刑后余刑不足二年，决定假释的，可以适当缩短间隔时间。

第二十九条 罪犯在假释考验期内违反法律、行政法规或者国务院有关部门关于假释的监督管理规定的，作出假释裁定的人民法院，应当在收到报请机关或者检察机关撤销假释建议书后及时审查，作出是否撤销假释的裁定，并送达报请机关，同时抄送人民检察院、公安机关和原刑罚执行机关。

罪犯在逃的，撤销假释裁定书可以作为对罪犯进行追捕的依据。

第三十条 依照刑法第八十六条规定被撤销假释的罪犯，一般不得再假释。但依照该条第二款被撤销假释的罪犯，如果罪犯对漏罪曾作如实供述但原判未予认定，或者漏罪系其自首，符合假释条件的，可以再假释。

被撤销假释的罪犯，收监后符合减刑条件的，可以减刑，但减刑起始时间自收监之日起计算。

第三十一条 年满八十周岁、身患疾病或者生活难以自理、没有再犯罪危险的罪犯，既符合减刑条件，又符合假释条件的，优先适用假释；不符合假释条件的，参照本规定第二十条有关的规定从宽处理。

第三十二条 人民法院按照审判监督程序重新审理的案件，裁定维持原判决、裁定的，原减刑、假释裁定继续有效。

再审裁判改变原判决、裁定的，原减刑、假释裁定自动失效，执行机关应当及时报请有管辖权的人民法院重新作出是否减刑、假释的裁定。重新作出减刑裁定时，不受本规定有关减刑起始时间、间隔时间和减刑幅度的限制。重新裁定时应综合考虑各方面因素，减刑幅度不得超过原裁定减去的刑期总和。

再审改判为死刑缓期执行或者无期徒刑的，在新判决减为有期徒刑之时，原判决已经实际执行的刑期一并扣减。

再审裁判宣告无罪的，原减刑、假释裁定自动失效。

第三十三条 罪犯被裁定减刑后，刑罚执行期间因故意犯罪而数罪并罚时，经减刑裁定减去的刑期不计入已经执行的刑期。原判死刑缓期执行减为无期徒刑、有期徒刑，或者无期徒刑减为有期徒刑的裁定继续有效。

第三十四条 罪犯被裁定减刑后，刑罚执行期间因发现漏罪而数罪并罚的，原减刑裁定自动失效。如漏罪系罪犯主动交代的，对其原减去的刑期，由执行机关报请有管辖权的人民法院重新作出减刑裁定，予以确认；如漏罪系有关机关发现或者他人检举揭发的,由执行机关报请有管辖权的人民法院,在原减刑裁定减去的刑期总和之内,酌情重新裁定。

第三十五条 被判处死刑缓期执行的罪犯,在死刑缓期执行期内被发现漏罪,依据刑法第七十条规定数罪并罚,决定执行死刑缓期执行的,死刑缓期执行期间自新判决确定之日起计算,已经执行的死刑缓期执行期间计入新判决的死刑缓期执行期间内,但漏罪被判处死刑缓期执行的除外。

第三十六条 被判处死刑缓期执行的罪犯,在死刑缓期执行期满后被发现漏罪,依据刑法第七十条规定数罪并罚,决定执行死刑缓期执行的,交付执行时对罪犯实际执行无期徒刑,死缓考验期不再执行,但漏罪被判处死刑缓期执行的除外。

在无期徒刑减为有期徒刑时,前罪死刑缓期执行减为无期徒刑之日起至新判决生效之日止已经实际执行的刑期,应当计算在减刑裁定决定执行的刑期以内。

原减刑裁定减去的刑期依照本规定第三十四条处理。

第三十七条 被判处无期徒刑的罪犯在减为有期徒刑后因发现漏罪,依据刑法第七十条规定数罪并罚,决定执行无期徒刑的,前罪无期徒刑生效之日起至新判决生效之日止已经实际执行的刑期,应当在新判决的无期徒刑减为有期徒刑时,在减刑裁定决定执行的刑期内扣减。

无期徒刑罪犯减为有期徒刑后因发现漏罪判处三年有期徒刑以下刑罚,数罪并罚决定执行无期徒刑的,在新判决生效后执行一年以上,符合减刑条件的,可以减为有期徒刑,减刑幅度依照本规定第八条、第九条的规定执行。

原减刑裁定减去的刑期依照本规定第三十四条处理。

第三十八条 人民法院作出的刑事判决、裁定发生法律效力后,在依照刑事诉讼法第二百五十三条、第二百五十四条的规定将罪犯交付执行刑罚时,如果生效裁判中有财产性判项,人民法院应当将反映财产性判项执行、履行情况的有关材料一并随案移送刑罚执行机关。罪犯在服刑期间本人履行或者其亲属代为履行生效裁判中财产性判项的，应当及时向刑罚执行机关报告。刑罚执行机关报请减刑时应随案移送以上材料。

人民法院办理减刑、假释案件时，可以向原一审人民法院核实罪犯履行财产性判项的情况。原一审人民法院应当出具相关证明。

刑罚执行期间，负责办理减刑、假释案件的人民法院可以协助原一审人民法院执行生效裁判中的财产性判项。

第三十九条 本规定所称"老年罪犯"，是指报请减刑、假释时年满六十五周岁的罪犯。

本规定所称"患严重疾病罪犯"，是指因患有重病，久治不愈，而不能正常生活、学习、劳动的罪犯。

本规定所称"身体残疾罪犯"，是指因身体有肢体或者器官残缺、功能不全或者丧失功能，而基本丧失生活、学习、劳动能力的罪犯，但是罪犯犯罪后自伤致残的除外。

对刑罚执行机关提供的证明罪犯患有严重疾病或者有身体残疾的证明文件，人民法院应当审查，必要时可以委托有关单位重新诊断、鉴定。

第四十条 本规定所称"判决执行之日"，是指罪犯实际送交刑罚执行机关之日。

本规定所称"减刑间隔时间"，是指前一次减刑裁定送达之日起至本次减刑报请之日止的期间。

第四十一条 本规定所称"财产性判项"是指判决罪犯承担的附带民事赔偿义务判项，以及追缴、责令退赔、罚金、没收财产等判项。

第四十二条 本规定自 2017 年 1 月 1 日起施行。以前发布的司法解释与本规定不一致的，以本规定为准。

监狱计分考核罪犯工作规定

(2021年8月24日 司规〔2021〕3号)

第一章 总 则

第一条 为正确执行刑罚,规范监狱计分考核罪犯工作,根据《中华人民共和国监狱法》等有关规定,结合实际,制定本规定。

第二条 计分考核罪犯是监狱按照管理和改造要求,以日常计分为基础、等级评定为结果,评价罪犯日常表现的重要工作,是监狱衡量罪犯改造质量的基本尺度,是调动罪犯改造积极性的基本手段。

第三条 监狱计分考核罪犯工作应当坚持党对监狱工作的绝对领导,坚持惩罚与改造相结合、以改造人为宗旨的监狱工作方针,坚持依法严格规范,坚持公平公正公开,坚持监狱人民警察直接考核和集体评议相结合。

第四条 计分考核自罪犯入监之日起实施,日常计分满600分为一个考核周期,等级评定在一个考核周期结束次月进行。

第五条 监狱应当根据计分考核结果给予罪犯表扬、物质奖励或者不予奖励,并将计分考核结果作为对罪犯实施分级处遇、依法提请减刑假释的重要依据。

第六条 监狱成立计分考核工作组,由监狱长任组长,分管狱政管理的副监狱长任副组长,有关部门负责人为成员,负责计分考核罪犯工作的组织领导和重大事项研究。监区成立计分考核工作小组,由监区长任组长,监区全体民警为成员,负责计分考核罪犯工作的具体实施。

监狱的狱政管理部门承担计分考核工作组日常工作,监区指定的专职民警负责计分考核工作小组日常工作,监区管教民警负责罪犯日常计分和提出等级评定建议。

第七条　监狱计分考核罪犯工作实行考核工作责任制，"谁考核谁负责、谁签字谁负责、谁主管谁负责"，监狱人民警察及相关工作人员在职责范围内对计分考核罪犯工作质量终身负责。

省、自治区、直辖市司法厅（局）对计分考核罪犯工作承担指导责任，监狱管理局承担监督管理责任。

第八条　监狱计分考核罪犯工作应当依法接受纪检监察机关、人民检察院、社会团体和人民群众的监督。

第二章　日常计分的内容和标准

第九条　日常计分是对罪犯日常改造表现的定量评价，由基础分值、日常加扣分和专项加分三个部分组成，依据计分的内容和标准，对达到标准的给予基础分，达不到标准或者违反规定的在基础分基础上给予扣分，表现突出的给予加分，符合专项加分情形的给予专项加分，计分总和为罪犯当月考核分。

第十条　日常计分内容分为监管改造、教育和文化改造、劳动改造三个部分，每月基础总分为100分，每月各部分日常加分分值不得超过其基础分的50%，且各部分得分之间不得相互替补。

第十一条　罪犯监管改造表现达到以下标准的，当月给予基础分35分：

（一）遵守法律法规、监规纪律和行为规范；

（二）服从监狱人民警察管理，如实汇报改造情况；

（三）树立正确的服刑意识和身份意识，改造态度端正；

（四）爱护公共财物和公共卫生，讲究个人卫生和文明礼貌；

（五）厉行节约，反对浪费，养成节约用水、节约粮食等良好习惯；

（六）其他遵守监规纪律的情形。

第十二条 罪犯教育和文化改造表现达到以下标准的，当月给予基础分35分：

（一）服从法院判决，认罪悔罪；

（二）接受思想政治教育和法治教育，认识犯罪危害；

（三）接受社会主义核心价值观和中华优秀传统文化教育；

（四）参加文化、职业技术学习，考核成绩合格；

（五）接受心理健康教育，配合心理测试；

（六）参加监狱组织的亲情帮教、警示教育等社会化活动；

（七）参加文体活动，树立积极改造心态；

（八）其他积极接受教育和文化改造的情形。

第十三条 罪犯劳动改造表现达到以下标准的，当月给予基础分30分：

（一）接受劳动教育，掌握劳动技能，自觉树立正确劳动观念；

（二）服从劳动岗位分配，按时参加劳动；

（三）认真履行劳动岗位职责，按时完成劳动任务，达到劳动质量要求；

（四）遵守劳动纪律、操作规程和安全生产规定；

（五）爱护劳动工具和产品，节约原材料；

（六）其他积极接受劳动改造的情形。

第十四条 罪犯有下列情形之一，经查证属实且尚不足认定为立功、重大立功的，应当给予专项加分：

（一）检举、揭发他人违法犯罪行为或者提供有价值破案线索的；

（二）及时报告或者当场制止罪犯实施违法犯罪行为的；

（三）检举、揭发、制止罪犯自伤自残、自杀或者预谋脱逃、行凶等行为的；

（四）检举、揭发罪犯私藏或者使用违禁品的；

（五）及时发现和报告重大安全隐患，避免安全事故的；

（六）在抗御自然灾害或者处置安全事故中表现积极的；

（七）进行技术革新或者传授劳动生产技术成绩突出的；

（八）省、自治区、直辖市监狱管理局认定具有其他突出改造行为的。

罪犯每年度专项加分总量原则上不得超过 300 分，单次加分不得超过 100 分，有上述第一至五项情形的不受年度加分总量限制。

第十五条　罪犯受到警告、记过、禁闭处罚的，分别扣减考核分 100 分、200 分、400 分，扣减后考核积分为负分的，保留负分。受到禁闭处罚的，禁闭期间考核基础分记 0 分。

第十六条　对因不可抗力等被暂停劳动的罪犯，监狱应当根据实际情况并结合其暂停前的劳动改造表现给予劳动改造分。

第十七条　对有劳动能力但因住院治疗和康复等无法参加劳动的罪犯，住院治疗和康复期间的劳动改造分记 0 分，但罪犯因舍己救人或者保护国家和公共财产等情况受伤无法参加劳动的，监狱应当按照其受伤前 3 个月的劳动改造平均分给予劳动改造分，受伤之前考核不满 3 个月的按照日平均分计算。

第十八条　罪犯入监教育期间不给予基础分，但有加分、扣分情形的应当如实记录，相应分值计入第一个考核周期。

监狱应当根据看守所提供的鉴定，将罪犯在看守所羁押期间的表现纳入入监教育期间的加分、扣分，并计入第一个考核周期。

第十九条　对下列罪犯应当从严计分，严格限制加分项目，严格控制加分总量：

（一）职务犯罪罪犯；

（二）破坏金融管理秩序和金融诈骗犯罪罪犯；

（三）组织、领导、参加、包庇、纵容黑社会性质组织犯罪罪犯；

（四）危害国家安全犯罪罪犯；

（五）恐怖活动犯罪罪犯；

（六）毒品犯罪集团的首要分子及毒品再犯；

（七）累犯；

（八）因故意杀人、强奸、抢劫、绑架、放火、爆炸、投放危险物质或者有组织的暴力犯罪被判处十年以上有期徒刑、无期徒刑以及死刑缓期执行的罪犯；

（九）法律法规规定应当从严的罪犯。

第二十条　对老年、身体残疾、患严重疾病等经鉴定丧失劳动能力的罪犯，不考核劳动改造表现，每月基础总分为100分，其中监管改造基础分50分，教育和文化改造基础分50分。

第三章　等级评定

第二十一条　等级评定是监狱在日常计分基础上对罪犯一个考核周期内改造表现的综合评价，分为积极、合格、不合格三个等级。

等级评定结果由计分考核工作小组研究意见，报计分考核工作组审批，其中积极等级的比例由计分考核工作组确定，不得超过监狱本期参加等级评定罪犯总人数的15%。

第二十二条　罪犯在一个考核周期内，有下列情形之一的，不得评为积极等级：

（一）因违规违纪行为单次被扣10分以上的；

（二）任何一部分单月考核得分低于其基础分的；

（三）上一个考核周期等级评定为不合格的；

（四）确有履行能力而不履行或者不全部履行生效裁判中财产性判项的；

（五）省、自治区、直辖市监狱管理局明确不得评为积极等级的情形。

第二十三条　罪犯在一个考核周期内，有下列情形之一的，应当评为不合格等级：

（一）有违背宪法关于中国共产党领导、中国特色社会主义制度言行的；

（二）有危害民族团结或者国家统一言行的；

（三）有歪曲、抹黑中华优秀传统文化、革命文化和社会主义先进文化言行的；

（四）有鼓吹暴力恐怖活动或者宗教极端思想言行的；

（五）宣传、习练法轮功等邪教的；

（六）以辱骂、威胁、自伤自残等方式对抗监狱人民警察管理，经警告无效的；

（七）受到两次以上警告或者记过处罚的；

（八）受到禁闭处罚的；

（九）有三次以上单月考核分低于60分的；

（十）省、自治区、直辖市监狱管理局明确应当评为不合格等级的情形。

第二十四条　对本规定第十九条所列罪犯，在积极等级评定上应当从严掌握。

第四章　考核程序及规则

第二十五条　计分考核工作组、计分考核工作小组研究考核事项时，作出的决定应当经三分之二以上组成人员同意后通过。

对不同意见，应当如实记录在案，并由本人签字确认。

第二十六条　日常计分实行"日记载、周评议、月汇总"。监区管教民警每日记载罪犯改造行为加分、扣分情况，计分考核工作小组每周评议罪犯改造表现和考核情况，每月汇总考核分，不足月的按日计算。

第二十七条　对罪犯加分、扣分，监区管教民警应当以事实为依据，依法依规提出建议，报计分考核工作小组研究决定。

对罪犯违规违纪行为事实清楚、证据确凿，且单次适用分值2分以下的扣分，监区管教民警可以当场作出决定，并报计分考核工作小组备案。

对单次适用分值5分以上的加分、10分以上的扣分和专项加分，由计分考核工作小组报计分考核工作组审批。

第二十八条 罪犯同一情形符合多项加分、扣分情形的，应当按照最高分值给予加分、扣分，不得重复加分、扣分。

第二十九条 罪犯通过利用个人影响力和社会关系、提供虚假证明材料、贿赂等不正当手段获得考核分的，应当取消该项得分，并根据情节轻重给予扣分或者处罚。

第三十条 罪犯在监狱服刑期间又犯罪的，取消已有的考核积分和奖励，自判决生效或者收监之日起重新考核；考核积分为负分的，保留负分，自判决生效或者收监之日起继续考核。

第三十一条 罪犯暂予监外执行期间暂停计分考核，自收监之日起继续考核，原有的考核积分和奖励有效。因违反暂予监外执行监督管理规定被收监执行的，取消已有的考核积分和奖励，自收监之日起重新考核；考核积分为负分的，保留负分，自收监之日起继续考核。

第三十二条 罪犯在假释期间因违反监督管理规定被收监的，取消已有的考核积分和奖励，自收监之日起重新考核。

第三十三条 罪犯因涉嫌犯罪被立案侦查的，侦查期间暂停计分考核。经查证有违法犯罪行为的，侦查期间的考核基础分记0分；经查证无犯罪行为的，按照罪犯立案前3个月考核平均分并结合侦查期间的表现计算其侦查期间的考核分；立案前考核不满3个月的按照日平均分计算。

罪犯因涉嫌违规违纪被隔离调查的，参照执行。

第三十四条 罪犯因办案机关办理案件需要被解回侦查、起诉或者审判，经人民法院审理认定构成犯罪的，取消已有的考核积分和奖励，自收监之日起重新考核；考核积分为负分的，保留负分。但罪犯主动交代漏罪、人民检察院因人民法院量刑不当提出抗诉或者因入监前未结案件被解回的，保留已有的考核积分和奖励，自收监之日起继续考核。

办案机关或者人民法院认定不构成犯罪、经再审改判为较轻刑罚或者因作证等原因被办案机关解回的，保留已有的考核积分和奖励，并按照解回前3个月考核平均分计算其解回期间的考核分；解回前考核不满3个月的按照日平均分计算。

第三十五条　除检举违法违纪行为、提供有价值破案线索等不宜公示的情形外，罪犯加分、扣分、每月得分和等级评定结果应当及时在监区内公示，公示时间不少于3个工作日。

第三十六条　罪犯对加分、扣分、每月得分和等级评定结果有异议的，可以自监区管教民警作出决定或者公示之日起3个工作日内向计分考核工作小组提出书面复查申请；本人书写确有困难的，可由他人代为书写，本人签名、按捺手印予以确认。计分考核工作小组应当进行复查，于5个工作日内作出书面复查意见，并抄报计分考核工作组。

罪犯对计分考核工作小组的复查意见有异议的，可以自收到复查意见之日起3个工作日内向计分考核工作组提出书面复核申请；计分考核工作组应当进行复核，于5个工作日内作出书面复核意见，并及时抄送人民检察院。计分考核工作组的复核意见为最终决定。

第三十七条　罪犯转押的，转出监狱应当同时将计分考核相关材料移交收押监狱，由收押监狱继续计分考核。

第五章　考核结果运用

第三十八条　一个考核周期结束，计分考核工作小组应当根据计分考核结果，按照以下原则报计分考核工作组审批：

（一）被评为积极等级的，给予表扬，可以同时给予物质奖励；

（二）被评为合格且每月考核分均不低于基础分的，给予表扬；

（三）被评为合格等级但有任何一个月考核分低于基础分的，给予物质奖励；

（四）被评为不合格等级的，不予奖励并应当给予批评教育。

一个考核周期结束，从考核积分中扣除600分，剩余考核积分转入下一个考核周期。

第三十九条　监狱决定给予罪犯表扬、物质奖励、不予奖励或者取消考核积分和奖励的，应当及时在监区内公示，公示时间不得少于3个工作日，同时应当及时将审批决定抄送人民检察院。

第四十条　监狱根据计分考核结果除给予罪犯奖励或者不予奖励外，可以依照有关规定在活动范围、会见通信、生活待遇、文体活动等方面给予罪犯不同的处遇。

第四十一条　监狱对罪犯的计分考核结果和相应表扬决定及有关证据材料，在依法提请减刑、假释时提交人民法院和人民检察院。

第六章　考核纪律和监督

第四十二条　监狱人民警察及相关工作人员在计分考核罪犯工作中有下列情形之一的，依纪依法给予处理；构成犯罪的，依法追究刑事责任：

（一）捏造事实、伪造材料、收受财物或者接受吃请的；

（二）打招呼说情或者施加压力，干预计分考核的；

（三）超越职责范围或者未经集体研究决定，为罪犯计分考核的；

（四）隐匿或者销毁罪犯检举揭发、异议材料的；

（五）因故意或者重大过失导致计分考核台账或者资料遗失、损毁的；

（六）故意延迟登记、错误记录或者篡改计分考核台账或者资料的；

（七）违反计分考核议事规则，个人或者少数人决定计分考核事项的；

（八）拒不执行或者擅自改变集体决定事项的；

（九）借集体研究之名违规办理罪犯计分考核的；

（十）其他违反法律法规的情形。

第四十三条 监区在计分考核罪犯工作中应当严格执行各项制度规定，每月至少召开一次计分考核罪犯工作会议，总结计分考核工作，评价管教民警工作，规范和改进工作行为。会议情况应当及时报告监狱。

第四十四条 监狱应当定期或者不定期开展计分考核罪犯工作检查，每季度至少召开一次计分考核罪犯工作会议，听取计分考核工作组工作汇报，总结和改进计分考核工作。会议情况应当及时报告监狱管理局。遇有重大或者共性问题，应当分析研判、提出意见建议，向监狱管理局请示或者报告。

第四十五条 省、自治区、直辖市监狱管理局应当加强对监狱计分考核罪犯工作的监督管理，及时研究解决计分考核罪犯工作中的重大政策和群众反映强烈的问题，每半年至少开展一次抽查检查，督促整改问题隐患。重大工作情况应当及时向司法厅（局）请示或者报告。

第四十六条 省、自治区、直辖市司法厅（局）应当加强对监狱计分考核罪犯工作的指导，每年至少听取一次监狱管理局的专题汇报。

第四十七条 省、自治区、直辖市司法厅（局）党委（党组）、监狱管理局党委和监狱党委以及监区党组织应当将计分考核罪犯工作纳入重要议事日程，加强领导和监督，纪检监察部门履行监督责任，用好监督执纪"四种形态"，依纪依法追究责任。

第四十八条 监狱应当定期向人民检察院通报计分考核罪犯制度规定及工作开展情况，邀请人民检察院派员参加计分考核罪犯工作会议，听取意见建议。

第四十九条 监狱对人民检察院在检察工作中发现计分考核罪犯工作有违法违规情形提出口头或者书面纠正意见的，应当立即调查核实。

对纠正意见无异议的，应当在 5 个工作日内予以纠正并将纠正结果书面通知人民检察院；对纠正意见有异议的，应当采取书面形式向人民检察院说明情况或者理由。

第五十条 监狱纪检部门应当在监狱会见室和监区设置举报信箱，及时受理罪犯及其亲属或者监护人反映的计分考核问题。

第五十一条 监狱应当根据狱务公开有关规定，向社会公众公开计分考核内容和工作程序，向罪犯亲属或者监护人公开罪犯考核情况及对结果有异议的处理方式。

监狱应当通过聘请社会监督员、召开罪犯亲属或者监护人代表会等形式，通报计分考核工作，听取意见建议，自觉接受社会监督。

监狱应当注重发挥罪犯互相教育、互相监督作用，通过个别谈话等方式，了解掌握情况，听取意见反映。

第五十二条 监狱应当按照档案管理有关规定，固定保全计分考核罪犯的各类台账资料，确保计分考核罪犯工作全程留痕，防止篡改、丢失或者损毁，做到专人专管、专档备查。

第五十三条 省、自治区、直辖市司法厅（局）、监狱管理局和监狱应当依法保障监狱人民警察在计分考核罪犯工作中的正当履职行为，对受到恶意举报、污蔑、诽谤的监狱人民警察，应当及时调查澄清，并依法追究相关人员责任；对工作实绩突出的监狱人民警察，应当及时给予表彰奖励。

第五十四条 省、自治区、直辖市司法厅（局）、监狱管理局和监狱及其工作人员在计分考核罪犯工作中有违反本规定行为的，应当视情节轻重，对相关责任人员依纪依法进行处理；构成犯罪的，依法追究刑事责任。

第七章 附 则

第五十五条 省、自治区、直辖市司法厅（局）应当根据本规定，结合本地区情况，制定计分考核工作细则，并报司法部备案。

第五十六条　本规定所称"以上""以下",包括本数;所称"不满",不包括本数。

第五十七条　本规定自 2021 年 10 月 1 日起施行。司法部《关于计分考核罪犯的规定》(司发通〔2016〕68 号)同时废止。

中华人民共和国人民警察使用警械和武器条例

(1996 年 1 月 8 日国务院第 41 次常务会议通过　1996 年 1 月 16 日中华人民共和国国务院令第 191 号发布　自发布之日起施行)

第一章　总　　则

第一条　为了保障人民警察依法履行职责,正确使用警械和武器,及时有效地制止违法犯罪行为,维护公共安全和社会秩序,保护公民的人身安全和合法财产,保护公共财产,根据《中华人民共和国人民警察法》和其他有关法律的规定,制定本条例。

第二条　人民警察制止违法犯罪行为,可以采取强制手段;根据需要,可以依照本条例的规定使用警械;使用警械不能制止,或者不使用武器制止,可能发生严重危害后果的,可以依照本条例的规定使用武器。

第三条　本条例所称警械,是指人民警察按照规定装备的警棍、催泪弹、高压水枪、特种防暴枪、手铐、脚镣、警绳等警用器械;所称武器,是指人民警察按照规定装备的枪支、弹药等致命性警用武器。

第四条　人民警察使用警械和武器,应当以制止违法犯罪行为,尽量减少人员伤亡、财产损失为原则。

第五条　人民警察依法使用警械和武器的行为,受法律保护。

人民警察不得违反本条例的规定使用警械和武器。

第六条　人民警察使用警械和武器前，应当命令在场无关人员躲避；在场无关人员应当服从人民警察的命令，避免受到伤害或者其他损失。

第二章　警械的使用

第七条　人民警察遇有下列情形之一，经警告无效的，可以使用警棍、催泪弹、高压水枪、特种防暴枪等驱逐性、制服性警械：

（一）结伙斗殴、殴打他人、寻衅滋事、侮辱妇女或者进行其他流氓活动的；

（二）聚众扰乱车站、码头、民用航空站、运动场等公共场所秩序的；

（三）非法举行集会、游行、示威的；

（四）强行冲越人民警察为履行职责设置的警戒线的；

（五）以暴力方法抗拒或者阻碍人民警察依法履行职责的；

（六）袭击人民警察的；

（七）危害公共安全、社会秩序和公民人身安全的其他行为，需要当场制止的；

（八）法律、行政法规规定可以使用警械的其他情形。

人民警察依照前款规定使用警械，应当以制止违法犯罪行为为限度；当违法犯罪行为得到制止时，应当立即停止使用。

第八条　人民警察依法执行下列任务，遇有违法犯罪分子可能脱逃、行凶、自杀、自伤或者有其他危险行为的，可以使用手铐、脚镣、警绳等约束性警械：

（一）抓获违法犯罪分子或者犯罪重大嫌疑人的；

（二）执行逮捕、拘留、看押、押解、审讯、拘传、强制传唤的；

（三）法律、行政法规规定可以使用警械的其他情形。

人民警察依照前款规定使用警械，不得故意造成人身伤害。

第三章　武器的使用

第九条　人民警察判明有下列暴力犯罪行为的紧急情形之一，经警告无效的，可以使用武器：

（一）放火、决水、爆炸等严重危害公共安全的；

（二）劫持航空器、船舰、火车、机动车或者驾驶车、船等机动交通工具，故意危害公共安全的；

（三）抢夺、抢劫枪支弹药、爆炸、剧毒等危险物品，严重危害公共安全的；

（四）使用枪支、爆炸、剧毒等危险物品实施犯罪或者以使用枪支、爆炸、剧毒等危险物品相威胁实施犯罪的；

（五）破坏军事、通讯、交通、能源、防险等重要设施，足以对公共安全造成严重、紧迫危险的；

（六）实施凶杀、劫持人质等暴力行为，危及公民生命安全的；

（七）国家规定的警卫、守卫、警戒的对象和目标受到暴力袭击、破坏或者有受到暴力袭击、破坏的紧迫危险的；

（八）结伙抢劫或者持械抢劫公私财物的；

（九）聚众械斗、暴乱等严重破坏社会治安秩序，用其他方法不能制止的；

（十）以暴力方法抗拒或者阻碍人民警察依法履行职责或者暴力袭击人民警察，危及人民警察生命安全的；

（十一）在押人犯、罪犯聚众骚乱、暴乱、行凶或者脱逃的；

（十二）劫夺在押人犯、罪犯的；

（十三）实施放火、决水、爆炸、凶杀、抢劫或者其他严重暴力犯罪行为后拒捕、逃跑的；

(十四) 犯罪分子携带枪支、爆炸、剧毒等危险物品拒捕、逃跑的;

(十五) 法律、行政法规规定可以使用武器的其他情形。

人民警察依照前款规定使用武器,来不及警告或者警告后可能导致更为严重危害后果的,可以直接使用武器。

第十条　人民警察遇有下列情形之一的,不得使用武器:

(一) 发现实施犯罪的人为怀孕妇女、儿童的,但是使用枪支、爆炸、剧毒等危险物品实施暴力犯罪的除外;

(二) 犯罪分子处于群众聚集的场所或者存放大量易燃、易爆、剧毒、放射性等危险物品的场所的,但是不使用武器予以制止,将发生更为严重危害后果的除外。

第十一条　人民警察遇有下列情形之一的,应当立即停止使用武器:

(一) 犯罪分子停止实施犯罪,服从人民警察命令的;

(二) 犯罪分子失去继续实施犯罪能力的。

第十二条　人民警察使用武器造成犯罪分子或者无辜人员伤亡的,应当及时抢救受伤人员,保护现场,并立即向当地公安机关或者该人民警察所属机关报告。

当地公安机关或者该人民警察所属机关接到报告后,应当及时进行勘验、调查,并及时通知当地人民检察院。

当地公安机关或者该人民警察所属机关应当将犯罪分子或者无辜人员的伤亡情况,及时通知其家属或者其所在单位。

第十三条　人民警察使用武器的,应当将使用武器的情况如实向所属机关书面报告。

第四章　法律责任

第十四条　人民警察违法使用警械、武器,造成不应有的人员伤亡、财产损失，构成犯罪的，依法追究刑事责任；尚不构成犯罪的，依法给予行政处分；对受到伤亡或者财产损失的人员，由该人民警察所属机关依照《中华人民共和国国家赔偿法》的有关规定给予赔偿。

第十五条 人民警察依法使用警械、武器，造成无辜人员伤亡或者财产损失的，由该人民警察所属机关参照《中华人民共和国国家赔偿法》的有关规定给予补偿。

第五章 附 则

第十六条 中国人民武装警察部队执行国家赋予的安全保卫任务时使用警械和武器，适用本条例的有关规定。

第十七条 本条例自发布之日起施行。1980年7月5日公布施行的《人民警察使用武器和警械的规定》同时废止。

图书在版编目（CIP）数据

人民检察院立案侦查职务犯罪案件疑难解析／徐伟勇，赵学申，刘子墨著．—北京：中国法制出版社，2023.7

ISBN 978-7-5216-3486-0

Ⅰ．①人… Ⅱ．①徐… ②赵… ③刘… Ⅲ．①职务犯罪-刑事侦查-研究-中国 Ⅳ．①D924.393.4

中国国家版本馆 CIP 数据核字（2023）第 069414 号

策划编辑：谢 雯　　　　　　责任编辑：白天园　　　　　　封面设计：杨泽江

人民检察院立案侦查职务犯罪案件疑难解析
RENMIN JIANCHAYUAN LI'AN ZHENCHA ZHIWU FANZUI ANJIAN YI'NAN JIEXI

著者／徐伟勇，赵学申，刘子墨
经销／新华书店
印刷／三河市紫恒印装有限公司
开本／730 毫米×1030 毫米　16 开　　　　印张／18.5　字数／222 千
版次／2023 年 7 月第 1 版　　　　　　　　2023 年 7 月第 1 次印刷

中国法制出版社出版
书号 ISBN 978-7-5216-3486-0　　　　　　　　　　定价：69.00 元

北京市西城区西便门西里甲 16 号西便门办公区
邮政编码：100053　　　　　　　　　　　　　传真：010-63141600
网址：http://www.zgfzs.com　　　　　　　　编辑部电话：010-63141792
市场营销部电话：010-63141612　　　　　　　印务部电话：010-63141606

（如有印装质量问题，请与本社印务部联系）